JavaFX 8

Anton Epple hat mehr als fünfzehn Jahre Erfahrung in der Leitung von Java-Projekten und veröffentlichte zahlreiche Artikel über das Thema. Er ist weltweit als Berater für eine Vielzahl von Unternehmen tätig, angefangen bei Start-ups bis hin zu Fortune-500-Unternehmen. In seiner Freizeit organisiert er Events für die Java-Community. Anton ist ein Mitglied des NetBeans Dream Team, 2013 wurde er zum Java Champion und JavaOne Rockstar ernannt, und 2014 wurde ihm für seine Arbeit am DukeScript-Framework der Duke's Choice Award verliehen.

Anton Epple

JavaFX 8

Grundlagen und fortgeschrittene Techniken

 dpunkt.verlag

Anton Epple
toni.epple@eppleton.de

Lektorat: René Schönfeldt
Copy-Editing: Ursula Zimpfer, Herrenberg
Herstellung: Frank Heidt
Umschlaggestaltung: Helmut Kraus, www.exclam.de
Druck und Bindung: M.P. Media-Print Informationstechnologie GmbH, 33100 Paderborn

Bibliografische Information der Deutschen Nationalbibliothek
Die Deutsche Nationalbibliothek verzeichnet diese Publikation in der Deutschen Nationalbibliografie;
detaillierte bibliografische Daten sind im Internet über http://dnb.d-nb.de abrufbar.

ISBN:
Buch   978-3-86490-169-0
PDF   978-3-86491-649-6
ePub   978-3-86491-650-2

1. Auflage 2015
Copyright © 2015 dpunkt.verlag GmbH
Wieblinger Weg 17
69123 Heidelberg

Inhaltsverzeichnis

Vorwort

JavaFX ist Oracles Framework für plattformübergreifende Rich Internet Applications. Nachdem Swing inzwischen sehr in die Jahre gekommen ist, wurde mit JavaFX der Versuch unternommen, moderne Prinzipien zur Erstellung von Benutzeroberflächen umzusetzen. Insbesondere setzt JavaFX auf SceneGraph, deklaratives Layoutformat, Properties und Bindings für die einfache Anbindung des UI an das Datenmodell und auf die Verwendung von CSS für das Stylen der Anwendung.

In diesem Buch führe ich diese Konzepte ein und gebe eine Übersicht der verfügbaren APIs. Besonders umfassend gehe ich dabei auf die verfügbaren Controls ein und setze die Inhalte in zahlreichen Beispielen praktisch um.

Für wen ist dieses Buch?

Dieses Buch ist für Entwickler gedacht, die einen Überblick über die Verwendbarkeit von JavaFX in der Praxis suchen. Grundkenntnisse in der Entwicklung von Java-Anwendungen werden vorausgesetzt. Vorkenntnisse in der Erstellung grafischer Benutzeroberflächen sind hilfreich, aber nicht unbedingt erforderlich.

Ziel des Buches ist es, interessierten Entwicklern eine Entscheidungshilfe bei der Evaluierung von JavaFX an die Hand zu geben und ihnen – sollten sie sich für JavaFX entscheiden – gleich die Grundkenntnisse zu vermitteln, die sie für den Start mit dieser modernen Benutzeroberflächentechnologie in der Praxis benötigen. Dazu war es mir wichtig, neben Erklärungen zu den Programmierschnittstellen auch viele praktische Übungen anzubieten. Das Ausprobieren ist immer noch der schnellste Weg, um sich eine Meinung über eine Technologie zu bilden.

Ich habe diese Buch auch als Begleitung zu meinem JavaFX-Kurs konzipiert. Es ergänzt und komplettiert dessen Inhalte und eignet sich zum Repetieren oder zum Selbststudium. In vielen kleinen Codebeispielen wird die grundlegende Verwendung der Programmierschnittstellen gezeigt, und es gibt Tipps und Tricks für die Lösung von komplexeren Problemen.

Wie ist das Buch zu lesen?

Sie müssen das Buch nicht unbedingt in der vorgegebenen Kapitelreihenfolge durcharbeiten. Sobald Sie die Grundlagen aus Kapitel 1 und 2 verstanden haben, können Sie auch gleich zu einem anderen Thema springen, das Sie besonders interessiert. Die einzelnen Kapitel sind in der Regel in sich abgeschlossen und auch für sich allein verständlich. Das Buch soll für Sie später außerdem nützlich sein, wenn Sie etwa ein spezielles Thema nachschlagen möchten, um etwa zu sehen, wie man eine Animation steuert oder wie man ein bestimmtes Control verwendet.

Die Codebeispiele online

Die Codebeispiele zu den einzelnen Kapiteln finden Sie auf Github unter *https://github.com/eppleton/javafxbuch*. Dort gibt es auch Hinweise, wie Sie die einzelnen Beispiele herunterladen und ausführen können. Damit die Beispiele mit allen Entwicklungsumgebungen verwendet werden können, habe ich sie als Maven-Projekte erstellt.

Danksagung

Als ich mich auf dieses Buchprojekt eingelassen habe, war mir klar, dass eine Menge Arbeit auf mich zukommt. Deshalb war ich besonders dankbar, als Michael Heinrichs mir anbot, zwei Kapitel über Animationen und die Canvas API beizutragen. Michael war selbst als Mitglied des JavaFX-Teams bei Oracle für die Bindings und Animationen zuständig. Ich bedanke mich herzlich für seinen Beitrag.

Ich möchte mich auch besonders beim dpunkt.verlag für die Idee zu diesem Buch und für die Unterstützung bei Konzeption und Korrektur sowie die Ermutigung während des Schreibens bedanken. Insbesondere bedanke ich mich bei René Schönfeldt für die Geduld mit dem chronisch überlasteten Autor. Mein ganz besonderer Dank gilt Babs, die abends zu Hause unter meiner zusätzlichen Arbeitsbelastung zu leiden hatte und mich trotzdem immer bei diesem Vorhaben unterstützt hat.

1 Workshop: Eine erste Anwendung erstellen

Wir wollen nun zunächst ein Projekt mit dem Namen »Hello World« und der Hauptklasse de.javafxbuch.helloworld.Main erzeugen. Dazu sehen wir uns einmal an, wie ein JavaFX-Projekt in den am weitesten verbreiteten IDEs angelegt wird. Aber auch IntelliJ IDEA und Eclipse bieten gute Unterstützung für die Entwicklung von Anwendungen mit JavaFX.

1.1 Ein JavaFX-Projekt mit der Entwicklungsumgebung anlegen

Falls Sie noch keine Entwicklungsumgebung verwenden, empfehle ich Ihnen, NetBeans zu benutzen, da das Anlegen von Projekten sehr einfach ist und nichts konfiguriert werden muss. Hier ist der Einstieg am leichtesten.

1.1.1 Wie erstelle ich ein JavaFX-Projekt in NetBeans?

Egal welche Distribution von NetBeans 8 Sie herunterladen, JavaFX-Unterstützung ist automatisch mit dabei.

Das Erste, was jeder Softwareentwickler mit einer neuen Technologie macht, ist das unvermeidliche »Hello World!«-Programm. In diesem Kapitel sehen Sie, wie die JavaFX-Variante davon aussieht und wie sie funktioniert.

1. Um ein JavaFX-Projekt anzulegen, aktivieren Sie die Schaltfläche *New Project* in der Werkzeugleiste:
2. Es öffnet sich ein Dialog. Wählen Sie hier unter *Categories* den Unterpunkt *JavaFX* und unter *Projects* die Option *JavaFX Application*. Klicken Sie dann auf die Schaltfläche *Next*.
3. Im nächsten Fenster können Sie einen Projektnamen *(Hello World)* und ein Package (de.javafxbuch.helloworld) sowie *Main* als Name der Hauptklasse eingeben. Ein Klick auf *Finish* legt das Projekt dann an, und Sie sind startbereit.

NetBeans aktiviert die Unterstützung für neue Projekttypen bei der ersten Benutzung. So wird sichergestellt, dass nur die Projekttypen aktiviert sind, die tatsächlich genutzt werden. Das wirkt sich positiv auf Startup-Zeit und Performance der IDE aus. Beim ersten JavaFX-Projekt, das Sie anlegen, sind die verschiedenen Projekttypen daher noch grau dargestellt, und es dauert einige Sekunden, bis NetBeans den JavaFX-Support aktiviert hat.

1.1.2   Wie erstelle ich ein JavaFX-Projekt mit IDEA?

IntelliJ IDEA bietet ab Version 12.1 ebenfalls Unterstützung für die Entwicklung von JavaFX-Anwendungen.

1. Starten Sie über das Menü *File* → *New Project* den *New Project Wizard*.
2. Wählen Sie in der Kategorie *Java* die *JavaFX Application* und vergeben Sie *Hello World* als Projektnamen. Stellen Sie sicher, dass eine geeignete JDK (8.x) ausgewählt ist, und klicken Sie auf *finish*.
3. Die IDE legt im Package *sample* einige Beispieldateien an. Löschen Sie die Dateien `Controller` und `sample.fxml`.
4. Aktivieren Sie per Rechtsklick das Kontextmenü des Package `sample`, wählen Sie *Rename* und geben Sie `de.javafxbuch.helloworld` als neuen Package-Namen an.

1.1.3   Wie erstelle ich ein JavaFX-Projekt mit Eclipse?

Mit e(fx)clipse gibt auch für Eclipse eine komfortable Unterstützung für das Entwickeln von JavaFX-Anwendungen. e(fx)clipse steht für Eclipse Juno und Kepler zur Verfügung. Unter *http://eclipse.org/efxclipse* finden Sie die passenden Flugins. Es steht dort auch eine vorkonfigurierte Eclipse-Distribution zur Verfügung, die diese Erweiterungen bereits enthält. Ich empfehle Ihnen für den Anfang und der Einfachheit halber, diese Distribution zu verwenden.

Haben Sie e(fx)clipse heruntergeladen und installiert, können Sie ein neues JavaFX-Projekt wie folgt anlegen:

1. Wählen Sie im Menü *File* → *New* → *Project*:
2. Es öffnet sich ein Dialog mit mehreren Projekttypen. Wählen Sie hier *JavaFX* → *JavaFX Project*.
3. Im nächsten Dialogfenster können Sie den Namen *Hello World* für Ihr Projekt vergeben. Betätigen Sie dann die Schaltfläche *finish*.
4. Nun legen Sie ein neues Package namens `de.javafxbuch.helloworld` an. Öffnen Sie dazu per Rechtsklick auf Ihr JavaFX-Projekt das Kontextmenü und wählen Sie *New* → *Package*.
5. Es öffnet sich ein Dialog. Geben Sie hier den Package-Namen an.

6. Öffnen Sie per Rechtsklick das Kontextmenü des Package und wählen Sie
   New → *Other*. Es öffnet sich der *Select a Wizard*-Dialog.

7. Unter *JavaFX* → *classes* finden Sie den Eintrag *JavaFX Main Class*. Wählen
   Sie diesen und klicken Sie auf die Schaltfläche *Next*.

8. Geben Sie im nächsten Formular noch *Main* als Namen an und Klicken Sie
   auf *finish*. Ihre erste Anwendung ist nun startbereit.

1.1.4   Ein JavaFX-Projekt mit Maven erstellen

Je nach IDE wird für das Kompilieren, Testen und Ausliefern des Projektes ein
Buildsystem verwendet. Alternativ dazu können alle diese IDEs (Eclipse nach Installation der entsprechenden Plug-ins) auch Maven als Build-System verwenden.
Inzwischen gibt es einige Archetypen dafür. Ein Vorteil der Verwendung von
Maven als Build-System ist, dass die Projekte sehr portabel sind. Richtig verwendet kann so jeder Entwickler im Team seine bevorzugte IDE verwenden, um
gemeinsam ein Projekt zu entwickeln. Besonders komfortabel funktioniert das in
NetBeans, wo ein Maven Archetype für JavaFX bereits vorkonfiguriert ist. Sie
können aber auch die Kommandozeile verwenden, um ein JavaFX-Projekt mit
Maven anzulegen. Vorbedingung ist, dass Sie Maven 3 auf Ihrem Computer installiert und im Pfad verfügbar gemacht haben.[1]

1. Öffnen Sie ein Terminal und geben Sie den folgenden Befehl ein:
   ```
   mvn archetype:generate
   -DarchetypeGroupId=com.zenjava
   -DarchetypeArtifactId=javafx-basic-archetype
   -DarchetypeVersion=2.0.1
   ```

2. Sie werden aufgefordert, einige Parameter festzulegen. Geben Sie die folgenden Werte ein:
   ```
   groupid: „de.javafxbuch"
   artifactid: „hello-world"
   version: "1.0-SNAPSHOT"
   package: "de.javafxbuch.helloworld"
   organizationName: "Meine Firma"
   ```

3. Maven verwendet diese Daten, um ein Projekt zu konfigurieren. Sie können
   dieses anschließend in der IDE Ihrer Wahl öffnen.

4. Löschen Sie im Pfad `hello-world/src/java/de/javafxbuch/helloworld` die
   Klasse `HelloController.java` und den Inhalt des Ordners `hello-world/src/re-`
   `sources`.

---

1. Maven ist ein Projekt der Apache Foundation. Eine Anleitung zur Installation von Maven 3
   finden Sie im Internet unter folgender Adresse: *http://maven.apache.org/guides/getting-started/*
   maven-in-five-minutes.html.

1.1.5   Hallo Welt!

Unabhängig davon, welchen Weg Sie gewählt haben, nun sind Sie bereit, die Welt mit JavaFX zu begrüßen. Öffnen Sie dazu die Datei `Main.java` (bzw. `MainApp` im Maven-Projekt). Diese Klasse leitet sich von der Basisklasse `javafx.application.Application` ab, dem Startpunkt für alle JavaFX-Anwendungen.

Wir löschen nun den Inhalt der `start`-methode und ersetzen ihn durch unseren »Hello World«-Code:

```
@Override
public void start(Stage primaryStage) {
    Label label = new Label("Hello World!");

    StackPane root = new StackPane();
      root.getChildren().add(label);

        Scene scene = new Scene(root, 300, 250);

    primaryStage.setTitle("Hello World!");
    primaryStage.setScene(scene);
    primaryStage.show();
}
```

Listing 1–1   *Die start-Methode unserer ersten JavaFX-Anwendung*

Achten Sie darauf, die richtigen Klassen zu importieren. Einige Controls gibt es mit demselben Klassennamen auch im Package `java.awt`, was anfangs bisweilen für Verwirrung sorgt. Die `import`-Sektion Ihrer Datei sollte folgende Importe enthalten:

```
import javafx.application.Application;
import javafx.scene.Scene;

import javafx.scene.control.Label;
import javafx.scene.layout.StackPane;
import javafx.stage.Stage;
```

Listing 1–2   *Die import-Sektion*

In der ersten Zeile der Methode (siehe Listing 1–1) erzeugen wir ein `javafx.scene.control.Label`, das einen Text anzeigt. Danach erzeugen wir einen UI-Container vom Typ `javafx.scene.layout.StackPane`. Das ist ein Layoutcontainer, der alle zugefügten Nodes übereinander stapelt. Er wird die Wurzel unseres SceneGraph. Wir übergeben ihn dem Konstruktor, wenn wir in der nächsten Zeile die `javafx.scene.Scene` erzeugen. Die anderen beiden Parameter legen Breite und Höhe der Scene fest. Aufgabe der Scene ist es, den SceneGraph zu verwalten. Der Aufrufparameter vom Typ `javafx.stage.Stage` ist das Fenster, in dem unser SceneGraph angezeigt wird. Wir setzen mit `setTitle` den Fenstertitel, übergeben mit `setScene` den SceneGraph und machen mit der `show`-Methode das Fenster sichtbar.

Starten Sie nun die Anwendung[2]. Sie sollten folgendes Fenster auf dem Bildschirm sehen:

Abb. 1–1   *Unser erstes JavaFX-Programm*

Gratuliere! Sie haben soeben Ihre erste JavaFX-Anwendung erstellt. Die Entwicklungsumgebung ist richtig konfiguriert, und nachdem diese Hürde genommen ist, können wir uns näher mit den Konzepten und APIs des UI-Toolkits befassen. Als Erstes sehen wir uns dazu den Aufbau einer JavaFX-Anwendung an.

---

2.   Im Fall von NetBeans können Sie das Programm vom Kontextmenü des Projekts aus mit Klick auf *Run* starten. In Eclipse starten Sie es mit *Run As* → *Java Application*. Bei einem Maven Projekt navigieren Sie auf der Kommandozeile ins Projektverzeichnis und setzen Sie den Befehl mvn jfx:run ab.

2 Wie ist eine JavaFX-Anwendung aufgebaut?

In der »Hello World«-Anwendung sind uns bereits die wichtigsten Grundkomponenten einer JavaFX-Anwendung begegnet: Application, Stages, Scenes und Nodes. Nun sehen wir uns diese Klassen genauer an. Sie bilden die Basis aller JavaFX-Anwendungen und werden verwendet, um den SceneGraph darzustellen.

2.1 Anfang und Ende – die Application

In unserer Hallo-Welt-Anwendung haben wir bereits die Klasse Application kennengelernt, von der unsere Klasse abgeleitet ist. Diese Klasse ist vor allem dafür zuständig, mit dem Lebenszyklus der Anwendung zu interagieren.

2.1.1 Lebenszyklus einer JavaFX-Anwendung

JavaFX-Anwendungen werden vom Launcher der JavaFX Runtime gestartet und benötigen daher keine main-Methode. Der Start einer JavaFX-Anwendung sieht folgendermaßen aus:

1. Beim Start der Anwendung konstruiert die JavaFX Runtime zunächst eine Instanz der Application-Klasse und ruft dann deren init()-Methode auf. Diese Methode hat eine Leerimplementierung in der Basisklasse und muss nicht zwingend überschrieben werden.
2. Danach wird die Methode start(javafx.stage.Stage) aufgerufen, die von jeder JavaFX-Anwendung überschrieben werden muss. Der start-Methode wird eine Stage übergeben. Das ist ein Fenster, in dem wir einen SceneGraph darstellen können.
3. Wird die Anwendung beendet – zum Beispiel durch Aufruf der Methode Platform.exit() –, ruft die Runtime die Methode stop auf, bevor der Java-Prozess gestoppt wird. Auch diese Methode muss nicht zwingend überschrieben werden.

Vorsicht beim Anwendungsstart – Threading

Der JavaFX-Launcher kümmert sich darum, die Anwendung zu starten und deren Lebenszyklusmethoden init, start und stop aufzurufen. In der init-Methode können wir dann zum Beispiel die Aufrufparameter auslesen. Wir dürfen hier aber noch keine UI-Elemente erzeugen. Der Grund dafür ist, dass die init-Methode – genau wie der Konstruktor der Klasse – noch vom Launcher-Thread der Anwendung aufgerufen wird. UI-Elemente dürfen aber nur im JavaFX-Application-Thread erzeugt und modifiziert werden. Deshalb müssen wir warten, bis die start-Methode aufgerufen wird, um unser eigentliches User-Interface zu erstellen.

2.1.2   Aufrufparameter auslesen

Normalerweise bekommt man Parameter, die beim Aufruf der Anwendung auf der Kommandozeile übergeben wurden, in der main-Methode übergeben. Da es bei JavaFX-Anwendungen üblicherweise keine main-Methode gibt, übernimmt die Application diese Funktion. Um Parameter abzufragen, rufen wir einfach die Methode getParameters auf. Damit erhalten wir ein Objekt vom Typ Parameters. Von diesem Objekt können wir mit der Methode getRaw alle Parameter abfragen. Fügen Sie dazu in Ihrer Beispielanwendung die init-Methode ein:

```
@Override
public void init() throws Exception {
   Parameters p = getParameters();
   List<String> raw = p.getRaw();
   for (String string : raw) {
     System.out.println("HelloWorld Parameter: "+string);
   }
}
```

Listing 2–1   *Abfrage der Raw-Parameter*

Wenn Sie nun die Anwendung über die Kommandozeile starten und dabei einen Parameter übergeben, sollte er angezeigt werden:

```
>java –jar  /pfad/zum/HelloWorld.jar Hallo
>HelloWorld Parameter: hallo
```

Wenn Sie ein Maven-basiertes Projekt gebaut haben, dann navigieren Sie ins Projektverzeichnis und übergeben die Parameter wie folgt.:

```
>mvn jfx:run -Dexec.args="hallo"
```

Auch die folgenden Beispiele können Sie so starten. Setzen Sie einfach alle Parameter nacheinander zwischen die Anführungsstriche.

Wir können aber auch direkt nach Schlüssel-Wert-Paaren fragen, die bei Java üblicherweise so übergeben werden:

```
>java –jar  /pfad/zum/HelloWorld.jar --schlüssel=wert
```

Dazu fügen wir in der init-Methode folgenden Code hinzu:

```
Map<String, String> named = p.getNamed();
Set<String> keySet = named.keySet();
for (String key : keySet) {
    System.out.println("HelloWorld Parameter: "+key+" Wert: "
      +named.get(key));
}
```

Listing 2–2   *Abfrage der Named-Parameter*

Die Methode getNamed gibt uns eine Map mit Werten zurück, die unserem Parameter-Pattern entsprechen. Nun bekommen wir die Ausgabe:

```
>java –jar  /pfad/zum/HelloWorld.jar --parameter=Bla
>HelloWorld Parameter: parameter Wert: Bla
```

Zusätzlich können wir uns nur die Werte ausgeben lassen, die nicht diesem Schlüssel-Wert-Muster entsprechen:

```
Parameters p = getParameters();
List<String> unnamed = p.getUnnamed();
for (String param : unnamed) {
    System.out.println("Unnamed Parameter "+param);
}
```

Listing 2–3   *Abfrage der Unnamed-Parameter*

Fügen wir also unserem Aufruf einige Parameter hinzu:

```
>java –jar  /pfad/zum/HelloWorld.jar --parameter=Bla ohne namen
>Unnamed Parameter ohne
>Unnamed Parameter namen
```

Wir können also ganz bequem und ohne Parsen alle Arten von Parametern auslesen.

2.2 Vorhang auf – die Stage

In unserer Beispielanwendung wird der start-Methode eine Stage übergeben. Dieses Anwendungsfenster können wir verwenden, um einen *SceneGraph* anzuzeigen. Die Namensgebung der Basisklassen Stage und Scene ist ans Theater angelehnt. Die Stage ist die Bühne, auf der eine Szene aufgeführt wird. Sie bildet den Rahmen für den eigentlichen Inhalt.

2.2.1   Dialoge anzeigen

Möchten Sie ein weiteres Fenster erzeugen, etwa einen Dialog, so geht das ganz einfach:

```
primaryStage.show();
Stage stage = new Stage();
stage.setTitle("Dialog");
stage.setScene(new Scene(new StackPane(new Label("Nachricht!"))));
stage.show ();
```

Listing 2–4   *Anzeigen eines Fensters (Stage)*

Soll der Dialog modal sein, sodass der Benutzer erst weiterarbeiten kann, wenn der Dialog wieder geschlossen ist, so kann man das mit der Methode initModa-lity erreichen. Fügen Sie zum Testen zusätzlich diesen Code in Ihre start-Methode ein, dann sollte die Eingabe im Hauptfenster so lange blockiert sein, bis der Dialog geschlossen wurde:

```
primaryStage.show();
Stage stage = new Stage();
stage.setTitle("Dialog");
stage.setScene(new Scene(new StackPane(new Label("Nachricht!"))));
stage.initOwner(primaryStage);
stage.initModality(Modality.WINDOW_MODAL);
stage.show();
```

Listing 2–5   *Ein Fenster, das die Eingabe im Hauptfenster blockiert*

2.2.2   Darstellung der Stage verändern

Die Stage bietet einige Konfigurationsmöglichkeiten für die Darstellung. In Tabelle 2–1 sind die verfügbaren Styles aufgelistet.

StageStyle	Bedeutung
DECORATED	Der Defaultwert, ein Fenster mit vom Betriebssystem abhängiger Umrandung und Bedienelementen und weißem Hintergrund
UTILITY	Minimale betriebssystemabhängige Umrandung und weißer Hintergrund
UNIFIED	Keine Border um die Scene, sodass der Betriebssystemrahmen direkt in den Toolbar übergehen kann (typisches Design bei OS X).
UNDECORATED	Ohne Umrandung mit weißem Hintergrund
TRANSPARENT	Ohne Umrandung mit transparentem Hintergrund

Tab. 2–1   *Der StageStyle legt das Erscheinungsbild des Fensters fest.*

Sie können die Auswirkung des StageStyle auf Ihrem Betriebssystem ganz einfach ausprobieren, indem Sie den Quellcode des »Hello World«-Programms folgendermaßen modifizieren:

```
primaryStage = new Stage(StageStyle.UTILITY);
```

Mithilfe von StageStyle.TRANSPARENT lässt sich auch eine Anwendung erzeugen, die vom üblichen rechteckigen Layout abweicht:

```
@Override
public void start(Stage primaryStage) {
    Circle circle = new Circle(100,100,100);
    StackPane root = new StackPane();
    root.getChildren().add(new Button("Hallo"));
    Scene scene = new Scene(root, 200, 200);
    root.setShape(circle);
    primaryStage.setScene(scene);
    primaryStage.initStyle(StageStyle.TRANSPARENT);
    scene.setFill(Color.TRANSPARENT);
    primaryStage.show();
}
```

Listing 2–6 *Erzeugen eines runden Fensters*

2.2.3 Die Scene – Was wird gespielt?

JavaFX basiert auf einem *SceneGraph*. Dieser SceneGraph ist ein gewurzelter Baum, aufgebaut aus Nodes. Als innere Knoten gibt es Parent-Nodes, die weitere Nodes enthalten können; Blätter bestehen aus einfachen Nodes, die keine weiteren Kinder haben. Die Aufgabe der Scene ist es, den SceneGraph zu verwalten. Sie enthält den Wurzelknoten unseres Graphen, der ein Parent-Node sein muss. Die Scene ist auch das Bindeglied zwischen dem Fenster, das wir vom Betriebssystem bekommen, und unserem SceneGraph. Wird das Fenster vergrößert, so versucht die Scene, diese Änderung an den Wurzelknoten weiterzugeben. Sie ruft dazu die Methode isResizable auf dem Root-Node auf, um herauszufinden, ob der Node auf Größenänderungen reagieren möchte. Gibt der Node true zurück, wird die Scene ihn auf die neue Größe resizen, bei false lässt sie ihn in Ruhe.

2.2.4 Nodes – die Darsteller

Damit kommen wir zu den Nodes, die den Inhalt des SceneGraph bilden. Jedem Node kann eine Id zugewiesen werden, dann lässt er sich mithilfe der Methode lookup(String) der Klasse Node auffinden. Die Id kann auch für das Styling mit CSS (Cascading Stylesheets) verwendet werden, das wir in Kapitel 1 behandeln.

Parent-Nodes – Zweige im SceneGraph-Baum

Die bereits erwähnten Parent-Nodes sind die Basisklasse für alle Nodes, die weitere Nodes als Kinder enthalten. Mit ihrer Hilfe lässt sich der SceneGraph-Baum aufbauen. In unserem »Hello World«-Beispiel ist die StackPane ein solcher Parent-Node. Im Beispiel bekommen wir über die Methode getChildren einen Container, in den wir weitere Nodes, wie unseren Button, hinzufügen können. In der Basisklasse Parent ist diese Methode protected, also nur für Subklassen zugreifbar. Viele abgeleitete Klassen machen diese Methode jedoch ebenso wie die StackPane public, sodass von anderen Klassen auch Child-Nodes hinzugefügt werden können.

In der JavaFX-API gibt es mit Group und Region zwei konkrete Subklassen von Parent. Die Klasse Group ist dafür gedacht, Nodes für die Anwendung von Effekten und Transformationen zusammenzufassen. Die Klasse Region bildet die Basisklasse für alle Controls und Layouts und erweitert die Basisklasse um viele Möglichkeiten für das Styling über CSS, die wir in Kapitel 7 genauer betrachten werden.

2.3   Wie werden Layouts verwendet?

In JavaFX ist das Layout der Nodes die Aufgabe von spezialisierten Unterklassen der Klasse Region. Sie überschreiben die Methode layoutChildren der Basisklasse Parent. Während die Defaultimplementierung den Nodes nur ihre bevorzugte Größe und Position zuweist, verwenden die konkreten Subklassen jeweils einen anderen Algorithmus, um den Child-Nodes Größe und Position zuzuweisen. Kapitel 5 sehen wir uns die konkreten Strategien der eingebauten Layouts und ihre Verwendung genauer an. Um ein Layout zu verwenden, fügen wir es einem Parent hinzu oder benutzen es als Root-Node. Die StackPane, die wir in unserem Beispiel verwenden, stapelt die Nodes in der Reihenfolge ihres Hinzufügens in Z-Ordnung übereinander. Wenn wir also einen weiteren Node hinzufügen, wird er über dem Button liegend dargestellt.

2.4   Workshop: Einen Twitter-Client erstellen

Da nun die Basics geklärt sind, wollen wir das Ganze praktisch umsetzen und mit dem Bau der Beispielanwendung beginnen. Das Beispielprogramm ist ein Twitter-Client, den wir über mehrere Kapitel weiterentwickeln und verbessern werden.

Zum Bau der Anwendung verwenden wir Maven, da das von allen IDEs mehr oder weniger gut unterstützt wird und auch die Abhängigkeitsverwaltung erleichtert, wenn wir Softwarebibliotheken von Drittparteien verwenden. In unserem Projekt ist das zum Beispiel die Twitter4j-Library, die den Zugriff auf die Twitter-API erleichtert.

2.4.1   Vorbereitung

Damit das Beispiel auch funktioniert, müssen Sie zunächst Zugriff auf die Twitter-API erhalten. Dazu brauchen Sie einen Twitter-Account. Diesen erhalten Sie unter: *https://twitter.com/signup*.

Wir haben Twitter unter anderem deshalb gewählt, weil Twitter keine »Real Name Policy« hat, Sie müssen also nicht Ihre echten Daten angeben, um sich zu registrieren. Sie brauchen nur eine funktionierende E-Mail-Adresse. Nach der Registrierung erhalten Sie eine E-Mail mit einem Bestätigungslink.

Danach müssen Sie noch Ihre App registrieren, um die notwendigen Zugangsdaten zu erhalten. Das erledigen Sie unter *https://apps.twitter.com/*. Dazu klicken Sie einfach auf den *Create New App*-Button, dann erscheint ein kurzes Formular. Sie denken sich einen Namen für Ihre App sowie eine kurze Beschreibung aus und geben eine URL an. Keine Sorge, Sie müssen keine Domain dafür registrieren, die URL können Sie ruhig erfinden.

Außerdem benötigen Sie Maven. Falls Sie es noch nicht installiert haben, folgen Sie dazu den Instruktionen unter *http://maven.apache.org/download.cgi*.

Für den Fall, dass etwas nicht klappt, oder wenn Sie das Ergebnis mit der »Musterlösung« vergleichen möchten, finden Sie dieses in einem öffentlichen Git-Repository. Git ist ein Versionsverwaltungssystem, das Sie unter *http://git.com* installieren können. Verwenden Sie Ihre IDE oder ein Git-Tool, um das Repository *http://github.com/eppleton/javafxbuch* zu klonen, oder benutzen Sie dazu die Kommandozeilenaufrufe:

```
git clone https://github.com/eppleton/javafxbuch.git
```

In den einzelnen Unterordnern finden Sie jeweils den Kapiteln zugeordnete Java-Projekte mit den Programmbeispielen als Maven-Projekte. Die Beispiele sind lauffähig, allerdings müssen Sie im Falle des Twitter-Clients noch Ihre Zugangsdaten in der Datei twitter4j.properties ergänzen.

2.4.2   Die Anwendung erzeugen

Wir verwenden nun das JavaFX-Maven-Plug-in, um eine Anwendung zu erzeugen. Gehen Sie dabei vor, wie in Abschnitt 1.1.4 beschrieben, und wählen Sie unter Schritt 1 folgende Werte:

```
groupid: „de.javafxbuch"
artifactid: „tweetalot"
version: "0.1-SNAPSHOT"
package: "de.javafxbuch.tweetalot"
organizationName: "Meine Firma"
```

Listing 2–7   *Die Maven-Koordinaten für unser Projekt*

Öffnen Sie nun die Anwendung in Ihrer bevorzugten Entwicklungsumgebung. Löschen wir zunächst alle überflüssigen Dateien. Unter den Java-Quelldateien können wir den `HelloController` löschen, und unter den Ressourcen (tweetalot/src/main/resources) löschen wir die Ordner fxml, images, styles und die Datei log4j.xml.

Anschließend öffnen Sie die Datei pom.xml und löschen alles zwischen dem öffnenden und schließenden <dependency>-Tag. Fügen Sie stattdessen dort diese Abhängigkeit auf Twitter4j ein:

```
<dependency>
    <groupId>org.twitter4j</groupId>
    <artifactId>twitter4j-core</artifactId>
    <version>[3.0,)</version>
</dependency>
```

Listing 2–8   *Die Dependency für die twitter4j-API*

Den Inhalt der Main-Klasse ersetzen Sie nun durch folgenden:

```
package de.javafxbuch.tweetalot;

import javafx.application.Application;
import javafx.stage.Stage;

public class MainApp extends Application {

    public static void main(String[] args) throws Exception {
      launch(args);
    }

    public void start(Stage stage) throws Exception {
    }
}
```

Listing 2–9   *Das Gerüst für unsere Anwendung*

Jetzt konfigurieren wir zunächst Twitter4j so, dass wir unseren Account abfragen können.

2.4.3   Mit Twitter4j auf die Timeline zugreifen

Twitter4j sucht beim Start nach einer Properties-Datei mit Ihren Zugangsdaten. Diese Datei mit Namen twitter4j.properties legen wir unter dem Pfad tweetalot/src/main/resources an. Unter den folgenden Keys müssen Sie die entsprechenden Zugangsdaten Ihrer App-Registrierung eintragen:

```
oauth.consumerKey= # Wert aus Ihrer App-Registrierung
auth.consumerSecret= # Wert aus Ihrer App-Registrierung
oauth.accessToken= # Wert aus Ihrer App-Registrierung
auth.accessTokenSecret= # Wert aus Ihrer App-Registrierung
```

Listing 2–10   *Die Zugangsdaten für die Twitter-API*

Nun können Sie Twitter4j verwenden, um auf Ihre Timeline zuzugreifen und den Status anzeigen zu lassen:

```
@Override
public void start(Stage stage) throws Exception {
    StackPane root = new StackPane();
    Label label = new Label();
    root.getChildren().add(label);
    try {
        Twitter twitter = TwitterFactory.getSingleton();
        ResponseList<Status> homeTimeline = twitter.getHomeTimeline();
        label.setText(homeTimeline.get(0).getText());

    } catch (TwitterException ex) {
        Logger.getLogger(MainApp.class.getName()).log(Level.SEVERE, null, ex);
    }

    stage.setScene(new Scene(root));
    stage.setTitle("Tweetalot");
    stage.show();
}
```

Listing 2–11   *Abfrage der Twitter Home-Timeline*

Wenn Sie die Anwendung starten, sollten Sie nun die aktuellste Twittermeldung Ihrer Timeline sehen:

Abb. 2–1   *Die erste Version unseres Twitter-Clients*

Zugegeben, das sieht noch nicht toll aus, aber das werden wir in den nächsten Kapiteln verändern.

3   Properties und Bindings

Eine Aufgabe einer Benutzeroberfläche ist es, den Zustand von Datenobjekten darzustellen und dem Benutzer des Programms die Möglichkeit zu geben, diesen Zustand zu verändern. Der Benutzer bedient zum Beispiel einen Schieberegler, der die Breite eines Rechtecks regelt, und in Abhängigkeit vom eingestellten Wert muss der »width«-Wert des Datenmodells aktualisiert und die Berechnung der Rechtecksfläche neu angestoßen werden. Das kann eine Menge Code erfordern.

In einigen Programmiersprachen gibt es deshalb das Konzept von *Properties*, um Eigenschaften eines Datenobjekts zu repräsentieren, und *Bindings*, um Abhängigkeiten dieser Properties zu deklarieren. Die Synchronisierung funktioniert dann automatisch. In Java fehlen bislang echte Properties und Bindings, sodass man dafür entweder auf Programmbibliotheken von Drittparteien zurückgreifen oder sehr viel Code schreiben muss.

JavaFX führt nun endlich Properties und Bindings ein, die diese Grundaufgabe einer Benutzeroberfläche erheblich erleichtern. Diese Properties werden Ihnen überall in JavaFX begegnen. Jeder Node hat praktischerweise eine Vielzahl dieser Properties, was die Programmierung sehr erleichtert. Properties und Bindings sind ein neues Feature, mit dem JavaFX die Standard-APIs von Java erweitert. Die Anwendung ist dabei nicht auf Programme beschränkt, die ein JavaFX-GUI haben.

3.1   Beans und Properties

3.1.1   Klassische JavaBean-Properties

Sehen wir uns zunächst einmal an, wie Properties bislang modelliert wurden und wie sich JavaFX-Properties davon unterscheiden.

```java
public class MyBean implements Serializable {
    private String name;
    public static final String PROP_NAME = "name";
```

```
    public String getName() {
      return name;
    }

    public void setName(String name) {
      String oldName = this.name;
      this.name = name;
      propertyChangeSupport.firePropertyChange(PROP_NAME, oldName, name);
  , }

    private transient final PropertyChangeSupport propertyChangeSupport = new
  PropertyChangeSupport(this);

    public void addPropertyChangeListener(PropertyChangeListener listener) {
      propertyChangeSupport.addPropertyChangeListener(listener);
    }

    public void removePropertyChangeListener(PropertyChangeListener listener) {
      propertyChangeSupport.removePropertyChangeListener(listener);
    }
  }
```

Listing 3–1   *Eine klassische JavaBean mit einer Property*

Bei einer klassischen JavaBean sind die Properties mithilfe von privaten Feldern realisiert. Auf den Wert der Felder greift man über Getter- und Setter-Methoden zu, die einer einfachen Namenskonvention folgen. Auf das Präfix get oder set folgt der Feldname beginnend mit einem Großbuchstaben. Soll auf Änderungen reagiert werden, muss die Bean eine Methode zur Verfügung stellen, um PropertyChangeListener hinzuzufügen. Bei Änderungen des Wertes über die Setter-Methode, ist diese dann dafür verantwortlich, die Listener zu informieren. Dabei wird der Listener nicht für ein bestimmtes Property registriert, sondern für alle Properties einer Bean. Er muss dann selbst anhand des Namens der Property prüfen, ob das entsprechende Event tatsächlich interessant ist oder ob er es ignorieren kann. Das ist nicht gerade elegant gelöst und zudem fehleranfällig.

3.1.2   Die neuen JavaFX-Properties

In JavaFX werden Properties etwas anders umgesetzt.

```
  public class MyBean implements Serializable {
      private final StringProperty sample = new SimpleStringProperty();

      public String getSample() {
        return sample.get();
      }

      public void setSample(String value) {
        sample.set(value);
      }
```

```
    public StringProperty sampleProperty() {
      return sample;
    }
}
```

Listing 3–2   *Eine JavaFX-Bean mit einer Property*

Der Code ist deutlich übersichtlicher geworden. Setter und Getter behalten dieselbe Methodensignatur. Aber intern verwenden sie ein StringProperty-Objekt, um den Wert zu lesen und zu schreiben. Der Boilerplate-Code zum Aktualisieren der Listener ist weggefallen. Das übernimmt die StringProperty nämlich selbst. Alles, was wir gegenüber dem Beans-Modell lernen müssen, ist eine neue Namenskonvention: Der Name des Getters für die Property beginnt mit deren Namen gefolgt von »Property«. Der Getter für die Property mit dem Namen »age« hieße also zum Beispiel »ageProperty«. Für unsere sample-Property heißt die Methode also sampleProperty. Wenn Sie diese Bean in die Hände bekommen, dann können Sie darauf einen Listener registrieren:

```
    myBean.sampleProperty().addListener(someListener);
```

Der Listener wird also für ein bestimmtes Property registriert und nicht für alle Properties der Bean. Dadurch brauchen wir keine Fallunterscheidung mehr. JavaFX-Properties sind also ein deutlicher Fortschritt gegenüber dem alten Programmiermodell.

3.1.3   Was sind die wichtigsten Klassen und Interfaces?

Bevor wir ins Detail gehen, sehen wir uns nun kurz an, welche Interfaces und APIs man kennen sollte und wie sie organisiert sind. Die wichtigsten Klassen und Interfaces, um mit Properties und Bindings zu arbeiten, stecken in den Packages javafx.beans, javafx.beans.value, javafx.collections und javafx.beans.property.

javafx.beans

In javafx.beans ist das Basis-Interface Observable definiert. Dieses Interface ist als Wrapper für einen Inhalt gedacht und erlaubt es, InvalidationListener zu registrieren. Wird der Inhalt durch eine Änderung ungültig, sodass sich abhängige Werte aktualisieren sollten, wird im registrierten Listener die Methode invalidated aufgerufen:

```
    longProperty.addListener(new InvalidationListener() {

      @Override
      public void invalidated(Observable o) {
        // Reaktion auf das Ereignis
      }
    });
```

Listing 3–3   *Hinzufügen eines Listeners*

Da aber das Interface keinen Zugriff auf den Wert selbst bietet, arbeiten wir stattdessen meist mit dem Subinterface ObservableValue oder davon abgeleiteten Interfaces und Implementierungen.

javafx.beans.value

Ein ObservableValue fungiert als Wrapper für einen Wert, der mit getValue abgefragt werden kann. Im Package javafx.beans.value gibt es jeweils typspezifische
Varianten dazu. Damit lässt sich der Wert des »ungültigen« Objekts nun auch
ermitteln:

```
longProperty.addListener(new InvalidationListener() {

  @Override
  public void invalidated(Observable o) {
    Long value = ((ObservableLongValue)o).get();
    System.out.println("value "+value);
  }
});
```

Zusätzlich erweitert das Interface die API um Methoden zum Registrieren von
ChangeListenern. Die Unterschiede zwischen den Listenern, die auf den ersten
Blick sehr ähnlich sind, sehen wir uns später noch genauer an. Wenn man einen
ObservableValue überschreibbar machen möchte, kann man dazu das Interface
WriteableValue implementieren, das dafür die Methode setValue anbietet.

javafx.beans.property

Jetzt kommen wir zu den Properties selbst. Diese sind in dem Package
javafx.beans.property definiert. Hier gibt es zwei neue Interfaces ReadOnlyProperty und Property. Die ReadOnlyProperty fügt dem ObservableValue die Methoden
getBean und getName hinzu und erlaubt, wenig überraschend, nur lesenden Zugriff
auf den verwalteten Wert. Property hingegen leitet von ReadOnlyProperty ab und
implementiert zusätzlich das Interface WriteableValue. Damit ist schreibender
Zugriff möglich. So kann der Wert nun auch an andere ObservableValues gebunden werden, und ein automatisiertes Aktualisieren in Abhängigkeit von anderen
Werten über *Binding* wird möglich. Zudem enthält dieses Package typspezifsche
Implementierungen dieser Interfaces.

javafx.collections

Bislang haben wir uns die Klassen für Einzelwerte angesehen. In JavaFX sind
aber auch die Collections observierbar. ObservableList, ObservableMap und ObservableSet leiten jeweils vom Observable Interface ab und fügen jeweils Methoden
hinzu, um die passenden ChangeListener zu registrieren. Das sind ListChangeListener, MapChangeListener und SetChangeListener. Die entsprechenden Collections

legt man mit der Helfer-Klasse `FXCollections` an, die viele Methoden bietet, um observierbare Collections zu erzeugen und zu manipulieren.

3.1.4   Wie legt man Properties an?

Einfache Properties

Im Package `javafx.beans.property` gibt es die Properties, die Primitive und Strings repräsentieren: `BooleanProperty`, `DoubleProperty`, `FlcatProperty`, `IntegerProperty`, `LongProperty` und `StringProperty`. Das sind jeweils abstrakte Klassen. Um Instanzen zu erzeugen, gibt es jeweils eine Implementierung, deren Name mit »Simple« beginnt, also zum Beispiel `SimpleBooleanProperty`:

```
BooleanProperty booleanProperty = new SimpleBooleanProperty(true, „b", this);
DoubleProperty doubleProperty = new SimpleDoubleProperty(1.5, „d", this);
FloatProperty floatProperty = new SimpleFloatProperty(1.5f, „f", this);
IntegerProperty integerProperty = new SimpleIntegerProperty(123, „i", this);
LongProperty longProperty = new SimpleLongProperty(12345678991, „l", this);
StringProperty stringProperty = new SimpleStringProperty("hallo", „s", this);
```

Im Konstruktor übergeben wir hier drei optionale Werte: den initialen Wert, den Namen der Property und die zugehörige Bean. Es gibt jeweils Varianten des Konstruktors, die es erlauben, die optionalen Werte nicht zu setzen:

```
BooleanProperty booleanProperty = new SimpleBooleanProperty();
BooleanProperty booleanProperty = new SimpleBooleanProperty(true);
BooleanProperty booleanProperty = new SimpleBooleanProperty(true, „b");
BooleanProperty booleanProperty = new SimpleBooleanProperty(true, „b", this);
```

Der Wert der Property lässt sich über die `setValue`-Methode auch noch nachträglich setzen. Name und Bean sind jedoch finale Werte, die nur im Konstruktor übergeben werden können.

ObjectProperty

In einer ObjectProperty lassen sich beliebige Objekte speichern. Das wird zum Beispiel in der `ImageView` verwendet, um das dargestellte `Image` zu verwalten. Wir werden gleich im Abschnitt über Bindings ein Beispiel damit sehen. Normalerweise reicht uns auch hier die Standardimplementierung für das Erzeugen der Properties:

```
ObjectProperty<Image> objectProperty = new SimpleObjectProperty<>(img,"img",
this);
```

3.1.5   Wie findet man die Bean zu einer Property?

Manchmal ist es notwendig, zu einer Property die zugehörige Bean zu ermitteln. Im Quellcode von JavaFX finden sich zahlreiche Beispiele dafür. So muss etwa bei einem Accordion-Control überwacht werden, welche TitledPane den Eingabefokus hat. Das wird gemacht, indem man denselben ChangeListener auf die focusedProperty jeder TitledPane setzt. Wenn eine TitledPane nun den Fokus erhält, feuert der ChangeListener, sucht sich die passende TitledPane und rückt sie in den Fokus:

```
private final ChangeListener<Boolean> paneFocusListener = new
ChangeListener<Boolean>() {
  @Override public void changed(ObservableValue<? extends Boolean>
observable, Boolean oldValue, Boolean newValue) {
    if (newValue) {
      final ReadOnlyBooleanProperty focusedProperty =
(ReadOnlyBooleanProperty) observable;
      final TitledPane tp = (TitledPane) focusedProperty.getBean();
      focus(accordion.getPanes().indexOf(tp));
    }
  }
};
```

Die Methode getBean(), die hier verwendet wird, ist im Interface ReadOnlyProperty definiert. Deshalb ist hier das Casten vom ObservableValue zur ReadOnlyProperty notwendig. Das funktioniert natürlich nur auf Properties, bei denen die Bean gesetzt ist. Hat der Erzeuger der Property den falschen Konstruktor verwendet und keine Bean übergeben, haben wir Pech gehabt.

3.1.6   Wie werden Properties schreibgeschützt?

Die Properties, die wir bislang verwendet haben, sind alle les- und schreibbar. Wenn wir aber nicht wollen, dass eine Eigenschaft der Bean von außen geändert werden kann, reicht es nicht, die Setter-Methode wegzulassen. Der Benutzer unserer Bean könnte sich einfach die Property holen und den Wert mit setValue überschreiben. In diesem Falle verwenden wir das Superinterface ReadOnlyProperty:

```
public class Person {
  private final ReadOnlyStringProperty name;

  public final String getName(){
    return name.getValue();
  }

  public final ReadOnlyStringProperty nameProperty(){
    return name;
  }
}
```

Jetzt müssen wir die ReadOnlyProperty nur noch erzeugen. Das geht ganz einfach, denn Property leitet von ReadOnlyProperty ab. Machen wir das also im Konstruktor:

```
public Person(String name) {
  this.name = new SimpleStringProperty(name);
}
```

Fällt Ihnen dabei etwas auf? Das ist zwar gültiger Code, aber unser eigentliches Problem wird dadurch nicht wirklich gelöst. Jeder, der eine Instanz unserer Bean bekommt, kann sich nun die Property holen, zu einer `StringProperty` casten und fröhlich den Wert ändern. Sie sollten stattdessen eine der eigens dafür gemachten Wrapper-Klassen nutzen:

```
public class Person {
    private ReadOnlyStringWrapper name;

    public Person(String name) {
      this.name = new ReadOnlyStringWrapper(name);
    }

    public final String getName(){
      return name.getValue();
    }

    public final ReadOnlyStringProperty nameProperty(){
      return name.getReadOnlyProperty();
    }
}
```

Ganz wichtig dabei ist, dass Sie den Wrapper nicht direkt verfügbar machen, denn sonst haben Sie nichts gewonnen. Die Wrapper-Klassen selbst sind ebenfalls Properties. Ein Benutzer könnte wie im vorigen Beispiel nach einem Typecast den Wert der Property ändern. Alle `ReadOnlyWrapper` haben aber die Methode `getReadOnlyProperty`, die eine sichere `ReadOnlyProperty` zurückgibt. So können Sie selbst innerhalb der Bean den Wert ändern, der Benutzer hat jedoch keine Chance mehr, durch einen Typecast den Wert zu verändern.

3.2 Wie verwendet man Bindings?

Wir haben gesehen, dass man auf einem Property Listener registrieren kann. Das ist weiter nicht besonders überraschend, denn das konnte man mit dem alten Bean-Modell ja auch. Wirklich interessant wird das Ganze, wenn man stattdessen die neuen Bindings verwendet, um Werte direkt aneinanderzubinden. In den meisten Fällen reagiert man auf die Änderung einer Property, indem man in Abhängigkeit von der Wertänderung die Werte einer oder mehrerer anderer Properties anpasst. In einem Listener ist das relativ umständlich. Viel direkter und mit weniger Code geht das mithilfe von Bindings. Betrachten wir dazu ein einfaches Beispiel mit unserer MyBean. Wenn die `sampleProperty` sich ändert, wollen wir den Text des Labels *nameLabel* im UI ändern. So würde das mit einem Listener aussehen:

```
myBean.sampleProperty().addListener(
  (ObservableValue<? extends String> ov, String t0, String t1)
    -> label.setText(t1)
);
```

Die Verwendung von Lambda-Ausdrücken macht den Code zwar etwas schlanker als eine anonyme innere Klasse, aber schön ist das immer noch nicht. So sieht es schon besser aus:

```
label.textProperty().bind(myBean.sampleProperty());
```

Die API erlaubt uns also, diesen häufigen Anwendungsfall direkt und sehr einfach auszudrücken. Vielfach müssen wir den Wert aber erst weiterverarbeiten, bevor wir ihn verwenden. Auch das ist in den JavaFX-Bindings bedacht und lässt sich auf unterschiedliche Weise umsetzen. Wie das geht, sehen Sie im nächsten Abschnitt. Das Binding lässt sich natürlich auch wieder lösen. Dazu gibt es die Methode unbind:

```
label.textProperty().unbind();
```

3.2.1   High-Level- und Low-Level-APIs

Um komplexere Abhängigkeiten darzustellen, gibt es in JavaFX drei Möglichkeiten: die Bindings-Klasse, die *Fluent*-API und die *Low-Level*-API. Die ersten beiden werden als High-Level-APIs bezeichnet. Sie sollen es einfach und elegant ermöglichen, komplexere Beziehungen zwischen Werten zu realisieren. Die Möglichkeiten sind jedoch begrenzt. Stößt man an diese Grenzen, kann man die Low-Level-API verwenden, die sehr viel komplexere Beziehungen ermöglicht. Um ein Gefühl für die drei unterschiedlichen Ansätze zu bekommen, zeige ich nur dasselbe Beispiel mit der Bindings-Klasse, der Fluent-API und der Low-Level-API. In allen drei Fällen verwenden wir drei numerische Properties:

```
DoubleProperty number1 = new SimpleDoubleProperty(1);
DoubleProperty number2 = new SimpleDoubleProperty(2);
DoubleProperty number3 = new SimpleDoubleProperty(3);
```

Als Erstes sehen wir uns die Bindings-Klasse an. Hier verwendet man statische Methoden, um die Werte aneinanderzubinden:

```
NumberBinding calculated = Bindings.add(number1, Bindings.multiply(number2,
number3));
```

Das ist sehr einfach und effektiv, entspricht aber nicht jedermanns ästhetischen Kriterien. Deshalb lässt sich dasselbe auch auf andere Weise umsetzen. In den letzten Jahren hat sich ein API-Stil verbreitet, der als »Fluent Interfaces« bezeichnet wird. Dabei soll der Code möglichst flüssig zu lesen und zu schreiben sein und es sollen auf diese Weise Fehler in der Anwendung der Methoden verhindert werden. Verwenden wir die Fluent-API für Bindings, sieht der Code folgendermaßen aus:

```
NumberBinding calculated = number1.add(number2.multiply(number3));
```

Die dritte Möglichkeit liegt in der Verwendung der Low-Level-API. Damit sähe das Beispiel so aus:

```
NumberBinding calculated = new DoubleBinding() {
    {
      super.bind(number1, number2, number3);
    }
    @Override
    protected double computeValue() {
      return number1.get() + (number2.get() * number3.get());
    }
};
```

Die Berechnung selbst ist durch die mathematischen Operatoren am klarsten dargestellt. Dieses Beispiel ist dennoch am schlechtesten lesbar und benötigt eine Menge Code – wir müssen sogar eine eigene Klasse implementieren, um es umzusetzen. Für einfache Beispiele wie dieses ist daher die High-Level-API vorzuziehen. Die Low-Level-API zeigt ihre Stärken erst in komplexeren Anwendungsfällen.

Ein Beispiel mit Low-Level-API

Als Beispiel für eine sinnvolle Verwendung der Low-Level-API wollen wir nun einen einfachen Image-Browser bauen. Die Benutzeroberfläche ist denkbar einfach und besteht nur aus einem TextField und einer ImageView. Der Benutzer soll im TextField die URL einer Bilddatei angeben, das Bild soll dann von der Image-View angezeigt werden. Dazu müsste man also den Wert der *imageProperty* der ImageView an den Wert der *textProperty* des TextField binden. Mit der Low-Level-API ist das sehr leicht umzusetzen:

```
public class ImageViewerBinding extends ObjectBinding<Image> {
    StringProperty p;

    public ImageViewerBinding(StringProperty property) {
      super.bind(property);
      p = property;
    }

    @Override
    protected Image computeValue() {
    try {
      Image image = new Image(p.get(), true);
      return image;
    } catch (Exception e) {
    }
    return null;
    }
}
```

Durch Generics geben wir an, welchen Typ unser Binding als Ergebnis liefert. In unserem Fall ein Bild vom Typ Image. Im Konstruktor können wir jedoch als Ausgangswerte Properties von beliebigem Typ übergeben. Die Low-Level-API unterstützt damit die Typkonvertierung zwischen Eingangs- und Ausgangswert. Die Verwendung dieses Bindings funktioniert fast wie gewohnt:

```
imageView.imageProperty().bind( new ImageViewerBinding(
textField.textProperty() ) );
```

Die Berechnung der Konvertierung eines Strings in ein Image lässt sich so wunderbar kapseln und wir müssen keinerlei Listener erstellen. So lassen sich sehr elegant komplexe Zusammenhänge zwischen Properties realisieren. Der Entwickler profitiert vor allem davon, dass JavaFX überall Properties verwendet. Dadurch lassen sich Bindings in nahezu allen Komponenten verwenden.

3.2.2   Wie können Bindings logisch verknüpft werden?

Bis jetzt haben wir mit Bindings Berechnungen durchgeführt und ein Image an einen String gebunden. Eine besonders nützliche Form des Bindings ist aber die logische Verknüpfung über das BooleanBinding. Viele Methoden der Bindings-Klasse und der Fluent-API haben dies als Rückgabewert, auch StringProperties, ObjectProperties oder numerische Properties können so miteinander zu logischen Ausdrücken verknüpft werden.

Am einfachsten wird das an einem praktischen Beispiel deutlich. Nehmen wir an, wir haben ein Formular mit mehreren Feldern, dann können wir mithilfe von BooleanBinding abhängig von den Benutzereingaben den Save-Button aktivieren. Die im Beispiel verwendete Annotation @FXML wird in Kapitel 6 erklärt. Für uns ist aber im Moment nur der Code in der initialize-Methode wichtig:

```
public class FormController implements Initializable {

    @FXML TextField firstName;
    @FXML TextField lastName;
    @FXML CheckBox javaFx;
    @FXML CheckBox performanceTuning;
    @FXML CheckBox javaSpecialistMaster;
    @FXML Button saveButton;

    @FXML
    private void handleButtonAction(ActionEvent event) {
      System.out.println("You clicked me!");
    }

    @Override
    public void initialize(URL location, ResourceBundle resources) {
      BooleanBinding nameEntered = firstName.textProperty()
        .isNotEmpty()
        .and(firstName.textProperty().length().greaterThan(2))
        .and(lastName.textProperty().isNotEmpty())
        .and(lastName.textProperty().length().greaterThan(2));
```

```
            BooleanBinding courseSelected = performanceTuning
            .selectedProperty()
            .or(javaFx.selectedProperty()
            .or(javaSpecialistMaster.selectedProperty()));
        saveButton.disableProperty()
            .bind(courseSelected.and(nameEntered).not());

    }

}
```

Wir verknüpfen hier StringProperties (firstName.textProperty()), IntegerProperties (firstName.textProperty().length()) und BooleanProperties (performance Tuning.selectedProperty()) zu einem logischen Ausdruck. Es wäre ungleich komplexer, dieselbe Logik mithilfe von Listenern umzusetzen.

Abb. 3–1   *Formularvalidierung mit BooleanBinding*

3.2.3   Was für Berechnungen sind mit numerischen Bindings möglich?

Sie haben bereits ein Beispiel für die Verwendung von numerischen Bindings gesehen. Neben den Funktionen add und multiply gibt es in der High-Level-API noch die Funktionen subtract, divide und negate, die jeweils ein numerisches Binding zurückliefern. Die Bindings-Klasse hat auch noch die Methoden max und min, um sich an größeren oder kleineren von zwei Werten zu binden. Die Methoden greaterThan, greaterThanOrEqualTo, isEqualTo, isNotEqualTo, lessThan oder lessThanOrEqualTo liefern hingegen BooleanBindings zurück, die dann zu logischen Ausdrücken verknüpft werden können.

3.2.4   Wie verwendet man StringProperties in Bindings?

StringProperties lassen sich natürlich ganz einfach direkt aneinanderbinden. So können Sie den Text eines *Labels* zum Beispiel an die StringProperty eines Datenobjts binden, das einen Nachnamen repräsentiert. Relativ häufig benötigen wir aber komplexere Texte. Nehmen wir zum Beispiel an, Sie möchten das Label mit einem Präfix formatieren, der Name »Shaw« soll also als »Nachname: Shaw« angezeigt werden. Das funktioniert mithilfe der Bindings-Klasse so:

```
SimpleStringProperty lastname = new SimpleStringProperty("Shaw");
Label lastnameLabel = new Label();
lastnameLabel.textProperty().bind(Bindings.concat("Nachname: ",lastname));
```

Listing 3–4   *Stringkonkatenation mittels Bindings*

Die Methode length liefert eine IntegerProperty, an die wir uns binden können, und es gibt eine ganze Reihe von Methoden, die *BooleanBindings* zurückgeben. Das sind zum einen die Variationen von greaterThan, isEqualTo und lessThan, die wir von *NumberBindings* kennen, und zum anderen stringspezifische Vergleiche wie isEmpty, isEqualToIgnoreCase(StringExpression other) oder isNotEmpty.

3.2.5   Was passiert, wenn wir den Wert einer gebundenen Property setzen?

Wenn man Bindings verwendet, muss man aufpassen, denn das kann auch zu unerwarteten Fehlern führen. Dieses einfache Beispiel demonstriert das Grundproblem:

```
DoubleProperty number1 = new SimpleDoubleProperty(1);
DoubleProperty number2 = new SimpleDoubleProperty(2);
number2.bind(number1);
number2.setValue(3);
```

Listing 3–5   *Hier wird versucht, einen gebundenen Wert zu ändern.*

Offensichtlich haben wir hier einen Konflikt. Einerseits ist number2 an number1 gebunden, andererseits versuchen wir, den Wert direkt zu setzen. Deshalb verbietet JavaFX das Setzen eines gebundenen Wertes. Leider kann der Compiler das Problem aber nicht erkennen, und so wird erst zur Laufzeit eine RuntimeException geworfen:

```
java.lang.RuntimeException: A bound value cannot be set.
```

3.2.6   Bidirektionale Bindings

Bis jetzt haben wir immer eine *Property* nur unidirektional an andere *ObservableValues* gebunden. Man kann zwei Properties jedoch auch gegenseitig aneinanderbinden:

```
DoubleProperty number1 = new SimpleDoubleProperty(1);
DoubleProperty number2 = new SimpleDoubleProperty(2);
Number2.bindBidirectional(number1);
```

Listing 3–6   *Ein bidirektionales Binding*

Hier ist es natürlich erwünscht, auch einen gebundenen Wert zu setzen, denn der Wert wird über das bidirektionale Binding zum Gegenpart weitergereicht:

```
number2.setValue(3);
number1.setValue(4);
System.out.println("number2 hat den Wert "+number2.getValue());
```

Listing 3–7   Bei bidirektionalen Bindings können beide Properties geändert werden.

Um das bidirektionale Binding aufzulösen, verwenden wir die Methode unbindBi-directional:

```
number2.unbindBidirectional(number1);
```

Eine Besonderheit von StringProperties ist es, dass wir mithilfe eines StringCon-verters auch Bindings zwischen Strings und nicht verwandten Datentypen her-stellen können. Folgendes Beispiel bindet den Inhalt eines TextField bidirektional an den Wert eines Slider:

```
StringProperty sp = textField.textProperty();
DoubleProperty dp = slider.valueProperty();
StringConverter<Number> converter = new NumberStringConverter();
Bindings.bindBidirectional(sp, dp, converter);
```

Das Beispiel sollten Sie so aber nicht in der Praxis verwenden, denn die Eingabe in ein TextField kann nicht notwendigerweise in ein Double umgewandelt werden. In Kapitel 4 über die Controls zeige ich Ihnen, wie Sie diese Eingabe absichern können.

3.2.7   Wenn, dann und ansonsten – noch mehr Bindings-Logik

Mit den bisher besprochenen Bindings lässt sich bereits eine Menge anstellen. Es gibt aber noch mehr Möglichkeiten. Mithilfe der Klasse When nimmt ein Binding abhängig von einer Bedingung einen von zwei möglichen Werten an. Der Aus-druck hat dabei immer die Grundform:

```
When(cond).then(value1).otherwise(value2);
```

Das bedeutet dann: Wenn cond den Wert true hat, dann nimmt das Binding den Wert von value1 an, andernfalls den Wert von value2. Als value1 und value2 können wir ent-weder einen konstanten Wert übergeben oder einen ObservableValue. Die Methode then ist überladen. Der Typ des Parameters, den wir hier übergeben, legt fest, was für ein Binding wir letztlich erzeugen. Übergeben wir zum Beispiel einen konstanten String oder einen ObservableStringValue, dann muss value2 ebenfalls ein String oder ein ObservableStringValue sein, und als Ergebnis erhalten wir ein StringBinding:

```
StringBinding suggestJavaFXIfNotChosen = new When(
    javaFx.selectedProperty() )
      .then(javaFx.textProperty())
      .otherwise("Warum nicht JavaFX?");
```

Listing 3–8   Ein Beispiel für When-Then-Otherwise

Ist value1 jedoch ein Double oder ObservableDoubleValue, muss der value2 ebenfalls einer dieser beiden Typen sein, und das Ergebnis ist ein DoubleBinding.

3.3   Mit Listenern auf Änderungen reagieren

Als Nächstes sehen wir uns die Listener genauer an, die man auf einem ObservableValue, also zum Beispiel einer Property oder einem Binding, registrieren kann. Die Methode addListener ist überladen, wir können entweder einen ChangeListener oder einen InvalidationListener registrieren. Der Unterschied zwischen den beiden ist auf den ersten Blick nicht klar, kann aber für die Performance einer Anwendung ganz entscheidend sein.

3.3.1   InvalidationListener

Der InvalidationListener hat die einzige Methode invalidated(ObservableValue o) und ist ein *functional Interface*. Wir können ihn also durch einen Lambda-Ausdruck formulieren. Für unser initiales Beispiel sähe das so aus:

```
sampleProperty.addListener(o -> {
        System.out.println(sampleProperty.getValue());
    });
```

Dieser Listener feuert dann, wenn ein ObservableValue, also zum Beispiel eine Property oder ein Binding, ungültig (invalid) wird. Invalid bedeutet dabei nicht notwendigerweise, dass sich der Wert geändert hat. Ein Binding wird bereits ungültig, wenn sich einer der Basiswerte geändert hat. Ob der Wert des Bindings sich geändert hat, kann erst festgestellt werden, wenn er tatsächlich berechnet wird. Solange ist das Binding eben auf invalid gesetzt. Unser Binding aus dem Abschnitt 3.2.1 wird zum Beispiel ungültig, sobald sich einer der drei Basiswerte ändert:

```
DoubleProperty number1 = new SimpleDoubleProperty(1);
DoubleProperty number2 = new SimpleDoubleProperty(2);
DoubleProperty number3 = new SimpleDoubleProperty(3);
NumberBinding calculated = Bindings.add(number1, Bindings.multiply(number2,
number3));
calculated.addListener((Observable observable) -> {
   System.out.println("Das Binding ist ungültig");
});
number1.setValue(90);
// die nächste Änderung bekommt ein InvalidationListener nicht mehr mit:
number1.setValue(10);
```

Listing 3–9   *Ein numerisches Binding mit InvalidationListener*

Jede weitere Änderung eines Basiswertes wird dem InvalidationListener nicht mehr gemeldet. Das Binding muss erst wieder »scharfgeschaltet« werden, indem man den aktuellen Wert ermittelt. Damit wird der ObservableValue wieder gültig. Wenn Sie also in der invalidated-Methode getValue aufrufen, wird das Binding wieder valide, und das Ereignis wird danach bei jeder Änderung eines Basiswertes ausgelöst:

```
System.out.println("Das Binding ist ungültig, neuer Wert:
"+calculated.getValue());
```

Man spricht hier von einer »Lazy Evaluation«, denn das Binding legt sich auf die faule Haut, bis der Wert abgefragt wird, und erledigt die Wertermittlung erst in letzter Sekunde.

3.3.2 ChangeListener

Beim ChangeListener hingegen gibt es eine »Eager Evaluation«. Das Binding wartet auf eine Änderung und berechnet »eifrig« den neuen Wert, um ihn dem ChangeListener gleich mitzuteilen. Daher bekommt die changed-Methode auch gleich den neuen Wert mitgegeben:

```
DoubleProperty number1 = new SimpleDoubleProperty(1);
DoubleProperty number2 = new SimpleDoubleProperty(2);
DoubleProperty number3 = new SimpleDoubleProperty(3);
NumberBinding calculated = Bindings.add(number1, Bindings.multiply(number2,
number3));
calculated.addListener(new ChangeListener<Number>() {

@Override
public void changed(ObservableValue<? extends Number> observable, Number
oldValue, Number newValue) {
   System.out.println("Geändert von " + oldValue + " auf " + newValue);
}
});
number1.setValue(90);
number1.setValue(10);
```

Listing 3–10 Registrieren eines ChangeListener

Auch ohne die getValue-Methode aufzurufen, erhalten wir hier nach jeder Änderung eine Benachrichtigung.

3.3.3 Welchen Listener soll ich verwenden?

Beide Listener haben Vor- und Nachteile. Der ChangeListener ist komfortabler, denn er liefert den alten und neuen Wert des ObservableValue und garantiert mir, dass der Wert sich geändert hat. Gleichzeitig muss er bei jeder Änderung den aktuellen Wert ermitteln, um ihn dem Listener zu liefern, und jede Änderung des Wertes führt zu einem Event. Das kann sich negativ auf die Performance auswirken. Ändern wir unser Beispiel von vorhin und binden den Wert der Property number1 an einen *Slider*:

```
@Override
public void start(Stage primaryStage) {
    DoubleProperty number1 = new SimpleDoubleProperty(1);
    DoubleProperty number2 = new SimpleDoubleProperty(2);
    DoubleProperty number3 = new SimpleDoubleProperty(3);
    NumberBinding calculated = Bindings.add(number1,
      Bindings.multiply(number2, number3));
    calculated.addListener(new ChangeListener<Number>() {

        @Override
        public void changed(ObservableValue<? extends Number>
            observable, Number oldValue, Number newValue) {
        System.out.println("Wert geändert von " + oldValue + " auf "
        + newValue);
        }
    });
    number1.setValue(90);
    number1.setValue(10);
    Slider slider = new Slider(0,100,50);
    number1.bind(slider.valueProperty());
    Scene scene = new Scene(slider, 100, 100);
    primaryStage.setScene(scene);
    primaryStage.show();
}
```

Wenn Sie nun den Schieberegler bedienen, werden kontinuierlich Ereignisse gemeldet. Das kann schnell die Performance beeinträchtigen, wenn eine Änderung eine aufwendige Berechnung, eine Datenbank- oder Serveranfrage erfordert. Wir können das simulieren, indem wir den Thread für 100 Millisekunden blockieren. Ändern Sie dazu die changed-Methode wie folgt:

```
public void changed(ObservableValue<? extends Number> observable, Number
oldValue, Number newValue) {
    try {
      Thread.sleep(100);
    } catch (InterruptedException ex) {
      // ignorieren wir hier ausnahmsweise
    }
    System.out.println("Wert geändert von " + oldValue + " auf " + newValue);
}
```

Listing 3–11   *Der Listener blockiert den aufrufenden Thread für 100 ms.*

Beim Verschieben des Reglers wird erkennbar, wie die Performance leidet. Der InvalidationListener liefert mir hingegen nur eine Nachricht, dass das Observable invalidiert wurde und der Wert neu ermittelt werden muss. Erst wenn ich den Wert tatsächlich brauche, muss ich ihn ermitteln. Das kann für die Performance günstig sein. Ersetzen Sie nun den `ChangeListener` durch einen `InvalidationListener` und testen Sie erneut:

```
calculated.addListener(new InvalidationListener() {
  @Override
  public void invalidated(Observable observable) {
    try {
      Thread.sleep(100);
    } catch (InterruptedException ex) {
      // ignorieren wir hier mal ausnahmsweise
    }
    System.out.println("Wert ungültig!");
  }
});
```

Listing 3–12   *Der InvalidationListener feuert hingegen nur einmal.*

Dieser Vorteil kommt jedoch nur zum Tragen, wenn Sie den Wert nicht sofort selbst ermitteln. Sie können das leicht ausprobieren, indem Sie die Ausgabe um den Wert ergänzen:

```
System.out.println("Wert ungültig!"+calculated.getValue());
```

Sofort haben wir wieder unser Performance-Problem. Der `InvalidationListener` kann mir also nur dann einen Vorteil bringen, wenn ich den Wert nicht sofort benötige. Andernfalls kann der Effekt sogar ins Gegenteil umschlagen. Verändern wir unser Beispielbinding ein wenig:

```
NumberBinding calculated = Bindings.min(number1, Bindings.multiply(number2,
number3));
```

Nun bekommen wir sehr viele Ereignisse, obwohl getValue meist denselben Wert zurückgibt. Hier ist der `ChangeListener` überlegen, denn er meldet nur Änderungen des Wertes:

```
calculated.addListener(new ChangeListener<Number>() {

@Override
public void changed(ObservableValue<? extends Number> observable,
    Number oldValue, Number newValue) {
    System.out.println("geändert von " + oldValue + " auf "
      + newValue);
  }
});
```

Muss man als Reaktion auf die Änderung den Wert ohnehin ermitteln, ist also der ChangeListener günstiger und liefert weniger Ereignisse. Braucht man den Wert nicht sofort, ist der InvalidationListener besser geeignet. Es lohnt sich also je nach Anwendungsfall zu entscheiden, welcher Listener günstiger zu verwenden ist.

3.4   JavaFX Collections

Passend zu den Properties gibt es auch neue Collections, die das Observable-Interface implementieren. Diese sind in dem Package javafx.collections organisiert. Die Klassen erweitern die Interfaces der Standard-Java-Collections, wie java.util.List oder java.util.Map, und machen diese observierbar.

3.4.1   Welche sind die wichtigsten Klassen und Interfaces?

Es gibt verschiedene Typen von Collections, die durch die Interfaces Observable-Array, ObservableList, ObservableSet und ObservableMap definiert sind. Für jede dieser Collections gibt es Listener, um auf Änderungen zu reagieren. Eine Observable-List kann zum Beispiel durch einen ListChangeListener überwacht werden und die ObservableMap durch einen MapChangeListener.

Die Collection, der wir am häufigsten begegnen werden, ist die Observable-List. Deshalb sehen wir uns die JavaFX Collections an ihrem Beispiel genauer an. Sie ist das Modell für viele UI-Controls. ListView, TableView und ComboBox verwalten zum Beispiel ihre Daten in einer solchen ObservableList. Das ist praktisch, da wir auf diese Weise ein generisches Modell für viele verschiedene Controls haben. In Swing musste man für JList, JComboBox und JTable hingegen jeweils ein eigenes Modell implementieren.

3.4.2   Wie erzeuge ich eine JavaFX Collection?

Die einfachste Methode, eine FXCollection zu erzeugen, ist es, die Klasse FXCollections zu verwenden. FXCollections funktioniert genau wie die Klasse java.util.Collections und bietet statische Methoden, um die gewünschte Collection zu erhalten. Erzeugen wir als erstes Beispiel eine ObservableList:

```
ObservableList<String> ol = FXCollections.observableArrayList();
```

Dieser Liste können wir nun mit den Methoden add und addAll nach Belieben neue Elemente hinzufügen:

```
ol.addAll("Eins", "Zwei");
ol.add("Drei");
```

Ein ObservableSet oder eine ObservableMap erzeuge ich analog dazu mithilfe der entsprechenden statischen Methoden.

3.4.3   Wie reagiere ich auf Änderungen?

Wichtigster Unterschied zu den normalen Collections ist, dass wir standardisierte Listener registrieren können, mit denen wir in der Lage sind, auf Änderungen zu reagieren. Für die ObservableList ist das der ListChangeListener mit der zu imple-

mentierenden Methode onChanged. Hier bekommen wir als Parameter ein List-
ChangeListener.Change-Objekt, das alle Änderungen enthält. Wir können mittels
einer while-Schleife durch die einzelnen Änderungen gehen:

```
ol.addListener(new ListChangeListener<String>() {

@Override
public void onChanged(
    ListChangeListener.Change<? extends String> c) {
  while (c.next()) {
    if (c.wasAdded()) {
      List<? extends String> asl = c.getAddedSubList();
      for (String s : asl) {
        System.out.println("Neuer Inhalt " + s);
      }
    }
    if (c.wasRemoved()) {
      List<? extends String> removed = c.getRemoved();
      for (String s : removed) {
        System.out.println("Entfernter Inhalt " + s);
      }
    }
  }
}
});
```

Testen wir den Listener mit einigen Operationen:

```
ol.remove("Zwei");
ol.addAll("Fünf", "Sechs");
ol.set(0, "Zehn");
ol.remove("Fünf");
ol.set(0,"Fünf");
```

Sie sollten nun als Ausgabe folgende Änderungen angezeigt bekommen:

```
Entfernter Inhalt Zwei
Neuer Inhalt Fünf
Neuer Inhalt Sechs
Neuer Inhalt Zehn
Entfernter Inhalt Eins
Entfernter Inhalt Fünf
Neuer Inhalt Fünf
Entfernter Inhalt Zehn
```

Da es sich beim Listener, um ein funktionales Interface handelt, können wir statt
der anonymen inneren Klasse natürlich auch den entsprechenden Lambda-Ausdruck verwenden:

```
ol.addListener(

  (ListChangeListener.Change<? extends String> c) -> {
    while (c.next()) {
      if (c.wasAdded()) {
        List<? extends String> asl = c.getAddedSubList();
        asl.stream().forEach((s) -> {
          System.out.println("Neuer Inhalt " + s);
        });
      }
      if (c.wasRemoved()) {
        List<? extends String> removed = c.getRemoved();
        removed.stream().forEach((s) -> {
          System.out.println("Entfernter Inhalt " + s);
        });
      }
    }
  }
});
```

Für ObservableSet und ObservableMap gibt es analog dazu eigene Listener, die ähnlich verwendet werden.

3.4.4   Wie verwende ich Bindings mit ObservableList?

Wir haben bereits gesehen, wie man mithilfe von Listenern auf Änderungen in der Liste reagieren kann. Das funktioniert, erfordert aber viel Code und ist nicht sehr elegant. Für einige Anforderungen gibt es daher auch hier die Möglichkeit, Bindings zu verwenden. Mit der statischen Methode Bindings.bindContent(list, observableArrayList) lässt sich der Inhalt einer java.util.List an den Inhalt einer ObservableArrayList binden. Aber Vorsicht: Der Inhalt der Liste darf danach nicht mehr auf andere Weise geändert werden.

Das Gleiche funktioniert auch mit Set und ObservableSet sowie Map und ObservableMap. Mit Bindings.bindContentBidirectional lassen sich je zwei ObservableMaps, ObservableSets oder ObservableLists synchronisieren.

3.4.5   Wie observiere ich einen bestimmten Wert einer Collection?

Manchmal interessiert mich auch ein bestimmter Wert in einer Collection. Nehmen wir zum Beispiel an, wir erstellen eine Art Balkendiagramm, bei dem die einzelnen Werte jeweils durch einen Eintrag in einer Map repräsentiert werden:

```
public class SimpleBarChart extends VBox{
  final ObservableMap<String, Double> dataModel;

  public SimpleBarChart(ObservableMap<String, Double> dataModel) {
    super(10);
    setPadding(new Insets(20));
    this.dataModel = dataModel;
    Set<String> keySet = dataModel.keySet();
```

```
        int i = 0;
        for (String key : keySet) {
          Rectangle rectangle = new Rectangle( 0, 0, dataModel.get(key),
                  20);
          rectangle.widthProperty()
              .bind(Bindings.doubleValueAt(dataModel, key));
          rectangle.getStyleClass().add("val"+i++);
          getChildren().add(new HBox(10,rectangle,new Label(key)) );
        }
      }
    }
```

Hier binden wir die Breite der Rechtecke jeweils an den zugehörigen Eintrag der Map. Wenn wir nun einen Wert der Map ändern, so wird automatisch auch die Darstellung aktualisiert.

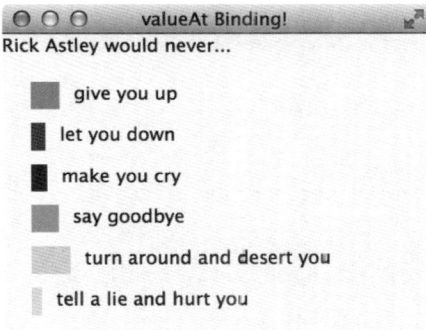

Abb. 3–2   *Ein Beispiel für das valueAt-Binding*

3.4.6   Wie erzeuge ich eine Lazy ObservableList?

ObservableLists sind praktisch und werden daher von vielen Controls als Datenmodell verwendet. ListView und TableView verwalten ihre Inhalte so, und auch in der TreeView sind die Kinder der TreeItems als ObservableLists organisiert. Wir haben nun gesehen, wie solche Listen erzeugt werden, aber die Inhalte müssen bereits verfügbar sein, wenn das Control erzeugt wird. Wenn ich zum Beispiel eine TableView mit sehr vielen Einträgen anzeigen möchte, so müssen alle Daten von Anfang an verfügbar sein, obwohl nur wenige Datensätze gleichzeitig angezeigt werden. Manchmal ist es teuer, diese Objekte im Speicher zu halten, manchmal dauert es auch zu lange, sie alle gleich zu ermitteln.

Es gibt zwar – je nach Control – auch einige Tricks, um das zu umgehen. Schöner wäre es aber, wenn es einen einheitlichen Weg gäbe. In Swing existieren mit TableModel, ListModel und Konsorten einfache Interfaces, über die das Control die benötigten Werte im Bedarfsfall abfragt. Mit einer eigenen Implementierung dieser Interfaces konnte man seine eigene Strategie einfach umsetzen. In

JavaFX war das früher nicht so leicht möglich, da das Interface ObservableList
sehr komplex ist.

Mit JavaFX 8 wurde jedoch mit der abstrakten Klasse Observable_istBase
eine Basisimplementierung eingeführt, die es ermöglicht, Inhalte einer ObservableList erst bei Bedarf zu ermitteln. So kann man zum Beispiel eine ListView
mit 1.000.000 Einträgen erstellen, ohne den Speicher übermäßig zu belasten.

Im folgenden Beispiel simulieren wir, dass das Ermitteln eines einzelnen Wertes 1 Millisekunde dauert. Bei einer initialen Berechnung würden wir also zusätzlich zum Speicherverbrauch 1000 Sekunden warten; mithilfe der ObservableList-
Base geht das viel schneller:

```
public class ObservableListBaseDemo extends Application {
    @Override
    public void start(Stage primaryStage) {

        ListView<String> listView = new ListView<>();
      listView.setItems(new ObservableListBase<String>() {

          @Override
        public String get(int index) {
            try {
                Thread.sleep(1);
            } catch (InterruptedException ex) {
                Logger.getLogger(
            ObservableListBaseDemo.class
                .getName()).log(Level.SEVERE, null, ex);
            }
        return "Item "+index;
        }

          @Override
        public int size() {
          return 1_000_000;
        }
    });
    Scene scene = new Scene(listView, 300, 250);

    primaryStage.setTitle("Hello World!");
      primaryStage.setScene(scene);
    primaryStage.show();
    }
}
```

Sie müssen also nur die Größe der Liste zurückgeben und die get-Methode implementieren.

Die resultierende ObservableList erlaubt nur lesenden Zugriff. Um eine modi-
fizierbare Liste zu implementieren, verwenden Sie die Klasse ModifiableObser-
vableListBase. Sie müssen dann noch zusätzlich die Methode doAdd implementieren, um neue Werte hinzuzufügen, die Methode doRemove, um den Wert an einer

bestimmten Position zu entfernen, und doSet, um den Wert an einer bestimmten Position zu überschreiben.

Abb. 3–3 *Eine ListView mit 1.000.000 Einträgen*

3.5 Properties und Performance

Nichts ist kostenlos, und so haben auch Properties einen Nachteil. Jede Property braucht ein zusätzliches Objekt, das den eigentlichen Wert verwaltet. Das bedeutet, dass deutlich mehr Objekte erzeugt werden müssen. Diese Objekte erhöhen den Speicherbedarf einer Anwendung und stellen damit zusätzliche Anforderung an die Speicherverwaltung. Da die JavaFX-Programmbibliotheken sehr stark auf Properties aufbauen, würde die Implementierung wie in unserem Beispiel zu deutlichen Leistungseinbußen führen. Um Speicher zu sparen, bedient man sich stattdessen eines Tricks.

```
public class MyBean implements Serializable {
    private StringProperty sample;
    private String sampleDummy;
    public String getSample() {
    return sample == null ? sampleDummy : sample.get();
}

public void setSample(String value) {
    if (sample == null) {
      sampleDummy = value;
    } else {
      sample.set(value);
    }
}

public StringProperty sampleProperty() {
    if (sample == null) {
      sample = new SimpleStringProperty(sampleDummy);
```

```
    }
    return sample;
    }

}
```

Listing 3–13   *Verzögerte (lazy) Initialisierung einer Property*

Solange nur auf die Werte der Eigenschaft zugegriffen wird und nicht auf die Property direkt, wird die Property gar nicht erst initialisiert. Stattdessen wird ein ganz normales Feld verwendet, um den Wert zu speichern. Denn solange niemand die Property selbst abgerufen hat – in unserem Fall über die Methode `samplePro-perty` –, kann auch kein Listener registriert sein und wir können uns das teure Objekt sparen. Erst in dem Moment, wenn das erste Mal ein Aufruf der `sample-Property`-Methode erfolgt, können wir den Wert nicht mehr billig zwischenspeichern und müssen die Property erzeugen. In der Praxis hat sich gezeigt, dass diese Maßnahme sehr gut funktioniert, denn typischerweise werden nur auf wenigen Properties Listener registriert.

3.6   Grenzen der Verwendung von Properties

Durch die Verfügbarkeit von Properties liegt es nahe, die Datenmodelle der Anwendung so zu bauen, dass sie direkt in den verfügbaren Views verwendet werden können. Das ist auf den ersten Blick praktisch, denn man kann Werte direkt an UI-Controls binden. Hat man zum Beispiel ein `TextField` für die Eingabe des Namens, so würde man einfach die `nameProperty` an die `textProperty` des Eingabefeldes binden:

```
    simpleStringProperty.bindBidirectional(customer.nameProperty());
```

Das hat aber gravierende Nachteile. Zunächst einmal führt man dadurch eine Abhängigkeit vom UI-Toolkit ein. Dadurch wird es schwieriger, die Klassen wiederzuverwenden. Nehmen wir an, wir möchten die Klassen auf dem Server wiederverwenden. JavaFX-Properties können zwar außerhalb von JavaFX Views eingesetzt werden, aber sie sind nach wie vor Teil der JavaFX-APIs. Das bedeutet, dass man das `jfxrt.jar`, in dem die Klassen liegen, auch auf dem Server braucht. Dort sind aber typischerweise die Aktualisierungszyklen langsamer und es wird vermutlich eine ganze Weile dauern, bis Java 8 flächendeckend verwendet wird.

Ein weiterer Nachteil ist es, dass so die View direkt das Datenmodell manipuliert. Das ist zwar für kleinere Beispiele praktisch, stößt aber in echten Anwendungen schnell an Grenzen. Wir können so zum Beispiel die Benutzereingaben nicht mehr einfach zurückrollen. Die Daten sind ja bereits im Datenmodell gespeichert. Properties sind besser für die Verwendung in einer clientspezifischen ViewModel geeignet. Das eigentliche Datenmodell sollte möglichst konventionell gehalten werden.

4 Welche Bedienelemente gibt es?

Um Anwendungen zu bauen, die Benutzereingaben erlauben, ist es wichtig, eine vernünftige Auswahl an Bedienelementen zu haben. JavaFX bietet da inzwischen einiges an Controls. In diesem Kapitel sehen wir uns an, welche Bedienelemente uns zur Verfügung stehen und wie sie verwendet werden.

4.1 Welche Controls stehen zur Verfügung?

Controls sind generell Komponenten, die in irgendeiner Form Benutzereingaben erlauben. Das sind zum Beispiel die üblichen Formularkomponenten wie Buttons oder Textfelder, aber auch Komponenten wie eine SplitPane oder eine TabPane. Tabelle 4–1 zeigt eine Übersicht über die wichtigsten Controls, die in JavaFX zur Verfügung stehen.

Control	Verwendung
Accordion	Verwaltet eine Gruppe von TitledPanes, von denen immer nur eine expandiert ist. Alle anderen werden beim Wechsel des Fokus automatisch geschlossen.
Button	Ein einfacher Button.
Cell	Eine Zelle in Controls wie der ListView, TreeView oder TableView.
CheckBox	Ein Auswahlkasten mit drei möglichen Zuständen (undefined, checked und unchecked).
ChoiceBox	Eine Auswahlliste für die Auswahl eines einzelnen Items aus einer vorzugsweise kurzen Liste. Unterstützt nur Einzelauswahl (SingleSelection).
ColorPicker	Eine Farbwahlkomponente, die die Auswahl aus einer Palette oder das Mischen einer benutzerdefinierten Farbe ermöglicht.
ComboBox	Eine Auswahlliste, ähnlich ChoiceBox, die für größere Mengen an Objekten besser geeignet ist.
ContextMenu	Ein Pop-up-Fenster mit Menüeinträgen.
HyperLink	Entspricht einem HTML-Hyperlink und wird standardmäßig als blauer unterstrichener Text dargestellt.
Label	Eine Komponente aus einem Textfeld und einem beliebigen Dekorations-Node.

$\rightarrow$

Control	Verwendung
ListView	Standardkomponente zur Anzeige von Listen von Objekten. Erlaubt Einfach- oder Mehrfachselektion und unterstützt Editierung.
MenuBar und Menu	Eine Menüleiste (MenuBar) und die zugehörigen aufklappbaren Menüs (Menu).
MenuButton	Ein Button, der bei einem Klick ein Menü anzeigt.
MenuItem	Ein Menüeintrag, der bevorzugte Inhalt von Menüs. Konkrete Subklassen mit Zusatzfunktionen sind verfügbar (CheckMenuItem, RadioMenuItem, CustomMenuItem).
Pagination	Ein Control, das mehrere zusammengehörige Seiten verwaltet (zum Beispiel ein mehrseitiges Formular) und das durch Touchgesten navigiert werden kann.
PasswordField	Ein Textfeld, das statt eingegebener Buchstaben ein Symbol darstellt.
Progressbar	Ein Fortschrittsbalken.
ProgressIndicator	Ein kreisförmiger Node zur Fortschrittsanzeige.
RadioButton	Ein Auswahlknopf für die Einzelauswahl aus einer Gruppe von RadioButtons.
ScrollBar	Ein horizontaler oder vertikaler Rollbalken.
ScrollPane	Komponente, der eine Viewkomponente übergeben wird, mit horizontalem und vertikalem ScrollBar, der bei Bedarf angezeigt wird.
Separator	Eine horizontale oder vertikale Trennlinie.
Slider	Horizontaler oder vertikaler Schieberegler für die Wertauswahl aus einem begrenzten Bereich.
SplitPane	Eine horizontal oder vertikal ausgerichtete Komponente mit zwei oder mehr Unterkomponenten und verschiebbaren Stegen zwischen diesen.
TabPane, Tab	Eine Komponente (TabPane), die jeweils eine Registerkarte (Tab) aus einer Gruppen von Tabs anzeigt.
TableView, TableColumn, TableCell	Eine Tabellenkomponente, die aus einer Reihe von Spalten (TableColumns) besteht. Einzelne Zellen werden als TableCell dargestellt.
TextArea	Eine Formularkomponente zur Eingabe oder Editierung längerer Texte.
TextField	Formularkomponente für die einzeilige Texteingabe.
TitledPane	Eine Komponente mit einem Titel, deren Inhalt ein- oder ausgeklappt werden kann.
ToggleButton	Ein Auswahlknopf, der in zwei Zuständen existiert, ausgewählt (selected) und nicht ausgewählt. Kann ähnlich dem RadioButton in einer ToggleGroup gruppiert werden.
ToolBar	Horizontale oder vertikale Werkzeugleiste
ToolTip	Ein Pop-up, das häufig als Information angezeigt wird, wenn man den Mauszeiger über eine Komponente führt.
TreeView, TreeItem	Eine Baumkomponente (TreeView) zur Anzeige von hierarchisch geordneten Baumknoten (TreeItems).

Tab. 4-1   *Die wichtigsten JavaFX-Controls*

Eine gute Übersicht über alle verfügbaren Controls bietet die Anwendung »Modena«, die in den JavaFX-Beispielanwendungen enthalten ist (Abbildung 4–1).

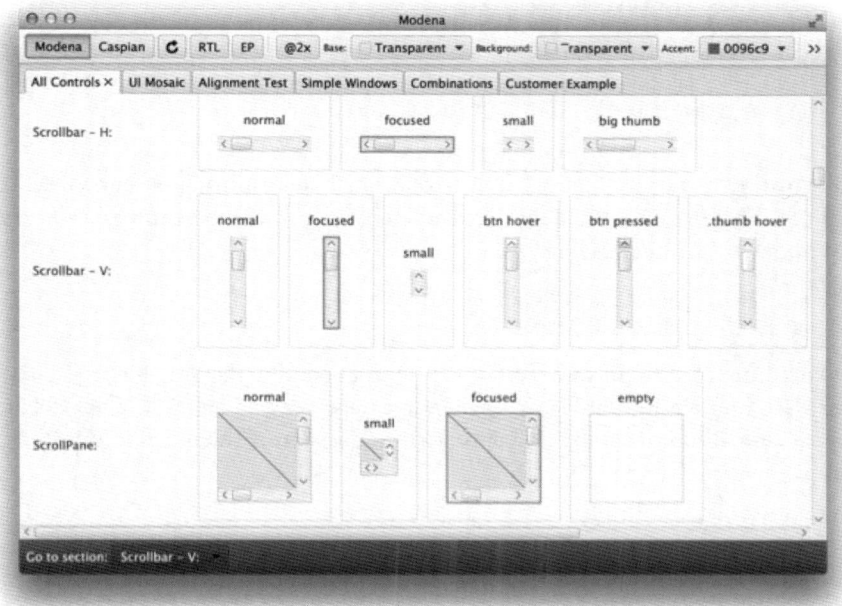

Abb. 4–1   *Die Beispielanwendung Modena zeigt alle Controls sogar in verschiedenen Zuständen.*

4.2   Wie werden Controls verwendet?

In JavaFX sind die Controls im Package `javafx.scene.control` organisiert. Zunächst sind Controls einfach nur Nodes, die dem SceneGraph hinzugefügt werden können und die dann dargestellt werden. Einige Controls werden häufig als Formularelemente verwendet, um Benutzereingaben zu sammeln. Sehen wir uns einmal die gebräuchlichsten Controls und ihre typische Verwendung an.

4.2.1   Wie werden Labels verwendet?

Eines der einfachsten Controls ist das Label. Er besteht aus einem Text und einem weiteren beliebigen Node zur Dekoration. Häufig wird hierfür ein Image verwendet. Beginnen wir nochmal mit unserem »Hello World«-Beispiel aus dem ersten Kapitel, bei dem bereits ein Label verwendet wurde, um den Text »Hello World!« anzuzeigen:

```
@Override
public void start(Stage primaryStage) {
    Label label = new Label("Hello World!");
    StackPane root = new StackPane();
    root.getChildren().add(label);
    Scene scene = new Scene(root, 300, 250);
    primaryStage.setTitle("Hello World!");
    primaryStage.setScene(scene);
    primaryStage.show();
}
```

Hier wurde der darzustellende Text bereits im Konstruktor übergeben. Mit der Methode setText können Sie den Text jedoch auch später bestimmen oder durch einen anderen String ersetzen:

```
Label label = new Label("Hello World!");
label.setText("Hallo Welt!");
```

Ebenso können Sie einen weiteren Node übergeben, der als Grafik vorgesehen ist. Meist wird hier ein Bild in Form einer ImageView verwendet. Wir legen für dieses Beispiel eine Bilddatei namens world.png in dasselbe Package wie unsere main-Klasse:

```
Label label = new Label("Hello World!");
Image image = new Image(getClass().getResourceAsStream("world.png"));
label.setGraphic(new ImageView(image));
```

Das Ergebnis sieht dann so aus:

Abb. 4–2   *Label mit Bild*

Wie lege ich Bildposition, Abstand und Ausrichtung fest?

Wir können nun mehrere Eigenschaften des Labels verändern, um Ausrichtung, Anordnung und Abstände anzupassen. Häufig muss die Position der Grafik angepasst werden. Sie ist über die Eigenschaft ContentDisplay des Labels festgelegt. Der Wert dieser Property legt fest, wo die Grafik relativ zum Text angezeigt wird. Verändern Sie nun das Beispiel und positionieren Sie die Grafik oberhalb des Texts:

```
label.setContentDisplay(ContentDisplay.TOP);
```

Das Ergebnis sollte dann so aussehen:

Abb. 4–3 *Label mit Grafik oberhalb des Textes*

Mögliche Werte sind als enum vordefiniert. Die verfügbaren Positionen sind TOP, LEFT, RIGHT, BOTTOM und CENTER, wobei Letzteres die Grafik hinter den Text legt. Um nur den Text oder nur die Grafik anzuzeigen, gibt es noch die Werte TEXT_ONLY respektive GRAPHIC_ONLY.

Den Abstand zwischen Bild und Text kann man dann mithilfe der Eigenschaft GraphicTextGap setzen:

```
label.setGraphicTextGap(30);
```

Abb. 4–4 *Label mit 30 Punkten GraphicTextGap*

Wie erlaube ich einen Umbruch?

Bei längeren Texten können wir mithilfe der Eigenschaft WrapText einen Umbruch ermöglichen:

```
label.setText("Ersetzen wir den Text gegen einen längeren Text, "
    + " ist es sinnvoll, diesen Text bei Bedarf zu umbrechen.");
label.setWrapText(true);
```

Für umbrochene Texte können Sie dann auch das Alignment festlegen:

```
label.setTextAlignment(TextAlignment.CENTER);
```

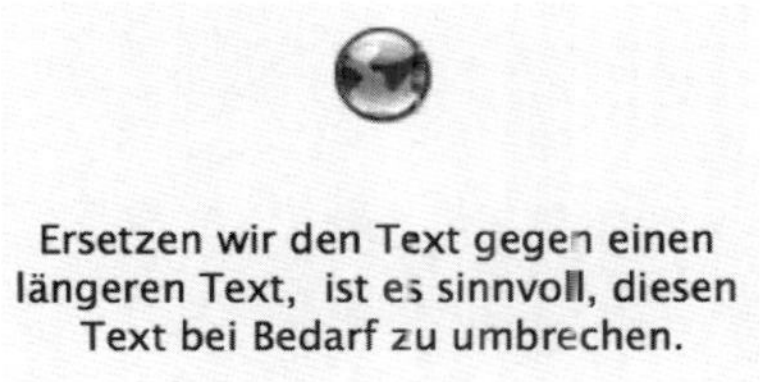

Ersetzen wir den Text gegen einen
längeren Text, ist es sinnvoll, diesen
Text bei Bedarf zu umbrechen.

Abb. 4–5 *Umbrochener, zentrierter Text in einem Label*

Es gibt noch eine Reihe weiterer Einstellungen, wie zum Beispiel das Setzen eines Fonts. Für die professionelle Anwendungsentwicklung ist es jedoch wichtig, zu wissen, dass alle Einstellungen, die wir bezüglich der Darstellung des Labels vornehmen – wie Bildposition, Ausrichtung und Abstände, sogar die verwendete Bilddatei –, sich auch über CSS festlegen lassen. Das hat den großen Vorteil, dass der Entwickler sich nicht ums »Pixelschubsen« kümmern muss und Darstellungsdetails auch ohne Änderungen im Code korrigiert werden können. Ich werde daher auch bei der Beschreibung der einzelnen Controls im Weiteren nicht mehr detailliert auf die Darstellungsoptionen eingehen.

4.2.2   Tooltip

Ein ToolTip ist ein undekoriertes Pop-up-Fenster. Mit seiner Hilfe werden typischerweise Hinweise für die Verwendung eines Controls gegeben. Deshalb hat die Basisklasse Control auch die Methode setTooltip und wir können auf allen Controls einen Tooltip registrieren, der bei Bedarf angezeigt wird. Das geht ganz einfach über die Methode setTooltip. Für Nodes, die keine setTooltip-Methode haben, können wir die statische Methode install der Klasse Tooltip verwenden, der wir den Node und die Tooltip-Instanz übergeben. Zum Ausprobieren können wir wieder eine Applikation bauen und die start-Methode überschreiben mit:

```
@Override
public void start(Stage primaryStage) {
    Button btn = new Button();
    btn.setText("Dummy Button");
    btn.setTooltip(new Tooltip("Dieser Button tut nichts."));
    StackPane root = new StackPane();
    root.getChildren().add(btn);
    Tooltip tooltip = new Tooltip("Ein ToolTip für die StackPane");
    Tooltip.install(root, tooltip);
    Scene scene = new Scene(root, 300, 250);
    primaryStage.setTitle("Tooltip Demo");
    primaryStage.setScene(scene);
    primaryStage.show();
}
```

Sowohl der Button als auch die StackPane haben nun einen Tooltip.

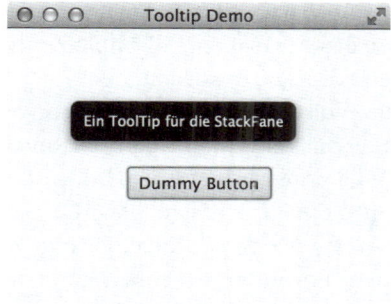

Abb. 4–6   *Für jeden Node kann ein Tooltip registriert werden.*

4.2.3   Buttons

Eines der wichtigsten Bedienelemente ist der Button. JavaFX bietet eine Reihe von Ausprägungen davon wie `ToggleButton`, `HyperLink`, `RadioButton`, `CheckBox` und `Button`. Die gemeinsame Basisklasse dieser Controls ist `ButtonBase`. `ButtonBase` leitet wie `Label` von der Basisklasse `Labeled` ab und hat daher auch alle im Abschnitt über Label beschriebenen Funktionen. Sie können das gerne ausprobieren, indem Sie im vorigen Beispiel die Zeile mit dem Konstruktor ersetzen, den Rest des Quellcodes aber unverändert lassen:

```
// Label label = new Label("Hello World!");
Button label = new Button("Hello World!");
```

Achten Sie beim Import der Klasse wieder darauf, dass Sie nicht aus Versehen `java.awt.Button` importieren, sonst funktioniert das Beispiel nicht.

Die Aufgabe der Klasse ButtonBase besteht darin, die grundlegendste Gemeinsamkeit von Button-ähnlichen Klassen zur Verfügung zu stellen, nämlich das Auslösen einer Aktion als Reaktion auf eine Bediengeste. Meist ist das ein Tastaturkürzel oder ein Klick mit der Maus. Dazu gibt es die Funktion `setOnAction`, um einen entsprechenden EventHandler zu registrieren, und die Methode `fire`, um die Aktion des Buttons programmseitig auszulösen.

Einen einfachen Button erstellen

Erstellen wir nun einen neuen Button, der darauf reagiert, dass er gedrückt wird:

```
Button button = new Button("Bitte klicken Sie mich!");
button.setOnAction( e-> button.setText("Danke!"));
```

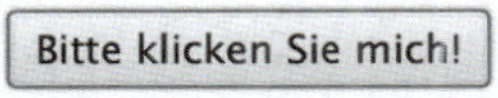

Abb. 4–7   *Ein höflicher Button*

Die Methode setOnAction erwartet als Parameter einen EventHandler<ActionEvent>, der die Methode handle(ActionEvent e) implementiert, oder wie in unserem Fall einen entsprechenden Lambda-Ausdruck.

Die Klasse Button erweitert die Klasse ButtonBase lediglich um zwei Eigenschaften. Mit setDefaultButton kann man einen Button als Default-Button festlegen. Er reagiert dann auf die Enter-Taste (VK_ENTER). Mittels setCancelButton kann man festlegen, dass er auf die Abbruchtaste (VK_ESC) reagieren soll. Der Default-Button ist im Standard-Theme Modena anders gestylt und erscheint blau eingefärbt, sodass man in einem Formular gut sehen kann, welche Aktion ausgelöst wird, wenn man die Enter-Taste drückt:

```
button.setDefaultButton(true);
```

Abb. 4–8   *Der DefaultButton ist am Styling leicht zu erkennen.*

HyperLink

Hyperlinks sind als Entsprechung von HTML-Hyperlinks gedacht. Sie unterscheiden sich hauptsächlich optisch von anderen Buttons.

```
Hyperlink hyperlink = new Hyperlink("www.klickmich.de");
hyperlink.setOnAction(e -> hyperlink.setText("www.schongeklickt.ce"));
```

Als Besonderheit dieser Button-Variante wird der Hyperlink anders dargestellt, wenn er bereits einmal geklickt wurde. Dieser Zustand lässt sich über die Property Visited abfragen.

www.schongeklickt.de www.klickmich.de

Abb. 4–9   *Zwei Hyperlinks, links im Zustand »visited«, rechts noch jungfräulich*

CheckBox

Mithilfe einer CheckBox lässt sich ein Kontrollkästchen erzeugen. Die CheckBox kann in drei verschiedenen Zuständen vorliegen: checked (ausgewählt), unchecked (nicht ausgewählt) und undefined (unbestimmt).

✓ I agree   ☐ I disagree   ⊟ I'm undecided

Abb. 4–10   *Die drei möglichen Zustände der CheckBox*

Verwendet man die CheckBox jedoch ohne weitere Änderungen, wird sie nur zwischen den zwei Zuständen checked und unchecked wechseln. Erst wenn die Eigenschaft AllowIndeterminate auf true gesetzt wurde, wird auch der Zustand undefined durchlaufen. Das ist hilfreich, wenn man in einem Formular zu diesem Feld keine Angaben machen kann oder möchte:

```
CheckBox checkBox = new CheckBox("I agree");
checkBox.setAllowIndeterminate(true);
```

Wird die CheckBox in einem Formular verwendet, so müssen wir zu irgendeinem Zeitpunkt den Zustand auslesen, zum Beispiel, wenn das Formular validiert wird oder wenn die Werte gespeichert oder weiterverarbeitet werden sollen. Die drei Zustände sind mithilfe der beiden Properties selected und indeterminate modelliert. Bei der Auswertung ist es wichtig, den Zusammenhang zwischen den Properties zu kennen, um sie richtig zu interpretieren. Wenn der Wert selected auf false steht, heißt das nicht unbedingt, dass der Zustand checked ist. Denn wenn die Eigenschaft indeterminate den Wert true hat, dann ist der Wert der selected-Eigenschaft ebenfalls immer auf false.

ToggleButton, RadioButton und ToggleGroup

Im Unterschied zur CheckBox können ToggleButtons nur zwei Zustände haben: selected und unselected. Möchte man mehrere ToggleButtons logisch zusammenschalten, so geht das mithilfe einer ToggleGroup. In einer solchen Gruppe kann immer nur einer der Toggles ausgewählt sein. Klickt man einen Button der Gruppe, so werden die anderen automatisch deselektiert:

```
ToggleButton toggleButton = new ToggleButton("Option 1");
ToggleButton toggleButton2 = new ToggleButton("Option 2");
ToggleButton toggleButton3 = new ToggleButton("Option 3");
ToggleGroup toggleGroup = new ToggleGroup();
toggleButton.setToggleGroup(toggleGroup);
toggleButton2.setToggleGroup(toggleGroup);
toggleButton3.setToggleGroup(toggleGroup);
VBox vBox = new VBox(toggleButton, toggleButton2, toggleButton3);
vBox.setPadding(new Insets(20));
Scene scene = new Scene(vBox);
```

In diesem Beispiel wird eine VBox als Layoutcontainer verwendet, da mehrere Nodes dargestellt werden sollen. Layouts und ihre Verwendung werden im nächsten Kapitel näher beschrieben.

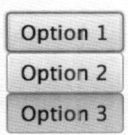

Abb. 4–11   *Drei ToggleButtons in einer ToggleGroup, Option 3 ist ausgewählt.*

Um herauszubekommen, welcher Button einer `ToggleGroup` aktiv ist, gibt es die Methode `getSelectedToggle`. Damit man von einem Wechsel informiert wird, kann man einen Listener auf die `selectedToggleProperty` setzen:

```
toggleGroup.selectedToggleProperty().addListener(( obs, o, n) -> {
        System.out.println("Ausgewählt: "+toggleGroup.getSelectedToggle());
        });
```

RadioButtons sind eine Sonderform des `ToggleButton`. Sie können das einfach testen, indem Sie im vorigen Beispiel das Wort `ToggleButton` gegen `RadioButton` ersetzen:

```
RadioButton radioButton = new RadioButton ("Option 1");
RadioButton radioButton2= new RadioButton ("Option 2");
RadioButton radioButton3= new RadioButton ("Option 3");
ToggleGroup toggleGroup = new ToggleGroup();
radioButton.setToggleGroup(toggleGroup);
radioButton2.setToggleGroup(toggleGroup);
radioButton3.setToggleGroup(toggleGroup);
VBox vBox = new VBox(5, radioButton, radioButton2, radioButton3);
vBox.setPadding(new Insets(20));
Scene scene = new Scene(vBox);
```

Der Hauptunterschied liegt dabei in der Darstellung, die besser für Formulare geeignet ist als ein »nackter« `ToggleButton`.

Abb. 4–12   *Drei RadioButtons*

Ein weiterer kleiner Zusatzunterschied zur Superklasse `ToggleButton` ist, dass ein Aufruf der Methode `fire` ignoriert wird, wenn der `RadioButton` Teil einer `Toggle-Group` ist. Das führt dazu, dass ein zweiter Klick auf den bereits selektierten `Radio-Button` einer `ToggleGroup` nichts bewirkt. Im Unterschied dazu wird ein `ToggleButton` bei einem zweiten Klick auch dann deselektiert, wenn er zu einer `ToggleGroup` gehört, sodass in dieser Gruppe danach kein Toggle mehr ausgewählt ist.

MenuButton und SplitMenuButton

Die letzten Buttons, die wir uns hier ansehen wollen, sind `MenuButton` und `Split-MenuButton`. Beide zeigen bei einem Klick ein Kontextmenü an. Der MenuButton sieht für den User wie eine ChoiceBox aus und verhält sich auch so. Warum gibt es also hier zwei separate Controls? Der Grund liegt in unterschiedlichen Use Cases, die besser in separaten Controls modelliert werden können.

Die ChoiceBox ist vor allem dafür gedacht, in einem Formular aus einer Liste eine Option auszuwählen. Sie verwaltet dazu ein selektiertes Item und zeigt es auch im kollabierten Zustand an, sodass die Auswahl nachvollzogen werden kann. Später kann das selektierte Item abgefragt werden.

Der MenuButton hingegen ist einfach eine Art Menü ohne MenuBar. Hier gibt es kein selektiertes Item, das abgefragt werden kann. Im Kontextmenü stecken üblicherweise MenuItems. Sie können als Reaktion auf die Auswahl selbst eine Aktion auslösen. In unserem Beispiel geben sie Text auf der Kommandozeile aus:

```
MenuButton m = new MenuButton("Kartoffelsalate");
m.setPopupSide(Side.RIGHT);
MenuItem menuItem = new MenuItem("Bayerische Art');
menuItem.setOnAction(e -> System.out.println("Ich mag ihn"
    +" auf bayerische Art "));
MenuItem menuItem1 = new MenuItem("Rheinische Art");
menuItem1.setOnAction(e -> System.out.println("Ich mag ihn"
    +" auf rheinische Art "));
m.getItems().addAll(menuItem, menuItem1);
```

Mit dem Aufruf setPopupSide können wir noch festlegen, wo das Pop-up-Menü erscheinen soll. In unserem Fall rechts vom Button.

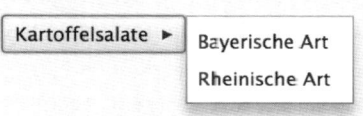

Abb. 4–13 *Ein MenuButton mit geöffnetem Pop-up-Fenster*

Der SplitMenuButton ist zusätzlich in einen Action-Bereich und einen Bereich zum Öffnen des Menüs gegliedert. Klickt man in den Action-Bereich, löst der Split-MenuButton eine Aktion aus. Der Bereich zum Öffnen des Menüs verhält sich wie der »normale« MenuButton. In diesem Beispiel wird als Reaktion auf einen Klick im Action-Bereich Text auf der Kommandozeile ausgegeben:

```
SplitMenuButton m = new SplitMenuButton();
m.setText("Kartoffelsalat");
m.setPopupSide(Side.RIGHT);
m.setOnAction(e -> System.out.println("Ich mag Kartoffelsalat"));
MenuItem menuItem = new MenuItem("Bayerische Art");
menuItem.setOnAction(e -> System.out.println("Ich mag ihn"
    +" auf bayerische Art "));
MenuItem menuItem1 = new MenuItem("Rheinische Art");
menuItem1.setOnAction(e -> System.out.println("Ich mag ihn"
    +" auf rheinische Art "));
    m.getItems().addAll(menuItem, menuItem1);
```

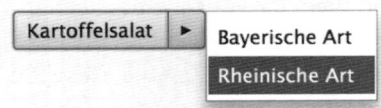

Abb. 4–14   *SplitMenuButtons sind in einen Action-Bereich und einen Bereich zum Öffnen des Menüs aufgeteilt.*

4.2.4   Texteingabe mit TextField, PasswordField, TextArea und HTMLEditor

Für die Texteingabe gibt es wie erwartet ein Control zur Eingabe einzeiliger Strings (TextField) und eines für die Eingabe von mehrzeiligen Texten (TextArea). Daneben gibt es noch einen komplexeren WYSIWYG-Editor, mit dessen Hilfe HTML-formatierter Text eingegeben werden kann (HTMLEditor).

Wie verwende ich ein TextField?

Das TextField ist das einfachste Text-Control. Wir fügen es einfach in die Benutzeroberfläche ein und können später – zum Beispiel wenn das Formular gespeichert werden soll – den Text mit getText auslesen. Das TextField interpretiert den Druck auf die Eingabetaste als Bestätigung der Eingabe und informiert daraufhin einen registrierten EventHandler. Probieren wir das mal aus:

```
public void start(Stage primaryStage) {
    TextField textField = new TextField();
    textField.setOnAction(e ->
      System.out.println("Eingabe: "+textField.getText())
    );
    StackPane root = new StackPane();
    root.getChildren().add(textField);
    Scene scene = new Scene(root, 300, 250);
    primaryStage.setTitle("TextField Demo");
    primaryStage.setScene(scene);
    primaryStage.show();
}
```

Wir können auch einen Eingabeaufforderungstext setzen, der angezeigt wird, wenn das Feld noch leer und nicht fokussiert ist. Da in unserem Beispiel das Text-Field als einziges Control automatisch den Focus hat, sieht man den Prompt-Text allerdings nicht. Wir müssen also noch ein zweites Control einfügen, zum Beispiel einen Button. Als Container verwenden wir diesmal eine VBox, da die StackPane die Controls übereinander stapeln würde. Sobald Sie den Button in den Focus stellen (klicken), wird der Prompt-Text sichtbar:

```
public void start(Stage primaryStage) {
  TextField textField = new TextField();
  textField.setPromptText("Bitte hier etwas eingeben...");
  textField.setOnAction(e ->
    System.out.println("Eingabe: "+textField.getText())
  );
  VBox root = new VBox();
  root.getChildren().add(textField);
  root.getChildren().add(new Button("Dummy"));
  Scene scene = new Scene(root, 300, 250);
  primaryStage.setTitle("TextField Demo");
  primaryStage.setScene(scene);
  primaryStage.show();
}
```

Abb. 4–15   *Ein TextField mit Prompt-Text*

Wie beschränke ich die Eingabe auf ein bestimmtes Format?

Leider fehlt in JavaFX ein »FormattedTextField«, mit dem sich die Eingabe auf bestimmte Zeichenfolgen beschränken lässt. Es gibt jedoch Workarounds. Die einfachste Lösung sind die Methoden replaceText und replaceSelection, die jedes Mal aufgerufen werden, wenn Text eingegeben wird. Hier ein Beispiel, das die Eingabe auf Zahlen beschränkt:

```
TextField textField = new TextField() {
  @Override public void replaceText(int start, int end, String text) {
    if (text.matches("[0-9]")) {
      super.replaceText(start, end, text);
    }
  }

  @Override public void replaceSelection(String text) {
    if (text.matches("[0-9]")) {
      super.replaceSelection(text);
    }
  }
};
```

Verdeckte Texteingabe mit PasswordField

Um Passwörter einzugeben, verwenden wir das PasswordField. Wie Sie an folgendem Beispiel sehen können, funktioniert die Abfrage genau wie beim TextField. Das liegt daran, dass das PasswordField vom TextField abgeleitet wurde:

```
@Override
public void start(Stage primaryStage) {
    PasswordField passwordField = new PasswordField();
    // Die Eingabeaufforderung wird nur angezeigt, wenn die
    //  Komponente *nicht* den Eingabefokus hat. (In diesem Beispiel
    // daher nicht sichtbar)
    passwordField.setPromptText("Bitte Passwort eingeben!");
    passwordField.setOnAction(e ->
        System.out.println(passwordField.getText())));
    StackPane root = new StackPane();
    root.getChildren().add(passwordField);
    Scene scene = new Scene(root, 300, 250);
    primaryStage.setTitle("PasswordField Demo");
    primaryStage.setScene(scene);
    primaryStage.show();
}
```

4.2.4.1   Mehrzeilige Texte mit TextArea eingeben

Die TextArea funktioniert ebenfalls ganz ähnlich wie das TextField, erlaubt aber
die Eingabe mehrzeiliger Texte. Für das folgende Beispiel habe ich die TextArea
nicht direkt in die StackPane gelegt, da die StackPane der Komponente den kompletten verfügbaren Platz zuweist und dabei die bevorzugte Größe in Zeilen und
Spalten ignoriert. Eine Group hingegen ist selbst nicht in der Größe veränderbar
und weist ihren Child-Nodes immer die bevorzugte Größe zu. Daher verpacken
wir die TextArea hier nochmal in einer Group:

```
@Override
public void start(Stage primaryStage) {
    final TextArea textArea = new TextArea();
    textArea.setPrefRowCount(10);
    textArea.setPrefColumnCount(20);
    textArea.setWrapText(true);
    StackPane root = new StackPane(new Group(textArea));
    Scene scene = new Scene(root, 300, 250);
    primaryStage.setTitle("TextArea Demo");
    primaryStage.setScene(scene);
    primaryStage.show();
}
```

Die TextArea ist von derselben Basisklasse wie das TextField abgeleitet. Da die
Methoden replaceSelection und replaceText in dieser Basisklasse TextInputCon-
trol festgelegt sind, funktioniert auch hier die oben gezeigte Eingabebeschrän-
kung auf bestimmte Zeichen.

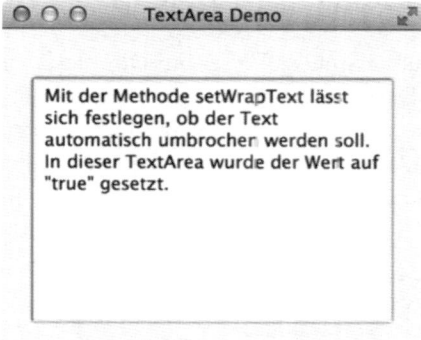

Abb. 4–16   *Eine einfache TextArea*

Formatierten Text eingeben mit dem HTMLEditor

Praktischerweise bietet JavaFX auch eine Komponente, mit der HTML-formatierter Text erstellt werden kann.

Abb. 4–17   *Eingabe von formatiertem Text mit dem HTMLEditor*

Der HTMLEditor wird wie die anderen Text-Controls verwendet:

```
@Override
public void start(Stage primaryStage) {
    HTMLEditor htmlEditor = new HTMLEditor();
    StackPane root = new StackPane();
    root.getChildren().add(htmlEditor);
    Scene scene = new Scene(root, 300, 250);
    primaryStage.setTitle("HTMLEditor Demo");
    primaryStage.setScene(scene);
    primaryStage.show();
}
```

Lediglich um den formatierten Text zu erhalten, verwenden Sie die Methode getHTMLText.

4.2.5   Numerische Werte mit dem Slider eingeben

Für die Eingabe von numerischen Werten im Double-Format stellt JavaFX einen Slider zur Verfügung. Die Anzeige des Schiebereglers lässt sich je nach Einsatzort konfigurieren. Fangen wir ganz einfach an. Im Konstruktor können wir den Minimal- und Maximalwert sowie den aktuellen Wert übergeben. Bauen wir eine neue Anwendung und überschreiben die start-Methode für ein kleines Beispiel:

```
@Override
public void start(Stage primaryStage) {
    Slider slider = new Slider(0, 1, .5);
    StackPane root = new StackPane();
    root.getChildren().add(slider);
    Scene scene = new Scene(root, 300, 250);
    primaryStage.setTitle("Hello World!");
    primaryStage.setScene(scene);
    primaryStage.show();
}
```

Der Regler besteht lediglich aus einer Bahn und dem verschiebbaren Knopf. In dieser minimalen Konfiguration können wir den Regler zum Beispiel in einer Cell oder einem Menü einsetzen. Im Abschnitt 4.2.6 über MenuItems finden Sie dazu ein Beispiel.

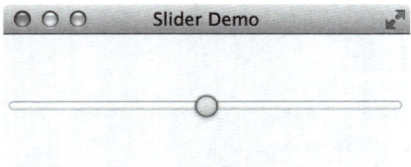

Abb. 4–18   *Ein einfacher Slider ohne Tickmarks*

Wir können nun ganz einfach einen Listener auf der ValueProperty registrieren. Normalerweise bindet man jedoch einfach eine Property an den Wert des Sliders. Wir können damit zum Beispiel einen Node skalieren. Fügen Sie dazu im Beispiel folgenen Code ein:

```
Circle circle = new Circle(50, Color.RED);
circle.scaleXProperty().bind(slider.valueProperty());
circle.scaleYProperty().bind(slider.valueProperty());
root.getChildren().addAll(circle, slider);
```

Da sich der Wert der ValueProperty beim Verschieben kontinuierlich ändert, fallen jedoch viele Events an. Meist ist das gewünscht, da ein gebundener Wert sich dann ebenfalls kontinuierlich ändert. Wenn jedoch die Änderung des abhängigen

Wertes eine umfangreiche Neuberechnung erfordert, kann das zu einem Performance-Problem werden. In diesem Fall hilft es, die valueChangingProperty abzufragen. Deren Wert ist true, solange der Slider bewegt wird, und wir reagieren
erst, wenn sich der Wert nicht mehr ändert. Um das auszuprobieren, ersetzen Sie
die beiden Bindings durch einen InvalidationListener:

```
circle.setScaleX(slider.getValue());
circle.setScaleY(slider.getValue());
slider.valueProperty().addListener(( observable,  oldValue, newValue) -> {
   if (!slider.isValueChanging()) {
     circle.setScaleX(slider.getValue());
     circle.setScaleY(slider.getValue());
   }
});
```

Standardmäßig ist der Slider horizontal ausgerichtet. Einen vertikalen Slider
erzeugen Sie mithilfe der Methode setOrientation. Des Weiteren können Sie mit
showTickMarks konfigurieren, ob eine Werteskala angezeigt werden soll. Mit
showTickLabels geben Sie an, ob an der Skala Werte gezeigt werden sollen. Diese
können mit einem StringConverter zusätzlich formatiert werden. Für die größeren Skalenmarkierungen setzen Sie mit setMajorTickUnit die Abstände und legen
dann mit setMinorTickCount fest, wie viele Untermarkierungen zwischen zwei
Grobmarkierungen liegen:

```
slider.setOrientation(Orientation.VERTICAL);
slider.setShowTickMarks(true);
slider.setShowTickLabels(true);
slider.setMajorTickUnit(.1);
slider.setMinorTickCount(4);
slider.setLabelFormatter(new StringConverter<Double>() {

    @Override
    public String toString(Double value) {
        return Double.toString(value).format("%.2f", value);
    }

    @Override
    public Double fromString(String string) {
        throw new UnsupportedOperationException("Nicht implementiert.");
    }
});
```

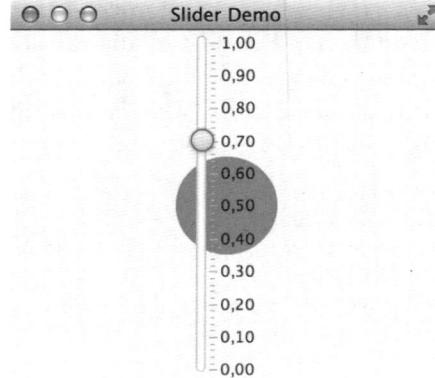

Abb. 4–19   *Ein vertikaler Slider mit Skaleneinteilung*

Wenn die Werte nur in bestimmten Schrittgrößen geändert werden sollen, dann können Sie das mit setSnapToTicks erreichen:

```
Slider.setSnapToTicks(true);
```

Der Wert springt dann zur nächsten Tickmarke. Aber Vorsicht: Der Wert der valueProperty ändert sich beim Verschieben des Reglers nach wie vor kontinuierlich. Erst wenn die Auswahl abgeschlossen ist, wird der Wert auf den nächsten Tick gesetzt. In unserem Beispiel mit dem ChangeListener würde es also klappen, im vorhergehenden Beispiel mit den Bindings allerdings nicht.

4.2.6   Menüs und Kontextmenüs erstellen

Um in JavaFX eine Menüleiste zu erstellen, verwenden wir die Klassen MenuBar. Für ein Kontextmenü, das sich in einem Pop-up-Fenster öffnet, gibt es die Klasse ContextMenu. Beide verwenden zum Aufbau des Menüs MenuItems, von denen es einige Varianten gibt.

MenuBar

Beginnen wir mit dem Aufbau einer Menüleiste. Erstellen Sie dazu eine neue Application mit dieser start-Methode:

```
@Override
public void start(Stage primaryStage) {
    BorderPane root = new BorderPane();
    MenuBar menuBar = new MenuBar();
    Menu fileMenu = new Menu("Datei");
    MenuItem openProjectMenuItem = new MenuItem(
      "Projekt öffnen...");
    fileMenu.getItems().add(openProjectMenuItem);
    Menu helpMenu = new Menu("Hilfe");
    menuBar.getMenus().addAll(fileMenu, helpMenu);
```

```
        root.setTop(menuBar);
        Scene scene = new Scene(root, 300, 250);
        primaryStage.setTitle("MenuBar Demo");
        primaryStage.setScene(scene);
        primaryStage.show();
    }
```

In diesem Beispiel verwenden wir die BorderPane als Layoutcontainer, die in Abschnitt 5.2 näher beschrieben ist. Die BorderPane bietet sich deshalb an, weil ihr oberer Randbereich, den wir mit setTop befüllen, die MenuBar so platziert, wie wir es von einer klassischen Desktop-Anwendung kennen. Wir fügen dann unserer MenuBar zwei Menüs hinzu und legen ins Datei-Menü ein MenuItem.

Abb. 4–20   *MenuBar mit aufgeklapptem Menü*

ContextMenu

Das Kontextmenü ist ein Menü, das wir als Pop-up-Fenster erscheinen lassen können. Wir fügen dazu in unserer Beispielanwendung eine ImageView ein, auf dem wir ein Menü anzeigen können:

```
    ImageView imageView = new ImageView(new Image(
        getClass().getResource("javaduke_html5.png')
        .toExternalForm()));
    root.setCenter(imageView);
    final ContextMenu contextMenu = new ContextMenu();
    MenuItem halloMenuItem = new MenuItem("Sag 'Hallo'");
    halloMenuItem.setOnAction(
        e -> System.out.println("Duke: 'Hallo!'"));

    contextMenu.getItems().add(halloMenuItem);
    imageView.setOnMouseClicked(e -> {
        if (e.getButton() == MouseButton.SECONDARY) {
            contextMenu.show(imageView, e.getScreenX(), e.getScreenY());
        }
    });
```

Abb. 4–21   *ContextMenu auf einer ImageView*

MenuItem

Wir haben an einigen Stellen MenuItems verwendet. Jetzt sehen wir uns an, wie wir sie mit Aktionen belegen, wie wir sie anpassen können und welche Varianten es gibt. Um den Menüeintrag mit einer Aktion zu belegen, verwenden wir wie beim Button einen EventHandler<ActionEvent>.

```
openProjectMenuItem.setOnAction(e -> {
    FileChooser fileChooser = new FileChooser();
    fileChooser.showOpenDialog(primaryStage);
});
```

Um ein Tastenkürzel für die Tastaturbedienung zu registrieren, verwenden wir die statische Methode valueOf der Klasse KeyCombination, der wir einfach einen String übergeben können:

```
openProjectMenuItem.setAccelerator(KeyCombination.valueOf("Ctrl+O"));
```

Sie können auch ein Icon neben dem MenuItem anzeigen. Das MenuItem erlaubt es, mit setGraphic einen beliebigen Node als visuelle Hilfe zu registrieren. Traditionalisten werden hier wohl meist eine ImageView wählen:

```
openProjectMenuItem.setGraphic(
    new ImageView(
    new Image("menubar/demo/project_open.png")));
```

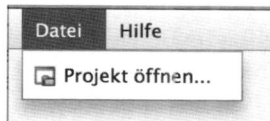

Abb. 4–22 *Ein MenuItem mit einem Icon*

Neben dem klassischen MenuItem bietet JavaFX zusätzlich noch `SeparatorMenuItem`, `CheckMenuItem`, `CustomMenuItem` und `RadioMenuItem` für Spezialaufgaben. Das `SeparatorMenuItem` ist ganz einfach eine Trennlinie, um das Menü zu unterteilen:

```
fileMenu.getItems().add(new SeparatorMenuItem());
```

Das `CheckMenuItem` kann wie eine `CheckBox` zwischen den zwei Zuständen selektiert und unselektiert wechseln. Man kann zwar auf dem `CheckMenuItem` ebenfalls einen `EventHandler<Action>` registrieren, meist ist es jedoch sinnvoller, stattdessen die `selectedProperty` zu verwenden. Man kann dann entweder einen Listener registrieren oder eine andere Property direkt daran binden:

```
CheckMenuItem showDukeMenuItem = new CheckMenuItem("Duke anzeigen");
    showDukeMenuItem.setSelected(true);
    fileMenu.getItems().add(showDukeMenuItem);
    imageView.visibleProperty().bind(
        showDukeMenuItem.selectedProperty());
```

Abb. 4–23 *Ein CheckMenuItem, das die Sichtbarkeit der ImageView steuert*

Das `RadioMenuItem` ist die Entsprechung eines `RadioButton` fürs Menü. Auch hier können wir mehrere Wahlmöglichkeiten in einer `ToggleGroup` organisieren:

```
ToggleGroup toggleGroup = new ToggleGroup();
    RadioMenuItem smallDukeMenuItem = new RadioMenuItem("Kleiner Duke");
    smallDukeMenuItem.setToggleGroup(toggleGroup);
    fileMenu.getItems().add(smallDukeMenuItem);
    RadioMenuItem largeDukeMenuItem = new RadioMenuItem("Großer Duke");
    largeDukeMenuItem.setToggleGroup(toggleGroup);
    fileMenu.getItems().add(largeDukeMenuItem);
    DoubleBinding scaleBinding = Bindings.createDoubleBinding(
      () -> smallDukeMenuItem.isSelected()? 0.5:1.0,
        smallDukeMenuItem.selectedProperty());
    imageView.scaleXProperty().bind(scaleBinding);
    imageView.scaleYProperty().bind(scaleBinding);
```

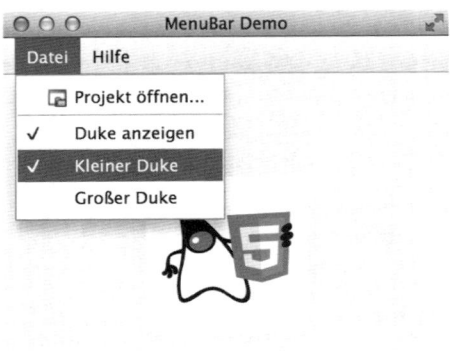

Abb. 4–24   *Zwei RadioMenuItems in einer ToggleGroup*

Als letzte Variante steht uns schließlich noch das CustomMenuItem zur Verfügung. Dieses MenuItem ist dafür gedacht, einen beliebigen Node als MenuItem anzuzeigen. Dabei kann dem Konstruktor übergeben werden, ob das Menü bei einem Klick auf das MenuItem geöffnet bleiben soll oder nicht. Wir können zum Beispiel einen Slider verwenden, um die Opazität der ImageView zu kontrollieren:

```
Slider fadeSlider = new Slider(0, 1, 1);
imageView.opacityProperty().bind(fadeSlider.valueProperty());
CustomMenuItem customMenuItem = new CustomMenuItem(fadeSlider, false);
fileMenu.getItems().add(customMenuItem);
```

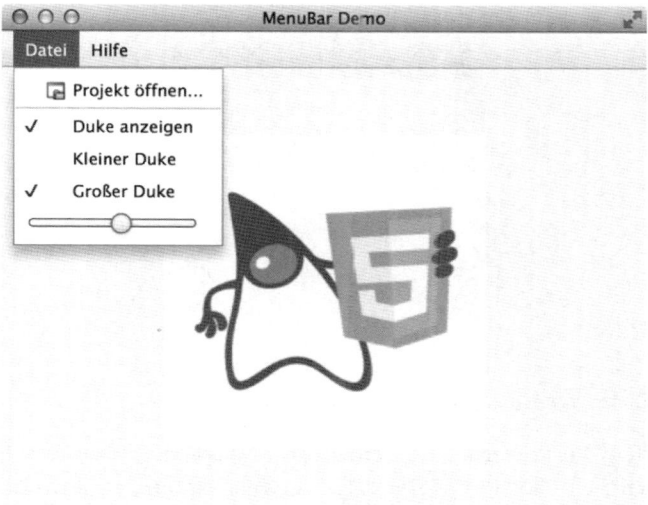

Abb. 4–25   *Ein CustomMenuItem mit Slider*

4.2.7   ListView

Mit ListView und TableView stehen zwei Komponenten für die Darstellung und das Editieren von Gruppen von Datenobjekten zur Verfügung. Betrachten wir zunächst die ListView.

Die ListView ist sehr einfach zu verwenden. Als Modell verwaltet sie wie viele andere Controls eine ObervableList von Objekten. Diese können wir entweder mit der Methode setItems übergeben, oder wir holen uns eine anfangs leere Liste von der ListView durch Aufruf der Methode getItems und befüllen sie mit unseren Datenobjekten. Bauen wir uns dazu wieder eine Applikation mit folgender start-Methode:

```
@Override
public void start(Stage primaryStage) {
    ListView<String> listView = new ListView<>();
    listView.getItems().addAll("Eins", "Zwei", "Drei", "Vier");
    StackPane root = new StackPane(listView);
    Scene scene = new Scene(root);
    primaryStage.setTitle("ListView Demo");
    primaryStage.setScene(scene);
    primaryStage.show();
}
```

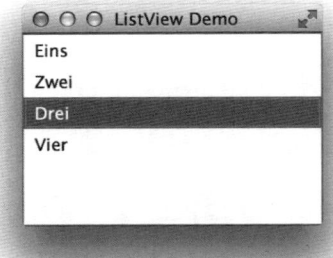

Abb. 4–26   *Eine einfache Listendarstellung mit der ListView*

Die selektierten Werte werden von einem `SelectionModel` verwaltet. Standardmä-ßig wird hierfür ein `MultiSelectionModel` verwendet, das sowohl Einzel- als auch Mehrfachauswahl unterstützt. Die Voreinstellung ist die Einzelauswahl.

Wenn Sie auf die Selektion des Benutzers reagieren möchten, können Sie dazu einen Listener auf die entsprechende Property registrieren:

```
listView.getSelectionModel().selectedItemProperty().addListener(
    (ObservableValue<? extends String> ov, String o, String n) -> {
        System.out.println("Vom User selektiert: "+n);
});
```

Für eine Mehrfachauswahl müssen Sie den Mode umstellen:

```
listView.getSelectionModel().setSelectionMode(SelectionMode.MULTIPLE);
```

Abb. 4–27   *Eine ListView mit aktivierter Mehrfachauswahl*

In diesem Falle wird dann auch das Auswerten der Auswahl etwas komplexer, da mehrere Elemente selektiert und deselektiert werden können. Man verwendet daher einen `ListChangeListener`, der zwischen den unterschiedlichen Ereignissen unterscheidet. Die Verwendung des `ListChangeListener` haben wir in Abschnitt 3.4 ja bereits kennengelernt:

```
listView.getSelectionModel().getSelectedItems().addListener( (
ListChangeListener.Change<? extends String> c ) -> {
  while (c.next()) {
    if (c.wasAdded()) {
```

```
        List<? extends String> asl = c.getAddedSubList();
        asl.stream().forEach((s) -> {
          System.out.println("Neu selektiert " + s);
        });
      }
      if (c.wasRemoved()) {
        List<? extends String> removed = c.getRemoved();
        removed.stream().forEach((s) -> {
          System.out.println("Nicht mehr selektiert " + s);
        });
      }
    }
  });
```

Wenn Sie nun die Auswahl ändern, werden die entsprechenden Ereignisse im Beispiel auf der Kommandozeile ausgegeben.

Wie werden die einzelnen Zeilen dargestellt?

Die ListView verwendet zur Darstellung der einzelnen Zeilen die JavaFX-Cell-
API. Einige Controls wie ListView, TableView und TreeView können potenziell eine
große Menge von Datenpunkten enthalten. Würde man für jede Zeile in der Liste
oder jede Zelle einer Tabelle einen eigenen Node verwenden, dann würde das
schnell zu Performance- und Speicherproblemen führen. Die Cell-API macht sich
den Umstand zunutze, dass immer nur wenige Zellen gleichzeitig zu sehen sind.
Statt für jedes Item einen eigenen Node zu erzeugen, verwaltet die Cell-API einen
kleinen Pool von Zellen, die immer wieder verwendet werden. Wird zum Beispiel
beim Scrollen eine Zelle aus dem sichtbaren Bereich geschoben, so ist sie damit
frei, um neue Inhalte an anderer Stelle darzustellen. Die einzelnen Controls holen
sich einfach bei Bedarf freie Zellen aus dem Pool. Sind nicht genügend Zellen vor-
handen, weil sich zum Beispiel der dargestellte Bereich vergrößert hat, so wird
eine CellFactory verwendet, die dann neue Zellen erzeugt.

Was genau ist eine Zelle?

Die Klasse Cell leitet von Labeled ab, weil in Listen, Tabellen oder Bäumen meis-
tens Text dargestellt wird. Deshalb ist auch die ListCell, die in der ListView per
Default verwendet wird, so programmiert, dass sie auf dem Item die toString-
Methode aufruft und das Resultat mit setText darstellt. Gibt die toString-
Methode keinen vom User interpretierbaren Text zurück oder wollen wir den
Text modifizieren, so können wir eine eigene Subklasse von ListCell erzeugen.

Nehmen wir zum Beispiel eine Liste, die Temperaturwerte darstellen soll, die
im Datenmodell als Doubles vorliegen. In unserer Applikation modifizieren wir
die start-Methode dazu wie folgt:

```
@Override
public void start(Stage primaryStage) {
    ListView<Double> listView = new ListView<>();
    listView.getItems().addAll(52.4, 1.7, -17.0);
    StackPane root = new StackPane(listView);
    Scene scene = new Scene(root);
    primaryStage.setTitle("ListView Demo");
    primaryStage.setScene(scene);
    primaryStage.show();
}
```

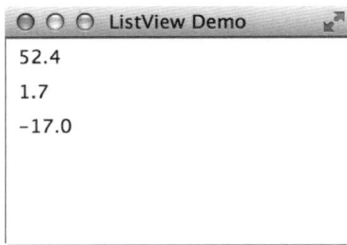

Abb. 4–28   *Die Defaultdarstellung von Doubles in einer ListView*

Der Text ist zwar interpretierbar, aber es wäre schöner, wenn wir auch noch die Einheit mit anzeigen könnten. Bauen wir zum Beispiel eine Zelle, die Temperaturwerte mit der zugehörigen physikalischen Einheit darstellen kann:

```
private static class TemperatureCell extends ListCell<Double>{

    @Override
    protected void updateItem(Double item, boolean empty) {
      super.updateItem(item, empty);
      if (item != null &! empty) setText(item.toString()+"°C");
    }
}
```

Damit die ListView diese Zellen für die Darstellung verwendet, müssen wir eine entsprechende CellFactory registrieren. Die CellFactory ist ein Callback, dessen call-Methode eine neu ListCell zurückgibt:

```
listView.setCellFactory((param) -> {
    return new TemperatureCell();
});
```

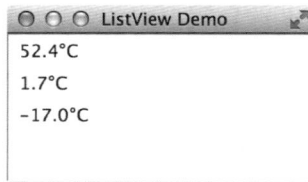

Abb. 4–29   *ListView mit eigener CellFactory und ListCell*

Nun sind wir schon einen Schritt weiter. Da es sich bei der Klasse `Cell` um eine Subklasse von `Labeled` handelt, können wir jedoch noch mehr Änderungen vornehmen. So können wir zum Beispiel Werte unter null blau und Werte über 21 rot darstellen. Modifizieren Sie dazu die `updateItem`-Methode der `TemperatureCell` wie folgt:

```
protected void updateItem(Double item, boolean empty) {
    super.updateItem(item, empty);
    if (item != null & !empty) {
      setText(item.toString() + "°C");
      setTextFill(item <0 ? Color.BLUE :
        item >21? Color.RED : Color.BLACK);
    }
}
```

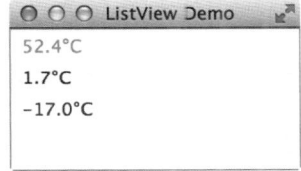

Abb. 4–30   *ListView mit weiteren Anpassungen der ListCell*

Sie könne auch zusätzlich zum Text oder anstatt des Textes einen beliebigen Node zur Darstellung verwenden, etwa eine `ImageView`, der eine Bitmap darstellt oder einen Circle. Dazu rufen Sie einfach die Methode `setGraphic` der Superklasse `Labeled` auf:

```
private static class TemperatureCell extends ListCell<Double> {
    private Circle circle= new Circle(10);
    @Override
    protected void updateItem(Double item, boolean empty) {
      super.updateItem(item, empty);
      if (item != null & !empty) {
        setText(item.toString() + "°C");
        circle.setFill(item <0 ? Color.BLUE :
        item >21? Color.RED : Color.BLACK);
        setGraphic(circle);
      }
      else {
        setText("");
        setGraphic(null);
      }
    }
}
```

Abb. 4–31   *Verwendung eines Circle Node als Graphic in der ListView*

Auch wenn Sie die ListView editierbar machen möchten, ist das die Aufgabe der
Klasse Cell. Nehmen wir einmal an, Sie wollen einen Slider anzeigen, wenn die
Zelle editiert wird. Dann müssen Sie die Methode startEdit überschreiben und
dort mit setGraphic den Slider als Editor anzeigen:

```
private Slider slider = new Slider(-100, 100, 0);
@Override
public void startEdit() {
   super.startEdit();
   setGraphic(slider);
}
```

Sie sind auch selbst dafür verantwortlich, die Benutzereingaben zu überwachen
und den aktualisierten Wert zu speichern. Dazu müssen Sie nach dem Ereignis,
welches das Speichern auslöst, die Methode commitEdit mit dem aktualisierten
Wert aufrufen. Bei einem TextField wäre das auslösende Ereignis zum Beispiel
das Drücken der Eingabetaste. Bei unserem Slider warten wir, bis der Wert sich
nicht mehr ändert. Das ist durch die valueChangingProperty möglich. Ist der
Benutzer dann mit seiner Eingabe fertig, rufen wir einfach commitEdit mit dem
neuen Wert auf:

```
public TemperatureCell() {
   slider.valueChangingProperty().addListener((observable,
         oldValue, newValue) -> {
     if (!newValue) {
       commitEdit(slider.getValue());
     }
   });
}
```

Nun bleibt noch sicherzustellen, dass der Editor auch wieder entfernt wird, wenn
der Benutzer den Editiervorgang abbricht. Dazu überschreiben wir die Methode
cancelEdit und setzen wieder den circle als die aktive Graphic der Cell:

```
@Override
public void cancelEdit() {
   super.cancelEdit();
   setGraphic(circle);
}
```

Ich habe zusätzlich noch den Text und die Textfarbe der Zelle an Änderungen des Wertes gebunden, sodass während der Eingabe leicht der Wert nachvollzogen werden kann und sich auch die Farbe aktualisiert.

```
@Override
protected void updateItem(Double item, boolean empty) {
    super.updateItem(item, empty);
    if (item != null & !empty) {
        slider.setValue(item);
        textProperty().bind(Bindings.concat(slider.valueProperty(), "°C"));
        textFillProperty().bind(new ObjectBinding<Paint>() {
            {
                super.bind(slider.valueProperty());
            }
            @Override
            protected Paint computeValue() {
                return slider.getValue() < 0 ? Color.BLUE :
                    slider.getValue() > 21
                    ? Color.RED : Color.BLACK;
            }
        });
        if (!isEditing()) {
            circle.setFill(item < 0 ? Color.BLUE : item > 21 ?
                    Color.RED : Color.BLACK);
            setGraphic(circle);
        }
    } else {
        textProperty().unbind();
        setText("");
        setGraphic(null);
    }
}
```

Nun müssen Sie noch der ListView selbst mitteilen, dass sie editierbar ist und bei einem Doppelklick die startEdit-Methode aufruft:

```
listView.setEditable(true);
```

Abb. 4–32   *Editierbare ListView mit eigenem Editor*

Für einfache Anwendungsfälle liefert JavaFX glücklicherweise schon eine Reihe von editierbaren Zellen mit, die ganz einfach verwendet werden können. Im einfachsten Fall, wenn die Items vom Typ String sind, genügt diese CellFactory:

```
listView.setCellFactory(TextFieldListCell.forListView());
```

In unserem Beispiel müssten wir beim Aufruf noch einen StringConverter mitgeben, da die Werte vom Typ Double sind und wir dem System mitteilen müssen, wie der eingegebene Text wieder in einen Wert umgewandelt werden kann:

```
listView.setCellFactory(TextFieldListCell.forListView(new
StringConverter<Double>() {

    @Override
    public String toString(Double object) {
      return object.toString();
    }

  @Override
  public Double fromString(String string) {
      try{
        return Double.parseDouble(string);
      }
      catch(NumberFormatException ex){
        return Double.NaN;
      }
    }
})); 
```

Wie man am Code schon sieht, kann der Benutzer offenbar auch nicht numerische Werte eingeben. Praktischer wäre es natürlich, wenn wir dies von vornherein verhindern könnten. Das geht aber leider nicht, sodass wir in diesem Fall wieder auf eine eigene ListCell zurückgreifen müssten.

Abb. 4–33   *Die ListView mit Standardeditor erlaubt auch Falscheingaben.*

Dazu müssen wir zunächst ein TextField erzeugen, das nur DoubleWerte akzeptiert. Sie haben in Abschnitt 4.2.4 ja bereits gesehen, wie das prinzipiell realisiert werden kann. Mit Doubles ist das etwas schwieriger, aber wir können uns mit regulären Ausdrücken behelfen, um die Eingabe zu testen. Das würde dann in etwa so aussehen:

```
private static class DoubleTextField exterds TextField {

  @Override
  public void replaceText(int start, int end, String text) {
    if (validate(createPreview(start, end, text))) {
      super.replaceText(start, end, text);
    }
  }

  @Override
  public void replaceSelection(String text) {
    final int dot = getCaretPosition();
    final int mark = getAnchor();
    int start = Math.min(dot, mark);
    int end = Math.max(dot, mark);
    if (validate(createPreview(start, end, text))) {
      super.replaceSelection(text);
    }
  }

  private boolean validate(String text) {
    if (text.matches("[-+]?[0-9]*\\.?[0-9]+") || text == "") {
      System.out.println("ok");
      return true;
    }
    System.out.println("Nan");
    return false;
  }

  private String createPreview(int start, int end, String text) {
    String get = getContent().get(0, start);
    String preview = get.concat(text);
    if (end < getContent().length()) {
      preview = preview.concat(getContent().get( end,
            getContent().length()));
    }
    return preview;
  }
}
```

Eine editierbare `ListCell` würde dann entsprechend dieses Control verwenden:

```
private static class DoubleListCell extends ListCell<Double> {

  DoubleTextField dtf = new DoubleTextField();

  public DoubleListCell() {
    dtf.setOnAction(new EventHandler<ActionEvent>() {

        @Override
      public void handle(ActionEvent event) {
        commitEdit(Double.parseDouble(dtf.getText()));
      }
    });
  }
```

```
@Override
protected void updateItem(Double item, boolean empty) {
  super.updateItem(item, empty);
  if (item != null & !empty) {
    dtf.setText(item.toString());
    if (!isEditing()) {
        setText(item.toString());
    }
  } else {
    setText("");
    setGraphic(null);
  }
}

@Override
public void startEdit() {
  setText("");
  super.startEdit();
  dtf.setEditable(true);
  setGraphic(dtf);
}
@Override
public void cancelEdit() {
  super.cancelEdit();
  setGraphic(null);
}
}
}
```

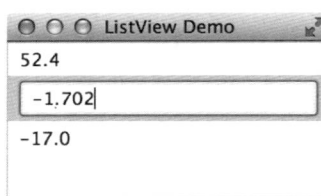

Abb. 4–34   *ListView mit formatiertem TextField als Editor*

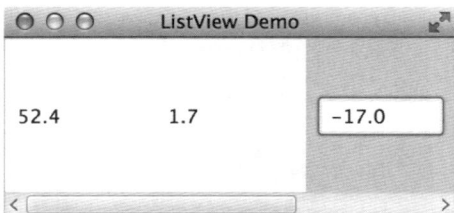

Abb. 4–35   *ListView mit horizontaler Ausrichtung*

Nach diesem Ausflug in das Editieren von Zellen kommen wir zurück zum Design. Die ListView kann natürlich auch optisch Ihren Wünschen angepasst werden. So können Sie die Elemente der Liste auch horizontal anzeigen und Breite und Höhe festlegen:

```
listView.setOrientation(Orientation.HORIZONTAL);
listView.setFixedCellSize(100);
listView.setPrefHeight(100);
```

Wenn Sie die ListView weiter stylen möchten, so können Sie dafür CSS verwenden. Beispiele, wie Sie Controls mittels CSS anpassen können, finden Sie in Kapitel 7 über CSS.

4.2.8 TableView

Die TableView verwendet wie die ListView als Modell eine ObservableList. Jedes Element der Liste entspricht einer Zeile. Die Werte für die Spalten entsprechen üblicherweise einer Property des Elements. Für unser erstes Beispiel verwenden wir Objekte vom Typ Player:

```
public class Player {
    String lastName;
    String firstName;
    int goals;

    public Player (String firstName, String lastName, int goals) {
      this.lastName = lastName;
      this.firstName = firstName;
      this.goals = goals;
    }

    public String getLastName() {
      return lastName;
    }

    public String getFirstName() {
      return firstName;
    }

    public int getGoals() {
      return goals;
    }

    public void setLastName(String lastName) {
      this.lastName = lastName;
    }

    public void setFirstName(String firstName) {
      this.firstName = firstName;
    }

    public void setGoals(int goals) {
      this.goals = goals;
    }
}
```

Zunächst erzeugen wir ein paar Objekte von diesem Typ und setzen sie als Modell einer `TableView`:

```
@Override
public void start(Stage primaryStage) {
    TableView tableView = new TableView();
    ObservableList< Player > players = FXCollections
      .observableArrayList(
        new Player ("Manuel", "Neuer", 0),
        new Player ("Philipp", "Lahm", 0),
        new Player ("Mats", "Hummels", 2),
        new Player ("Jérôme", "Boateng", 0),
        new Player ("Benedikt", "Höwedes", 0)
    );
    tableView.setItems(players);
    StackPane root = new StackPane(tableView);
    Scene scene = new Scene(root, 300, 250);

    primaryStage.setTitle("TableView Demo");
    primaryStage.setScene(scene);
    primaryStage.show();
    }
```

Das Ergebnis ist etwas enttäuschend, noch ist die Tabelle leer. Wir müssen erst die Spalten anlegen, damit die Tabelle weiß, welche Werte angezeigt werden sollen. Dazu fügen wir zunächst einige `TableColumns` ein:

```
TableColumn firstName = new TableColumn("Vorname");
TableColumn lastName = new TableColumn("Nachname");
TableColumn goals = new TableColumn("Tore");
 tableView.getColumns().addAll(firstName, lastName, goals);
```

Diese `TableColumns` müssen nun mit den Feldern unserer JavaBean verknüpft werden. Dafür ist die `CellValueFactory` der `TableColumn` zuständig. In JavaFX gibt es dafür die vordefinierte `PropertyValueFactory`, die Reflection nutzt, um den Wert aus dem Objekt dieser Zeile zu ermitteln:

```
firstName.setCellValueFactory(
    new PropertyValueFactory<Player, String>("firstName")
);
lastName.setCellValueFactory(
    new PropertyValueFactory<Player, String>("lastName")
);
goals.setCellValueFactory(
    new PropertyValueFactory< Player, Integer>("goals")
);
```

Die `TableView` verwendet wie die `ListView` die Cell-API für die Darstellung von Zeilen und auch von einzelnen Zellen, also den Schnittpunkten von Zeile und Spalte. Wenn die vorgegebenen Zellen ersetzt werden sollen, können wir wie bei der ListView andere CellFactories registrieren. In diesem Fall leiten die GoalsCells von TableCell ab:

```
private static class GoalsCell extends TableCell<Player, Integer> {

    private final HBox goalsBox;
    private final Image goalImage;

    public GoalsCell() {
        goalsBox = new HBox();
        goalImage = new
            Image(GoalsCell.class.getResource("world.png").toString()
        );
    }

    @Override
    protected void updateItem(Integer item, boolean empty) {

        setText("");
        goalsBox.getChildren().clear();
        if (item != null) {
            for (int i = 0; i < item; i++) {
                goalsBox.getChildren().add(new ImageView(goalImage));
            }
        }
        setGraphic(goalsBox);
    }

}
```

Die CellFactory können wir auf die zugehörige TableColumn setzen:

```
goals.setCellFactory(new Callback<TableColumn< Player, Integer>,
TableCell<Player, Integer>>() {

    @Override
    public TableCell< Player, Integer> call(TableColumn< Player,
        Integer> param) {
        return new GoalsCell();
    }
});
```

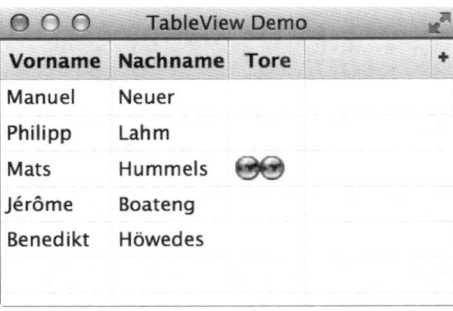

Abb. 4–36   *TableView mit eigener CellFactory*

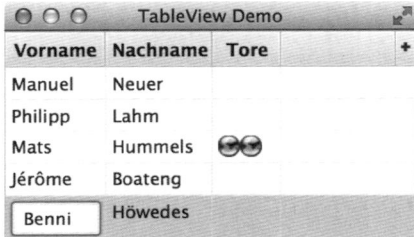

Abb. 4–37   *TableView mit aktivem Editor*

Um die Zellen editierbar zu machen, müssen wir zuerst die `TableView` editierbar machen und dann den editierbaren Spalten eine passende `CellFactory` mitgeben:

```
tableView.setEditable(true);
firstName.setCellFactory(TextFieldTableCell.forTableColumn());
```

Um den Wert ins Datenmodell zurückzuschreiben, müssen wir zusätzlich noch einen EventHandler registrieren, der aufgerufen wird, wenn die Editieraktion beendet ist. Das machen wir mit der Methode `setOnEditCommit`:

```
firstName.setOnEditCommit(new EventHandler<CellEditEvent<Player, String>>() {
  @Override
  public void handle(CellEditEvent<Player, String> t) {
    ((Player) t.getTableView().getItems().get(
    t.getTablePosition().getRow()))).setFirstName(t.getNewValue());
  }
});
```

Neben `TextFieldTableCell` existieren noch eine Reihe weiterer Editoren, wie `CheckBoxTableCell`, `ChoiceBoxTableCell` und `ComboBoxTableCell`, die jeweils das entsprechende Control darstellen. Natürlich können Sie auch eigene Editoren registrieren. Das funktioniert ganz ähnlich wie bei der `ListView`, indem Sie `startEdit` und `cancelEdit` überschreiben, um Ihren Editor anzuzeigen, und `updateItem` ebenfalls entsprechend anpassen.

4.2.9   TreeView und TreeTableView

Natürlich gibt es in JavaFX auch eine Tree-Komponente zum Anzeigen von hierarchischen Daten. Eine `ObservableList` oder `Map` ist aber nicht geeignet, um hierarchische Daten zu repräsentieren. Daher werden die Datenobjekte jeweils in ein `TreeItem` eingepackt. Hier ein einfaches Beispiel mit zwei Strings:

```
TreeView treeView= new TreeView();
TreeItem<String> root = new TreeItem<>("Rot");
treeView.setRoot(root);
root.getChildren().add(new TreeItem<String>("Blau"));
```

Durch Generics können wir für den Inhalt der TreeItems einen Datentyp bestimmen. Haben wir den Datentyp für das Wurzelelement einmal festgelegt, müssen alle Kinder auch vom selben Datentyp ableiten. Ein Mischen ist hier nicht möglich:

```
TreeView treeView = new TreeView();
TreeItem<Color> root = new TreeItem<>(Color.RED);
treeView.setRoot(root);
root.getChildren().add(new TreeItem<Color>(Color.BLUE));
```

Die TreeView verwendet wie ListView und TableView die Cell-API zur Darstellung der einzelnen Elemente. Um also eine angepasste Darstellung zu erreichen, braucht die TreeView eine geeignete CellFactory:

```
treeView.setCellFactory(

    new Callback<TreeView<Color>, TreeCell<Color>>() {

        @Override
      public TreeCell<Color> call(TreeView<Color> param) {
        TreeCell<Color> treeCell = new TreeCell<Color>() {

            @Override
        protected void updateItem(Color item, boolean empty) {
            super.updateItem(item, empty);
            if (!empty && item != null) {
                setText(item.toString());
                Rectangle rectangle = new Rectangle(16, 16);
                rectangle.setFill(item);
                setGraphic(rectangle);
            } else {
                setText("");
                setGraphic(null);
            }
        }
        };
        return treeCell;
    }
});
```

Auch bei der TreeView gibt es mit CheckBoxTreeCell, ChoiceBoxTreeCell, ComboBox-TreeCell und TextFieldTreeCell einige vorgefertigte Klassen. Am häufigsten wird man vermutlich die TextFieldTreeCell und die CheckBoxTreeCell benötigen. Wie das prinzipiell funktioniert, haben wir schon bei der TableView gesehen. Die Klassen haben jeweils eine statische Methode, um eine passende CellFactory zu übergeben. Bei der TextFieldTreeCell müssen wir noch einen StringConverter mitgeben, der die Typkonvertierung vornimmt:

```
treeView.setCellFactory(TextFieldTreeCell.forTreeView(

    new StringConverter<Color>() {

  @Override
  public String toString(Color object) {
    return object.toString();
  }

  @Override
  public Color fromString(String string) {
    Color web = Color.BLACK;
    try {
      web = Color.web(string);
    } catch (Exception e) {
      // im Fehlerfall geben wir Schwarz als Farbe zurueck
    }
    return web;
  }
}));
```

Das funktioniert zwar, ist aber nicht sehr schön. Bei ListView haben wir ja schon gesehen, wie man eigene Editoren bauen kann. Das geht hier ganz genauso. Deshalb passen wir lieber unsere eigene CellFactory etwas an, um einen besseren Editor zu erhalten:

```
treeView.setCellFactory(new Callback<TreeView<Color>, TreeCell<Color>>() {
  @Override
  public TreeCell<Color> call(TreeView<Color> param) {
    TreeCell<Color> treeCell = new TreeCell<Color>() {
      ColorPicker cp = new ColorPicker();

      @Override
      public void startEdit() {
        super.startEdit();
        setText("");
        cp.setValue(getItem());
        cp.setOnAction(new EventHandler<ActionEvent>() {

          @Override
          public void handle(ActionEvent event) {
          commitEdit(cp.getValue());
          }
        });
      setGraphic(cp);
      }

      @Override
      protected void updateItem(Color item, boolean empty) {
        super.updateItem(item, empty);
        if (!empty && item != null) {
          setText(item.toString());
          Rectangle rectangle = new Rectangle(16, 16);
          rectangle.setFill(item);
```

```
                setGraphic(rectangle);
            } else {
                setText("");
                setGraphic(null);
            }
        }
    };
    return treeCell;
    }
});
```

TreeTableView

Die `TreeTableView` ist vom Prinzip her eine Sonderform der `TableView`. Die erste
Spalte der Tabelle ist dabei eine Tree-Komponente und steuert wie eine `TreeView`
die Anzeige von Hierarchiestufen. Das Datenmodell besteht daher wie bei der
`TreeView` aus einer Hierarchie von `TreeItems`. Wir können also unser TableView-
Beispiel anpassen und aus den `Player`-Objekten eine Mannschaft machen, die von
einem `Player` trainiert wird:

```
TreeTableView<Player> treeTableView = new TreeTableView<>();
TreeItem<Player> root = new TreeItem<>(trainer);
root.getChildren().add(new TreeItem<Player>(
    new Player("Manuel", "Neuer", 0)));
root.getChildren().add(new TreeItem<Player>(
    new Player("Philipp", "Lahm", 0)));
treeTableView.setRoot(root);
```

Der `TreeTableView` wird also wie der `TreeView` ein Wurzel-TreeItem zugewiesen
und sie erhält dann von diesem die Kindelemente. Weitere Spalten können
genutzt werden, um wie in `ListView` oder `TableView` Zusatzinformationen anzuzeigen. Dazu werden, analog zu den `TableColumns` der `TableView`, `TreeTableColumns`
erzeugt, die mittels `CellFactories` und `CellValueFactories` Darstellung und
Inhalte verwalten:

```
TreeTableColumn<Player, String> firstNameColumn = new TreeTableColumn<Player,
String>("Vorname");
firstNameColumn.setCellValueFactory(
    new TreeItemPropertyValueFactory<Player, String>("firstName")
);
TreeTableColumn<Player, String> lastNameColumn = new TreeTableColumn<Player,
String>("Nachname");
lastNameColumn.setCellValueFactory(
    new TreeItemPropertyValueFactory<Player, String>("lastName")
);
TreeTableColumn<Player, Integer> goalsColumn = new TreeTableColumn<Player,
Integer>("Tore");
goalsColumn.setCellValueFactory(
    new TreeItemPropertyValueFactory<Player, Integer>("goals")
);
```

```
treeTableView.getColumns().add(firstNameColumn);
treeTableView.getColumns().add(lastNameColumn);
treeTableView.getColumns().add(goalsColumn);
```

Die Darstellung ist bei unserem Beispiel allerdings noch nicht zufriedenstellend, da die einzelnen Spalten gequetscht dargestellt werden. Das liegt an der voreingestellten `ColumnResizePolicy`. Das Problem können wir beheben, indem wir stattdessen die `TreeTableView.CONSTRAINED_RESIZE_POLICY` verwenden:

```
treeTableView.setColumnResizePolicy(TreeTableView.CONSTRAINED_RESIZE_POLICY);
```

Auch das ist analog zur TableView, bei der es ebenfalls ColumnResizePolicies gibt. Die TreeTableView unterstützt natürlich ebenfalls das Editieren von Daten und bedient sich dabei derselben Mechanismen wie die `TableView`. Auch die Behandlung von Fokus und Selektionsereignissen funktioniert vom Prinzip her wie bei der `TableView`, weshalb wir hier kein separates Beispiel untersuchen.

Abb. 4–38   *Die TreeTableView-Komponente*

4.2.10   Auswahlfelder

Mit `ToggleGroup`, `ToggleButton` und `RadioButton` haben wir bereits einige Möglichkeiten kennengelernt, um dem Benutzer eine Auswahl zwischen verschiedenen Optionen zu ermöglichen. Mit `ChoiceBox` und `ComboBox` gibt es weitere Komponenten, die sich gut dafür eignen. Und für die Farb- und Datumswahl existieren spezialisierte Komponenten.

ChoiceBox

Die `ChoiceBox` ist eine einfache Komponente, die dafür gedacht ist, eine Auswahl aus einer Liste von Optionen zu treffen. Eine Mehrfachauswahl wird dabei nicht unterstützt. Die `ChoiceBox` verwaltet dabei eine `ObservableList` von Items, die wir mit `getItems` erhalten und dann befüllen können:

```
ChoiceBox cb = new ChoiceBox();
for (int i = 0; i < 20; i++) {
    cb.getItems().add("Option "+i);
}
```

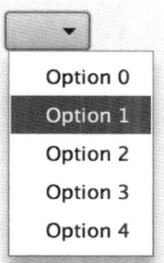

Abb. 4–39   *Eine ChoiceBox mit fünf Optionen*

Mit setValue können Sie einen Wert vorauswählen. Nehmen wir an, der Benutzer soll eine Auswahl aus einer Liste von Personen treffen:

```
public class Person {

    String lastName;
    String firstName;
    int age;

    public Person(String firstName, String lastName, int age) {
      this.lastName = lastName;
      this.firstName = firstName;
      this.age = age;
    }

    public String getLastName() {
      return lastName;
    }

    public String getFirstName() {
      return firstName;
    }

    public int getAge() {
      return age;
    }
}
```

Verwenden wir die Person-Objekte direkt, so ist die Ausgabe für den Benutzer suboptimal:

```
ChoiceBox<Person> cb = new ChoiceBox<>();
cb.getItems().add(new Person("Manuel", "Neuer", 28));
cb.getItems().add(new Person("Philipp", "Lahm", 30));
cb.getItems().add(new Person("Mats", "Hummels", 25));
cb.getItems().add(new Person("Jérôme", "Boateng", 25));
cb.getItems().add(new Person("Benedikt", "Höwedes", 26));
//...
```

Die ChoiceBox zeigt, wie zu erwarten, den durch Aufruf der toString-Methode ermittelten Wert an.

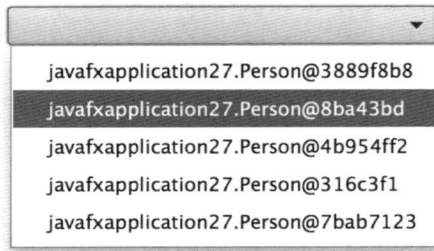

Abb. 4–40   *Die ChoiceBox verwendet die toString-Methode, um den darzustellenden Text zu ermitteln.*

Wenn toString keinen menschenlesbaren Text zurückgibt, können wir uns eines StringConverter bedienen, um für das Objekt einen präsentablen Text zu erzeugen:

```
cb.setConverter(new StringConverter<Person>() {

  @Override
  public String toString(Person p) {
    return p.getFirstName() + " " + p.getLastName() + " (" + p.getAge() + ")";
  }

  @Override
  public Person fromString(String string) {
    // muss für diesen Anwendungsfall nicht implementiert sein
    throw new UnsupportedOperationException("Not"+"supported yet.");
  }
});
```

Als Ergebnis erhalten wir eine Liste mit menschenlesbaren Namen. Die ausgewählte Option wird von der ChoiceBox in der Property Value verwaltet. Mit der Methode setValue können wir programmatisch eine Option vorwählen. Soll die Auswahl später ausgelesen werden, können wir das mit der Methode getValue() tun. Wenn Sie dynamisch auf eine Änderung reagieren möchten, so können Sie auch einen Listener auf dem SelectionModel der ChoiceBox registrieren:

```
cb.getSelectionModel().selectedItemProperty().addListener(
  (observable, oldValue, newValue) -> {
    System.out.println(newValue.getLastName());
});
```

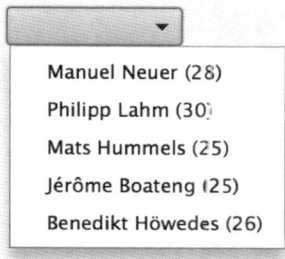

Abb. 4–41   *Die Auswahlliste mit verständlichen Namen dank des StringConverter*

ComboBox

Die ComboBox verfolgt einen ganz ähnlichen Ansatz wie die ChoiceBox, ist aber deutlich mächtiger und besser konfigurierbar. Sie kann auch alles, was eine ChoiceBox kann; deshalb können Sie im vorigen Beispiel die ChoiceBox ganz einfach durch eine ComboBox ersetzen:

```
// ChoiceBox<Person> cb = new ChoiceBox<>();
ComboBox<Person> cb = new ComboBox<>();
```

Im Unterschied zur ChoiceBox kann die ComboBox auch editierbar sein. Probieren wir es aus. Wir sollten zu diesem Zweck allerdings ein einfacheres Beispiel wählen, denn für die Eingabe einer Person ist die Logik recht komplex, um den eingegebenen String zu validieren und zu parsen, und es ist aufwendig, den StringConverter anzupassen. Das funktioniert zwar, ist aber kein sehr realistischer Anwendungsfall. Hier würde man eher ein eigenes Formular verwenden, um die Eingabe einer neuen Person für den Benutzer komfortabler zu machen. Verwenden wir also ein einfacheres Beispiel mit Strings als Datenobjekten. Die ComboBox erlaubt auch das Setzen eines Eingabeaufforderungstextes mittels der Methode setPromptText:

```
ComboBox<String> cb = new ComboBox<>();
cb.setPromptText("Option wählen");
cb.setEditable(true);
cb.getItems().addAll("Option 1", "Option 2", "Option 3");
```

Nun kann der Benutzer auch neue Werte eingeben, die noch nicht in der Liste enthalten sind.

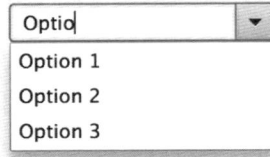

Abb. 4–42   *Die Werte der ComboBox können editiert werden.*

Die Darstellung der ComboBox kann vielfältig angepasst werden. Sie können festlegen, wie viele Zeilen angezeigt werden sollen. Wird die maximale Zeilenzahl überschritten, erscheint automatisch ein ScrollBar:

```
cb.setVisibleRowCount(2);
```

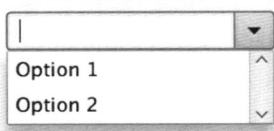

Abb. 4–43   *ComboBox mit Scrollbar*

Die ComboBox verwendet für die Liste der Optionen eine ListView. Die Darstellung der Items lässt sich daher auch mithilfe einer CellFactory anpassen.

Farbauswahl mit dem ColorPicker

Das ColorPicker-Control zur Farbauswahl leitet ebenfalls von ComboBoxBase ab und verhält sich daher ähnlich wie eine ComboBox. Wenn wir das Kontextmenü durch einen Klick auf die Komponente öffnen, sehen wir zunächst eine Liste mit Basisfarben. Reicht diese Auswahl nicht auch, wird durch einen Klick auf den HyperLink *Custom Color...* ein Farbmischer geöffnet, der das Definieren eigener Farbe ermöglicht:

```
ColorPicker colorPicker = new ColorPicker();
colorPicker.setOnAction( e -> System.out.println( "Farbe "
    +colorPicker.getValue()));
```

Abb. 4-44   *Ein ColorPicker-Control mit zugehörigem Farbmischer*

4.3 Controls fürs Layout verwenden

Eine weitere Gruppe von Controls ähneln Layoutcontainern, da sie wie diese mehrere Nodes verwalten und auf eine bestimmte Weise darstellen. Wenden wir uns nun dieser Gruppe von Nodes zu.

4.3.1 Accordion-Control und TitledPane verwenden

Das Accordion-Control erlaubt es, mehrere TitledPanes so zu verwalten, dass stets nur eine Komponente zu sehen ist. Von den anderen wird jeweils nur der Titel gezeigt. Das ist platzsparend und der Benutzer behält dennoch die Übersicht. Die API ist sehr einfach: Mit getPanes erhalten wir alle TitledPanes und können neue hinzufügen oder löschen, die expandedPaneProperty verwaltet die aktive Komponente, und wir können bei Bedarf einen Listener darauf setzen. Auch die Titled-Pane selbst ist sehr einfach. Sie verfügt über einen Titel und enthält als Inhalt einen beliebigen Node:

```
TitledPane circlePane = new TitledPane("Circle", new Circle(50));
TitledPane rectanglePane = new TitledPane("Rectangle", new Rectangle(100,100));
Accordion accordion = new Accordion();
accordion.getPanes().addAll(circlePane, rectanglePane);
```

Abb. 4–45   *Ein Accordion mit zwei TitledPanes*

Die TitledPanes können übrigens auch ohne ein Accordion verwendet werden. Wir können sie zum Beispiel in eine VBox stecken. Dann kann mehr als eine TitledPane gleichzeitig geöffnet sein, wie man das zum Beispiel von den TaskPanes unter Windows kennt.

4.3.2   Mehrere Seiten mit der TabPane verwalten

Eine ganz ähnliche Aufgabe erfüllt die TabPane. Auch hier werden mehrere Seiten übersichtlich und platzsparend organisiert. Ein Fenster ist sichtbar, die anderen werden durch Dokumentenreiter oder »Tabs« repräsentiert:

```
TabPane tabPane = new TabPane();
for (int i = 0; i < 20; i++) {
    Tab tab = new Tab("JavaFXDemo" + i+".java");

    tab.setGraphic(new ImageView("tabpane/demo/source_java.png"));
    Text text = new Text("Dies ist der Inhalt von Dokument " + i);
    tab.setContent(new StackPane(text));
    tabPane.getTabs().add(tab);
}
```

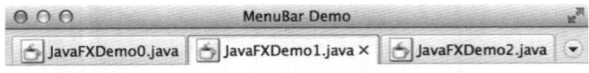

Dies ist der Inhalt von Dokument 1

Abb. 4–46   *Eine TabPane mit mehreren Tabs. Der Button rechts zeigt weitere Tabs in einem*
Aufklappmenü an.

Normalerweise sind diese Tabs oberhalb des Inhaltsbereichs angeordnet. Es ist aber auch möglich, sie links, rechts oder unterhalb davon zu positionieren. Das geschieht mittels der Methode setSide. Um Platz zu sparen, wird der Text der Tabs gedreht, wenn die Tabs links oder rechts vom Inhaltsbereich angezeigt werden. Die Graphic wird nicht gedreht. Das lässt sich jedoch mit der Methode setRotateGraphic auch anpassen:

```
tabPane.setSide(Side.LEFT);
tabPane.setRotateGraphic(true);
```

TabPanes werden häufig für Dokumentenfenster verwendet, in denen mehrere Dokumente geöffnet sein können. Der Benutzer kann typischerweise neue Dokumente öffnen oder wieder schließen. Die TabPane kann deshalb so konfiguriert werden, dass die einzelnen Fenster geschlossen werden können. Dazu gibt es drei unterschiedliche TabClosingPolicys. Mit der TabClosingPolicy.ALL_TABS können alle Reiter geschlossen werden. Damit nicht versehentlich der falsche Reiter geschlossen wird, kann alternativ die TabClosingPolicy.SELECTED_TAB verwendet werden. Dann kann nur der Tab geschlossen werden, dessen Inhalt gerade angezeigt wird. Sollen die einzelnen Reiter gar nicht geschlossen werden, verwendet man TabClosingPolicy.UNAVAILABLE. TabClosingPolicy.SELECTED_TAB ist der voreingestellte Wert. Da die TabPane wie die ListView und viele andere Controls eine ObservableList als Datenmodell verwendet, kann mit Listenern auf das Schließen oder das Hinzufügen eines neuen Tabs reagiert werden. Auch die Reihenfolge der Tabs können Sie dadurch festlegen. So können wir zum Beispiel einen Tab an einer bestimmten Position einfügen:

```
Tab tab = tabPane.getTabs().get(0);
tabPane.getTabs().remove(0);
tabPane.getTabs().add(4, tab);
```

Um die Auswahl zu verwalten, wird ein SingleSelectionModel verwendet. Über dessen selectedItem und selectedIndex sind Sie immer im Bilde, welcher Tab gerade aktiv ist.

4.3.3   Blättern mit Touchgesten und dem Pagination-Control

Jetzt haben wir uns bereits zwei Möglichkeiten angesehen, mehrere Seiten so zu verwalten, dass jeweils nur eine davon zu sehen ist. Eine weitere, modernere Variante ist das Pagination-Control. Diese Variante ist vor allem für Tablets sehr gut geeignet, da wir hier Touchgesten zum Blättern verwenden können. Zudem ist die Platzausnutzung hier am besten.

Abb. 4–47   *Ein Pagination-Control mit zehn Seiten*

Im Unterschied zu TabPane und Accordion verwendet das Pagination-Control keine ObservableList als Datenmodell. Stattdessen gibt es eine Factory in Form eines Callbacks, um bei Bedarf die angeforderten Inhalte zu liefern. So ähnlich kennen wir das ja bereits von der Cell-API, wo Werte und Zellen ebenfalls erst bei Bedarf ermittelt oder erzeugt werden. Das macht es einfach, umfangreiche Inhalte erst bei Bedarf zu laden und so Speicherplatz und Rechenzeit zu sparen. Dem Konstruktor wird nur die Anzahl der Seiten und der initiale Index übergeben:

```
Pagination pagination = new Pagination(10, 0);
pagination.setPageFactory(new Callback<Integer, Node>() {

    @Override
    public Node call(Integer i) {
      return new StackPane(new ImageView(
        "http://www.free-nature-animal-butterfly-wallpaper.com/wallpapers/animal"
        +(i+1)+".jpg"));
    }
});
```

Wenn Sie die Demo ausprobieren, werden Sie bemerken, dass die Bilder jedes Mal neu geladen werden. Falls Ihnen das zu langsam ist, können Sie die ImageViews zum Beispiel einfach in eine Collection speichern und bei Bedarf immer dasselbe Bild zurückliefern. Die API lässt Ihnen hier die Freiheit, zwischen Speicheroptimierung und höherer Geschwindigkeit zu wählen.

4.3.4   SplitPane

Ein weiteres Control, das verwendet werden kann, um ähnlich einem Layout Inhalte zu verwalten und zu positionieren, ist die SplitPane. In einer SplitPane sind die Inhalte durch Divider getrennt – das sind schmale Balken, die mit der Maus verschoben werden können. Während die Swing-Variante nur zwei Fenster erlaubt, können in der JavaFX-SplitPane beliebig viele Nodes untergebracht werden:

```
SplitPane splitPane = new SplitPane();
for (int i = 0; i < 5; i++) {
    splitPane.getItems().add(new StackPane(new Label("Fenster "+i)));
}
```

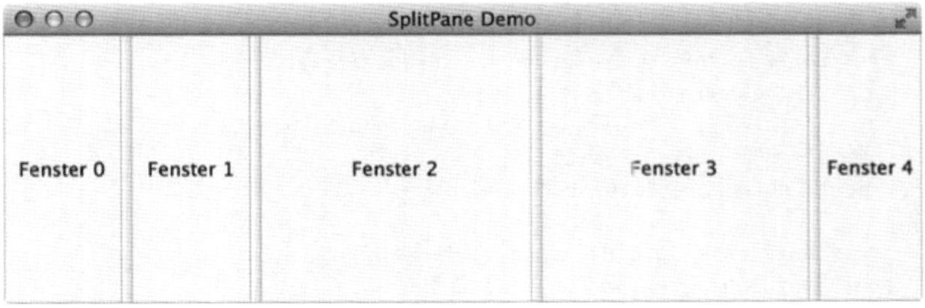

Abb. 4–48   *Eine horizontale SplitPane*

Die aktuellen Positionen der Divider können Sie mit der Methode getDividerPo-
sitions abrufen. Das ist nützlich, wenn Sie den aktuellen Zustand der Anwendung persistieren möchten, sodass der Benutzer beim nächsten Start seine angepasste Darstellung wiederfindet. Sie müssten dazu natürlich zusätzlich auch
Fensterposition und Größe und weitere Einstellungen speichern. Die Methode
stop der Klasse Application bietet sich dafür als Hook im Lebenszyklus an. Hier
ein einfaches Beispiel, wie sich die View-Persistenz realisieren lässt. Ich verwende
dazu die Preferences-API:

```
public class SplitPaneDemo extends Application {

    private Scene scene;
    private SplitPane splitPane;

    @Override
    public void start(Stage primaryStage) {
      Preferences prefs = Preferences.userNodeForPackage(SplitPaneDemo.class);

        splitPane = new SplitPane();
      for (int i = 0; i < 5; i++) {
        splitPane.getItems().add(
              new StackPane(new Label("Fenster " + i)));
      }
      if (prefs.getDouble("divider0", -1)!=-1){
        for (int i = 0; i < splitPane.getDividerPositions().length; i++) {
            splitPane.setDividerPosition(i, prefs.getDouble("divider"+i, 0));
        }
      }
      scene = new Scene(splitPane,
      prefs.getDouble("width", 300),
      prefs.getDouble("height", 250));
      primaryStage.setX(prefs.getDouble("x", 100));
      primaryStage.setY(prefs.getDouble("y", 100));
      primaryStage.setTitle("SplitPane Demo");
```

```
      primaryStage.setScene(scene);
      primaryStage.show();
    }

    @Override
    public void stop() throws Exception {
      double[] dividerPositions = splitPane.getDividerPositions();
      Preferences prefs = Preferences.userNodeForPackage(
        SplitPaneDemo.class);
      for (int i = 0; i < dividerPositions.length; i++) {
        double d = dividerPositions[i];
        prefs.putDouble("divider" + i, d);
      }
      prefs.putDouble("width", scene.getWidth());
      prefs.putDouble("height", scene.getHeight());
      prefs.putDouble("x", scene.getWindow().getX());
      prefs.putDouble("y", scene.getWindow().getY());
    }
  }
```

Wenn Sie diese Anwendung starten, danach die Fenster verschieben und die Gesamtgröße ändern, werden diese Einstellungen beim Schließen in der stop-Methode gespeichert. Beim nächsten Programmstart wird dieser Zustand dann wieder hergestellt. Die Werte, die Sie mit setDividerPosition festlegen, sollten zwischen 0 und 1.0 liegen. Sie teilen den verfügbaren Platz prozentual auf, ein Wert von 0.3 erzeugt also zum Beispiel einen Divider nach 30% der Fensterbreite oder -höhe (je nach Orientierung der SplitPane). Zusätzlich unterliegen die Dividerpositionen noch Einschränkungen durch die Minimal- und Maximalgröße der von der SplitPane verwalteten Nodes. Sie können das ganz einfach ausprobieren, indem Sie die for-Schleife anpassen und den Nodes jeweils eine Minimal- und Maximalgröße verpassen:

```
    for (int i = 0; i < 5; i++) {
      StackPane stackPane = new StackPane(new Label("Fenster " + i));
      stackPane.setMinWidth(40);
      stackPane.setMaxWidth(120);
      splitPane.getItems().add(stackPane);
    }
```

Wenn Sie das Beispiel nun ausprobieren, können Sie die Trennbalken nur noch innerhalb gewisser Grenzen verschieben. Sollten Sie im Code eine Position setzen, die mit den Größenbeschränkungen der Nodes kollidiert, bekommen Sie keine Fehlermeldung, aber die SplitPane wird einen Wert verwenden, der die Größenbeschränkungen beachtet.

SplitPanes können horizontal oder vertikal ausgerichtet sein. Das regelt man über die Property Orientation. Durch das Mischen von vertikalen und horizontalen SplitPanes können wir auch eine einfache »MultiSplitPane« erzeugen, wie man das aus den meisten IDEs kennt. So fügen wir zum Beispiel rechts zwei vertikal geteilte Fenster hinzu:

```
SplitPane vSplitPane = new SplitPane();
vSplitPane.setOrientation(Orientation.VERTICAL);
for (int i = 6; i < 8; i++) {
    vSplitPane.getItems().add(new StackPane(new Label("Fenster "+i)));
}
splitPane.getItems().add(vSplitPane);
```

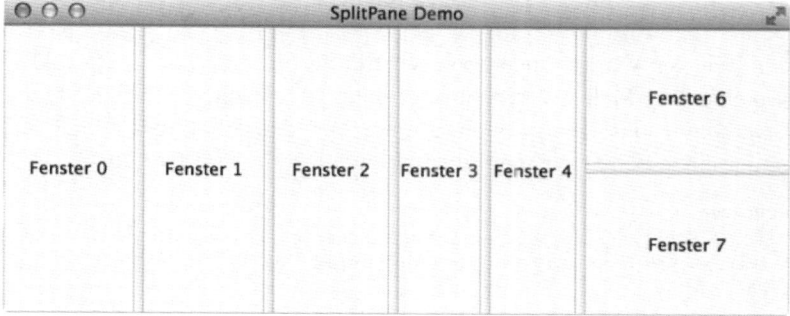

Abb. 4–49   *Eine einfache »MultiSplitPane«*

Wenn Sie die Größe des Anwendungsfensters ändern, wird der neu verfügbare Platz automatisch zwischen den einzelnen Fenstern aufgeteilt. Dieses Verhalten können Sie auch abschalten, wenn zum Beispiel eines der Fenster ein Dokumentenfenster ist und die anderen Tools und Paletten enthalten. In diesem Fall soll sicher das Dokumentenfenster möglichst viel Platz erhalten. Sie erreichen das mittels einer statischen Methode der SplitPane. Mit setResizableWithParent können Sie für jeden Node festlegen, ob er mit der SplitPane mitwachsen soll. Im folgenden Beispiel werden die beiden »Hilfsfenster« nicht mitwachsen:

```
SplitPane splitPane = new SplitPane();
final StackPane stackPane = new StackPane(new Label("Hilfsfenster1"));
SplitPane.setResizableWithParent(stackPane, false);
splitPane.getItems().add(stackPane);
splitPane.getItems().add(new StackPane(new Label("Dokumentenfenster")));
final StackPane stackPane1 = new StackPane(new Label("Hilfsfenster2"));
SplitPane.setResizableWithParent(stackPane1, false);
splitPane.getItems().add(stackPane1);
```

Abb. 4–50   *Das »Dokumentenfenster« wächst mit der SplitPane, die beiden »Hilfsfenster« nicht.*

4.4   Workshop: Eine ListView für die Twitter-App

Im ersten Teil des Workshops haben wir die Verbindung zur Twitter-API hergestellt und eine Art »Hello World« ausgegeben. Jetzt kennen wir eine Menge neuer
Controls, die wir einsetzen können, um die App sinnvoller aufzuteilen. Zur Darstellung der einzelnen Statusmeldungen bietet sich die ListView an:

```
@Override
public void start(Stage stage) throws Exception {
  ListView<String> listView = new ListView<>();
  try {
    Twitter twitter = TwitterFactory.getSingleton();
    ResponseList<Status> homeTimeline = twitter.getHomeTimeline();
    homeTimeline.stream().forEach((status) -> {
      listView.getItems().add(status.getText());
    });
  } catch (TwitterException ex) {
    Logger.getLogger(MainApp.class.getName()).log(Level.SEVERE, null, ex);
  }
  stage.setScene(new Scene(listView));
  stage.setTitle("Tweetalot");
  stage.show();
}
```

Auf diese Weise erhalten wir eine einfache ListView mit den einzelnen Statusmeldungen. Da der Status aber mehr Informationen enthält als nur den Text, machen
wir im nächsten Schritt aus der ListView<String> eine ListView<Status> und setzen eine CellFactory, um den Text zu ermitteln:

```
ListView<Status> listView = new ListView<>();
listView.setCellFactory(new Callback<ListView<Status>, ListCell<Status>>() {

  @Override
  public ListCell<Status> call(ListView<Status> param) {
    ListCell<Status> statusCell = new ListCell<Status>(){
      Text text = new Text();
      {
          text.wrappingWidthProperty().bind(
```

```
                   param.widthProperty().subtract(30));
               prefWidthProperty().bind(
                   param.widthProperty().subtract(30));
           }
           @Override
           protected void updateItem(Status item, boolean empty) {
               super.updateItem(item, empty);
               setText("");
               setGraphic(text);
               if (!empty) text.setText(item.getText());
           }
       };
       return statusCell;
   }
});
try {
   Twitter twitter = TwitterFactory.getSingleton();
   ResponseList<Status> homeTimeline = twitter.getHomeTimeline();
   homeTimeline.stream().forEach((status) -> {
       listView.getItems().add(status);
   });
   } catch (TwitterException ex) {
       Logger.getLogger(MainApp.class.getName()).log(Level.SEVERE, null, ex);
   }
```

Wegen eines Bugs in der ListView müssen wir hier einen eigenen Text-Node einfügen und dessen Umbruch an die Breite der ListView binden. Das ist unschön, geht aber im Moment nur so. Die ListCell besitzt zwar die Methode setWrapText, diese hat aber nicht den erwarteten Effekt, die Breite der ListCell auf die Breite der ListView zu begrenzen.

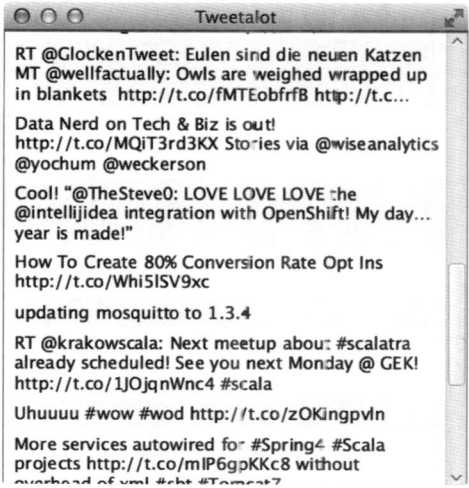

Abb. 4–51   *Der aktuelle Status der Anwendung. Die Statusmeldungen werden in einer ListView*
                   dargestellt.

Es wäre natürlich schöner, wenn wir zusätzlich zur Statusmeldung auch noch ein Profilbild und vielleicht einige Buttons anzeigen könnten. Dazu sehen wir uns jetzt als Nächstes an, wie ein Layout erstellt wird, um dann die Komponenten richtig anzuordnen.

5   Ein Layout erstellen

In diesem Kapitel wollen wir uns genauer ansehen, wie in JavaFX das Layout von Benutzeroberflächen konzipiert ist. Dabei sehen wir uns zuerst die eingebauten Layoutmanager an und erstellen anschließend eine eigene LayoutPane.

5.1   Die eingebauten Layouts verwenden

In JavaFX ist es möglich, für alle UI-Komponenten die Größe und Position festzulegen und so das Layout zu bestimmen. So ein absolutes Layout ist aber nur in wenigen Fällen wirklich sinnvoll einzusetzen. Sobald eine Anwendung auf Größenänderungen reagieren soll, wird ein solches Layout extrem komplex. Deshalb gibt es das Konzept des Layoutmanagers, der den vorgegebenen Platz sinnvoll auf die Komponenten verteilt. Die Position und Größe der einzelnen Komponenten wird dabei nicht mehr absolut angegeben, sondern lediglich durch Constraints beschränkt. So kann man zum Beispiel festlegen, dass ein Button immer einen definierten Abstand zur rechten unteren Ecke beibehält, oder definieren, welche Komponente beim Vergrößern des Fensters den überschüssigen Platz beansprucht.

JavaFX kommt mit einer Sammlung von eingebauten Layoutcontainern. Das Konzept ist ein wenig anders als bei Swing, wo dem Container ein dedizierter Layoutmanager übergeben wird. Bei JavaFX übernimmt der Container selbst die Aufgabe des Layoutens. Ansonsten ist das Vorgehen allerdings recht ähnlich. Die einzelnen Komponenten werden dem Container hinzugefügt und dann mit Constraints versehen. Es entfällt lediglich das Setzen des Layoutmanagers.

5.1.1   VBox und HBox

Die einfachsten Layout-Panes sind VBox und HBox. VBox legt die Kindkomponenten einfach vertikal nebeneinander, die HBox macht dasselbe in horizontaler Richtung.

```
HBox hbox = new HBox();
hbox.setPadding(new Insets(10,20,20,20));
hbox.setSpacing(15);
Button left = new Button("I'm left");
Button right = new Button("I'm right");
hbox.getChildren().addAll(left, right);
```

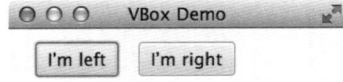

Abb. 5-1   *Layout mit der HBox*

Der Code ist eigentlich selbsterklärend: Wir erzeugen den Layoutcontainer und setzen den Innenabstand (Padding) der einzelnen Seiten mittels eines Insets-Objekts. Dann bestimmen wir den Abstand der Kindelemente (Spacing) und fügen die Child-Nodes mittels getChildren().addAll(…) hinzu. Für die VBox funktioniert das analog.

Wie setze ich Constraints?

Je nach Layoutmanager lassen sich für die vom Layout verwalteten Komponenten auch Constraints setzen. Bei einer Größenänderung der VBox kann man zum Beispiel festlegen, welche Komponente den zusätzlich verfügbaren Raum einnimmt:

```
VBox vbox = new VBox(8); // spacing ist 8
Button claimExcessSpace = new Button("lass mich wachsen!");
claimExcessSpace.setMaxHeight(1000);
VBox.setVgrow(claimExcessSpace, Priority.ALWAYS);
Button staySmall = new Button("lass mich in Ruhe!");
staySmall.setMaxHeight(1000);
vbox.getChildren().addAll(claimExcessSpace, staySmall);
```

Beide Buttons haben in diesem Beispiel eine maximale Größe von 1000, aber nur einem wird der überschüssige Platz zugeteilt.

Abb. 5–2   *Mittels Constraints lässt sich zum Beispiel die Verteilung von freiem Platz regeln.*

Das Festlegen eines Constraints über eine statische Methode ist etwas ungewöhn-
lich. Der Grund dafür ist, dass die Constraints für die einzelnen Nodes nicht im
Layoutcontainer selbst (hier der VBox), sondern vom Node gespeichert werden.
Die statische Methode setzt im Node eine LayoutProperty, die dann vom Layoutcontainer gelesen werden kann. Ich persönlich hätte es für den Nutzer der API als
intuitiver empfunden, wenn man alle LayoutConstraints auf der Instanz setzen
würde und auch gleich beim Hinzufügen zum Container setzen könnte.

5.2   Die BorderPane verwenden

In Swing ist das BorderLayout einer der beliebtesten Layoutmanager. Dieses Layout ist insbesondere deshalb so populär, weil es sehr einfach ist und trotzdem
bereits relativ viele Anforderungen abdeckt: Man kann vor allem ganz einfach ein
Menü oder einen Toolbar und eine Taskleiste oberhalb und unterhalb von einem
Zentralbereich positionieren und bei Bedarf links und rechts noch Navigations-
fenster oder Detailansichten anordnen, ohne sich mit Constraints herumzuschla-
gen. Bei JavaFX verwendet man dazu die fünf Bereiche der BorderPane:

```
BorderPane borderPane = new BorderPane();
borderPane.setTop(toolbar);
borderPane.setBottom(taskbar);
borderPane.setCenter(document);
borderPane.setLeft(navigator);
borderPane.setRight(properties);
```

Vergrößert man das Fenster, so wird überschüssiger Platz der Komponente im
Zentrum zugewiesen. Anders als in anderen Layoutmanagern funktioniert das
hier nicht:

```
borderPane.getChildren.addAll(toolbar, taskbar,document, ...);
```

Komponenten, die so hinzugefügt wurden, werden nicht dargestellt. Das ist ein wenig inkonsistent und sollte meiner Meinung nach im Sinne einer einheitlichen API behoben werden.

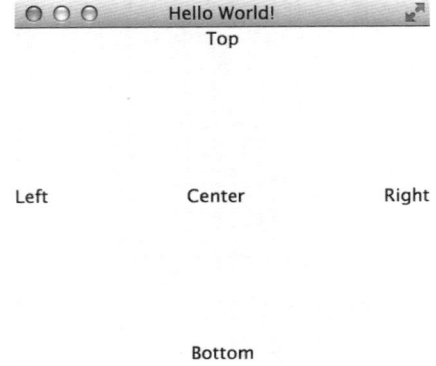

Abb. 5–3   *Die BorderPane ist gut als Basislayout für Anwendungen geeignet.*

5.3   Layouts mit der AnchorPane erstellen

Die AnchorPane wird verwendet, wenn man Komponenten in einem bestimmten Abstand vom Fensterrand positionieren möchte. Ändert man die Fenstergröße, dann behalten diese Komponenten ihre Position relativ zum Fensterrand bei. Das ist hilfreich, wenn man zum Beispiel in einem typischen Dialog eine Button-Leiste in der rechten unteren Ecke platzieren möchte:

```
AnchorPane anchorePane = new AnchorPane();
Button save = new Button(„save");
Button help = new Button(„help");
Button cancel = new Button(„cancel");
HBox buttons = new HBox();
buttons.setSpacing(12);
buttons.getChildren.addAll(cancel, save, help);
anchorPane.getChildren().add(buttons);
AnchorPane.setRightAnchor(buttons, 10);
AnchorPane.setBottomAnchor(buttons, 20);
```

5.4   Die FlowPane verwenden

Die FlowPane verhält sich wie das FlowLayout in Swing. Sie wird typischerweise verwendet, um eine größere Anzahl Komponenten möglichst platzsparend anzuzeigen. Der Dateisystem-Explorer des Betriebssystems hat meist eine solche Ansicht, um Dateien als Icons anzuzeigen. Die FlowPane füllt – je nach Orientierung – eine Zeile oder Spalte mit den Kindkomponenten auf, bis der Komponentenrand erreicht ist, danach wird umbrochen:

```
FlowPane iconView = new FlowPane();
iconView.setVgap(10);
iconView .setHgap(20);
for (int i = 0; i < images.length; i++) {
        iconView.getChildren().add(new ImageView(image[i]);
}
```

5.5   Layout mit der StackPane

Die StackPane platziert alle Kindelemente in der Reihenfolge ihres Hinzufügens übereinander. Das ist sehr hilfreich, um Layers einzusetzen. So lässt sich zum Beispiel ein Overlay realisieren. Im folgenden Beispiel verwenden wir so ein Overlay anstatt eines Pop-up-Dialogs, um eine Eingabe zu bestätigen:

```
Button ok = new Button("OK");
Button cancel = new Button("Cancel");

HBox hBox = new HBox(cancel, ok);
hBox.setBackground(new Background(new
BackgroundFill(Color.WHITE.deriveColor(1, 1, 1, .7), CornerRadii.EMPTY,
Insets.EMPTY)));
hBox.setSpacing(10);
hBox.setVisible(false);
hBox.setAlignment(Pos.BOTTOM_CENTER);
hBox.setPadding(new Insets(0, 0, 10, 0));
EventHandler<ActionEvent> h = e-> {
   hBox.setVisible(!hBox.isVisible());
   };
ok.setOnAction(h);
cancel.setOnAction(h);
Button button = new Button("Do Somethirg!");
button.setOnAction( h);
StackPane root = new StackPane(button, hBox);
```

Abb. 5–4   *Eine StackPane kann verwendet werden, um die Anwendung in einzelne Layers aufzuteilen*

Ein weiterer Einsatzbereich ist das Erstellen komplexerer Komponenten durch das Übereinanderstapeln von simplen Nodes:

```
Circle circle = new Circle(50);
circle.setStroke(Color.BLACK);
circle.setFill(Color.WHITE);
Text number = new Text("53");
number.setFont(Font.font("Arial",FontWeight.BOLD ,64));
StackPane herbie = new StackPane(circle, number);
```

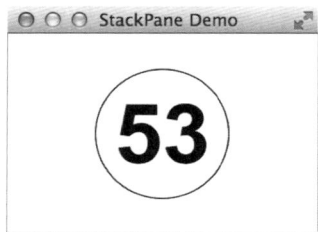

Abb. 5–5   *Mit der StackPane lassen sich Nodes einfach stapeln.*

Wie positioniere ich Elemente in der StackPane?

Standardmäßig werden Komponenten in der StackPane zentriert. Das macht es einfach, die Komponenten zu positionieren. Will man eine andere Anordnung, so kann man diese mit StackPane.setAlignment für jeden Node separat festlegen. Der Rand um jede Komponente kann mit StackPane.setMargin bestimmt werden:

```
Rectangle rect = new Rectangle(100, 100);
ArrayList<Stop> stops = new ArrayList<Stop>();
stops.add(new Stop(0, Color.LIGHTGREEN));
stops.add(new Stop(1, Color.FORESTGREEN));
rect.setFill(new LinearGradient(0, 0, 1, 1, true, CycleMethod.NO_CYCLE,
stops));
rect.setStroke(Color.WHITE);
Text center = new Text("Ba");
center.setFont(Font.font("Arial", FontWeight.BOLD, 64));
center.setFill(Color.WHITE);
Text topRight = new Text("+2");
topRight.setFont(Font.font("Arial", 8));
topRight.setFill(Color.WHITE);
Text topLeft = new Text("137.33");
topLeft.setFont(Font.font("Arial", 8));
topLeft.setFill(Color.WHITE);
Text bottomLeftSmall = new Text("2-8-18-7");
bottomLeftSmall.setFont(Font.font("Arial", 8));
bottomLeftSmall.setFill(Color.WHITE);
Text bottomLeft = new Text("56");
bottomLeft.setFont(Font.font("Arial", 10));
bottomLeft.setFill(Color.WHITE);

StackPane.setAlignment(topRight, Pos.TOP_RIGHT);
StackPane.setAlignment(topLeft, Pos.TOP_LEFT);
StackPane.setAlignment(bottomLeft, Pos.BOTTOM_LEFT);
```

```
StackPane.setAlignment(bottomLeftSmall, Pos.BOTTOM_LEFT);
StackPane.setMargin(bottomLeftSmall, new Insets(0, 0, 2, 4));
StackPane.setMargin(bottomLeft, new Insets(0, 0, 14, 4));
StackPane.setMargin(topRight, new Insets(5));
StackPane.setMargin(topLeft, new Insets(5));

StackPane barium = new StackPane(rect, center, topRight, topLeft, bottomLeft,
bottomLeftSmall);
barium.setMaxSize(Region.USE_PREF_SIZE, Region.USE_PREF_SIZE);
```

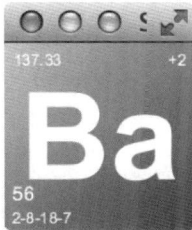

Abb. 5–6   *Nodes können bei der StackPane nicht nur zentriert gestapelt werden.*

5.6   Layout mit der TilePane

Die TilePane stellt ihre Kindelemente als gleich große »Kacheln« dar. Die Kachelhöhe wird dabei von dem Kindknoten mit der größten prefHeight, die Kachelbreite von dem Kindknoten mit der größten prefWidth übernommen. Wenn man dieses Verhalten überschreiben möchte, kann man die prefTileWidth und prefTileHeight auch direkt setzen. Die TilePane wird dann versuchen, die Kindelemente an die angegebene Größe anzupassen. Wenn das nicht klappt, weil der Child-Node diese Größe nicht erlaubt, so wird sie innerhalb der Tile mithilfe des angegebenen TileAlignment platziert.

Das Alignment kann für jeden einzelnen Child-Node wie üblich mittels einer statischen Methode (TilePane.SetAlignment) eingestellt werden. Ebenso lässt sich auch der Rand um den Node innerhalb seiner Kachel bestimmen:

```
TilePane tilePane = new TilePane();
for (int i = 0; i < 10; i++) {
    Rectangle rectangle = new Rectangle(i*3, i*3);
    rectangle.setFill(new Color( ((double)i*10)/250,
      ((double)i*10)/250,
      ((double)i*10)/250, 1));
    tilePane.getChildren().add(rectangle);
    TilePane.setAlignment(rectangle, Pos.BOTTOM_RIGHT);
    TilePane.setMargin(rectangle, new Insets(i));
}
```

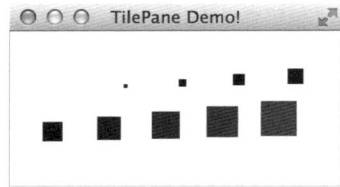

Abb. 5–7 *Die Größe der Tiles in der TilePane wird durch das höchste und das breiteste Element bestimmt.*

Ist ein Kindknoten größer als die Kachelgröße, so kann er auch über die Kachelgrenzen hinausragen, denn die TilePane unternimmt kein »Clipping«, d.h., sie schneidet überstehende Ränder nicht ab.

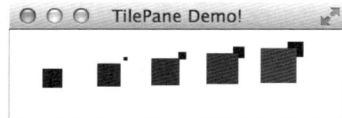

Abb. 5–8 *Sind einzelne Tiles größer als die prefTileHeight oder prefTileWidth, so überlappen sie mit anderen Tiles.*

Diesen Effekt können wir testen, indem wir in unserem Beispiel die prefTile-Height kleiner als unsere Rechtecke wählen:

```
tilePane.setPrefTileHeight(25);
```

5.7 Layout mit der GridPane

Unter den Layout-Panes der JavaFX-API ist die GridPane die mächtigste Komponente. Mit dieser Pane lassen sich ähnlich wie mit dem berüchtigten GridbagLayout in Swing auch komplexere Abhängigkeiten zwischen Kindkomponenten darstellen.

5.7.1 Wie füge ich Nodes hinzu?

Dieses Layout basiert auf einem Gitter. Die Abstände zwischen Spalten (vGap) und Reihen (hGap) lassen sich unabhängig festlegen, und mit setPadding können wir einen Rand um die Komponente definieren:

```
GridPane gridPane = new GridPane();
gridPane.setVgap(5);
gridPane.setHgap(8);
gridPane.setPadding(new Insets(10));
```

Child-Nodes werden mit der Methode add hinzugefügt. Dabei übergibt man neben dem Node zumindest auch den Zeilen- und Spaltenindex:

```
Image image = new Image(getClass()
    .getResource("duke-wave.png")
    .toExternalForm(), 100, 100, true, true);
final ImageView logo = new ImageView(image);
gridPane.add(logo, 3, 0);
```

Soll der Node mehrere Zeilen oder Spalten überspannen, muss man auch hierfür jeweils einen Wert angeben. Das folgende Label überspannt drei Spalten:

```
Label heading = new Label("This is a GridPane");
gridPane.add(heading, 0, 0, 3, 1);
```

Als Nächstes wollen wir einige Anpassungen an den Reihen und Spalten vornehmen. Fügen wir dazu noch ein paar Komponenten hinzu:

```
gridPane.add(new Label("Name:"), 1, 1);
gridPane.add(new TextField("Name eingeber"), 2, 1);
gridPane.add(new Label("Beruf:"), 1, 2);
gridPane.add(new TextField("Beruf eingeben"), 2, 2);
gridPane.add(new Button("speichern"), 3, 4);
```

Wenn man so ein Layout manuell erstellt, vertut man sich leicht einmal bei einem einzelnen Wert, und es ist dann gar nicht so einfach, den Fehler zu finden. Deshalb gibt es eine Art Debug-Modus. Mit setGridLinesVisible kann man sich das Gitter anzeigen lassen. Dabei werden auch vGap und hGap durch Linien angezeigt. So lassen sich Fehler leichter entdecken:

```
gridPane.setGridLinesVisible(true);
```

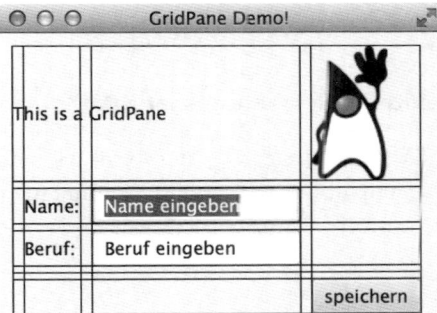

Abb. 5–9   *Die GridPane mit eingeblendeten Gitterlinien*

In Abbildung 5–9 sehen wir das Ergebnis: Die Spalten nehmen standardmäßig die Breite des breitesten enthaltenen Elements an, die Zeilen übernehmen die Höhe des höchsten enthaltenen Nodes. Leere Zeilen haben daher die Höhe 0. Das sieht man anhand der Zeile 3 oberhalb des »speichern«-Buttons, die lediglich als Linie zwischen oberem und unterem vGap angezeigt wird.

5.7.2   Wie passt man Höhe und Breite der Columns und Rows an?

Wir können das Standardverhalten verändern, indem wir `ColumnConstraints` und `RowConstraints` für einzelne Spalten oder Zeilen festlegen. Nehmen wir an, der Abstand zwischen Titelzeile und Formular ist uns zu groß. Dann können wir zum Beispiel für eine Zeile eine feste Höhe angeben:

```
gridPane.getRowConstraints().add(0, new RowConstraints(40));
```

Die Zeile hat nun eine feste Höhe. Wir könnten auch noch eine minimale, bevorzugte und maximale Breite setzen. Alternativ können Höhe oder Breite aber auch prozentual angegeben werden. Hier setzen wir zum Beispiel die Breite der 2. Spalte auf 25% der `GridPane`-Breite:

```
ColumnConstraints cc = new ColumnConstraints();
cc.setPercentWidth(25);
gridPane.getColumnConstraints().addAll(new ColumnConstraints(), cc);
```

Das »leere« `ColumnConstraint`, das ich hier mit einfüge, ist notwendig, denn die Liste, die ich von `getColumnConstraints` zurück erhalte, ist anfangs leer, und ein `add(1, cc)` würde zu einer `IndexOutOfBoundsException` führen. Mithilfe der Row- und `ColumnConstraints` lassen sich noch viele weitere Eigenschaften der Zeilen und Spalten festlegen. Am wichtigsten ist das Wachstumsverhalten, wenn mehr als genug Platz verfügbar ist. So können wir zum Beispiel festsetzen, dass die Spalte mit den Eingabefeldern den übrigen Platz erhält:

```
ColumnConstraints cc2 = new ColumnConstraints();
cc2.setHgrow(Priority.ALWAYS);
gridPane.getColumnConstraints().addAll(new ColumnConstraints(), cc, cc2);
```

5.7.3   Wie werden einzelne Elemente ausgerichtet?

Noch sind die einzelnen Nodes innerhalb der `GridPane` nicht ausgerichtet. Legen wir nun für die Überschrift und das Icon ein Alignment fest, sodass sie jeweils links und rechts oben verankert sind:

```
GridPane.setHalignment(logo, HPos.RIGHT);
GridPane.setValignment(logo, VPos.TOP);
GridPane.setHalignment(heading, HPos.LEFT);
GridPane.setValignment(heading, VPos.TOP);
```

In Abbildung 5–10 sehen Sie nun das Endergebnis mit allen vorgenommenen Änderungen.

This is a GridPane			
Name:	Name eingeben		
Beruf:	Beruf eingeben		
			speichern

Abb. 5–10   *Die fertige Komponente*

5.8   Unmanaged Nodes

Wenn man in einer Komponente einzelne Nodes absolut positionieren möchte, ruft man dazu auf dem entsprechenden Node die Methode setmanaged(false) auf. Der Layoutmanager kümmert sich dann nicht um die Komponente und sie wird entsprechend ihren layoutX- und layoutY-Properties positioniert. Im folgenden Beispiel haben wir die init-Methode der Demo-Applikation »StockLineChart-App«[1] verändert und so die Anwendung mit einer lästigen Message versehen:

```
Group root = new Group();
final Scene scene = new Scene(root);
primaryStage.setScene(scene);
root.getChildren().add(createChart());
Label text = new Label("Demo Version\nBuy a License!");
text.setFont(Font.font("Verdana", 56));
text.resizeRelocate(60,60, 450, 200);
root.getChildren().add(text);
text.setManaged(false);
```

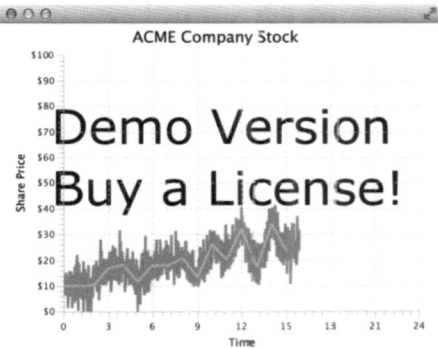

Abb. 5–11   *Unmanaged Nodes werden beim Layout vom Layoutcontainer ignoriert.*

1.   Diese Applikation ist Teil der in Ensemble enthaltenen Demos und kann unter *http://download. oracle.com/otn-pub/java/jdk/8u25-b17-demos/jak-8u25-macosx-x86_64-demos.zip herunterge-laden werden.*

5.9   Eigene Layoutcontainer erstellen

Mithilfe der eingebauten JavaFX-Layouts lassen sich bereits viele Anwendungsfälle abdecken. Sie sind auch sehr gut mit dem SceneBuilder zu verwenden. Das
werden wir in Abschnitt 6.3 im Detail behandeln. Es gibt jedoch Dinge, die mit
den bestehenden Containern nicht einfach umzusetzen sind. In diesem Fall kann
man recht einfach einen eigenen Layoutcontainer erstellen. Alle Layoutcontainer
in JavaFX leiten von Region ab. Um das gewünschte Layout zu realisieren, wird
die Methode layoutChildren der Superklasse Parent überschrieben. Die Klasse
Parent selbst weist den Nodes lediglich ihre bevorzugte Größe zu und lässt sie
ansonsten in Ruhe. Wir können das Verhalten ändern, indem wir den Nodes zum
Beispiel in der Methode layoutChildren eine Größe und eine Position zuweisen.
Dazu können wir die Methoden resize, relocate oder resizeRelocate verwenden:

```
class CardStackLayout extends Region{

  @Override
  public ObservableList<Node> getChildren() {
    return super.getChildren();
  }

  @Override
  protected void layoutChildren() {
    super.layoutChildren();
    ObservableList<Node> children = getChildren();
    int i = 0;
    for (Node child : children) {
      child.relocate(i, 0);
      i+= 10;
    }
  }
}
```

Wir verwenden die Methode relocate und verschieben den Child-Node jeweils
um 10 Pixel nach rechts. Dieses Layout können wir zum Beispiel verwenden, um
einen Stapel Karten[2] darzustellen:

```
String[] values = {"2", "3", "4", "5", "6", "7", "8", "9", "10", "ace",
        "jack", "king", "queen"};
String[] colors = {"clubs", "diamonds", "hearts", "spades"};
EventHandler<MouseEvent> clickHandler;
CardStackLayout cardStackLayout = new CardStackLayout();
for (int i = 0; i < colors.length; i++) {
  String color = colors[i];
  for (int j = 0; j < values.length; j++) {
    String value = values[j];
    String rn = "cards/" + value + "_of_" + color + ".png";
```

2.   Bilder sind lizenzfrei verfügbar und wurden erstellt von Byron Knoll:
     http://code.google.com/p/vector-playing-cards/.

```
    Image image = new Image(getClass().getResource(rn)
            .toExternalForm(), 200, 200, true, false);
    ImageView card = new ImageView(image);
    cardStackLayout.getChildren().add(card);
  }
}
```

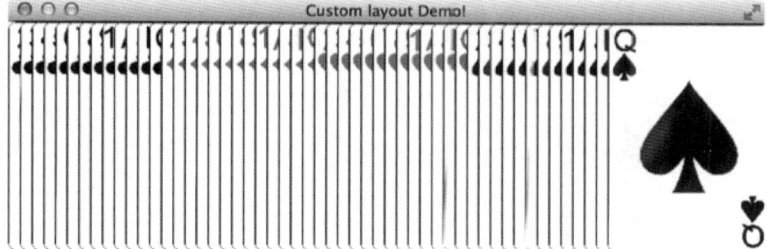

Abb. 5-12   *CardStackLayout, ein eigener Layoutcontainer*

Natürlich hätten wir die ImageViews auch einfach absolut positionieren können. Der Vorteil eines eigenen Layouts liegt jedoch darin, dass es dynamisch auf Änderungen reagiert und das Update automatisch von der Scene angestoßen wird. Das wird am besten deutlich, wenn wir zwei Kartenstapel kombinieren. Per Klick auf eine Karte soll diese in den anderen Stapel wandern:

```
String[] values = {"2", "3", "4", "5", "6", "7", "8", "9", "10",
        "ace", "jack", "king", "queen"};
String[] colors = {"clubs", "diamonds", "hearts", "spades"};
EventHandler<MouseEvent> clickHandler;
CardStackLayout cardStackLayout = new CardStackLayout();
CardStackLayout cardStackLayout2 = new CardStackLayout();
clickHandler = new EventHandler<MouseEvent>() {

  @Override
  public void handle(javafx.scene.input.MouseEvent event) {
    Node source = (Node) event.getSource();
    Parent parent = source.getParent();
    if (parent == cardStackLayout) {
      cardStackLayout.getChildren().remove(source);
      cardStackLayout2.getChildren().add(source);
    }
    if (parent == cardStackLayout2) {
      cardStackLayout2.getChildren().remove(source);
      cardStackLayout.getChildren().add(source);
    }

  }
};
for (int i = 0; i < colors.length; i++) {
  String color = colors[i];
  for (int j = 0; j < values.length; j++) {
    String value = values[j];
```

```
      String rn = "cards/" + value + "_of_" + color + ".png";
      Image image = new Image(getClass().getResource(rn)
              .toExternalForm(), 200, 200, true, false);
      ImageView card = new ImageView(image);
      card.setOnMouseClicked(clickHandler);
      cardStackLayout.getChildren().add(card);
    }
  }
  VBox vBox = new VBox(cardStackLayout, cardStackLayout2);
```

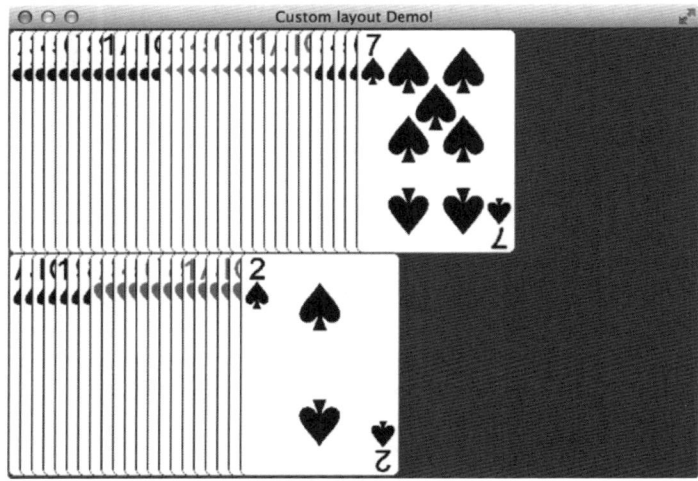

Abb. 5–13   *Layoutcontainer werden automatisch aktualisiert. So können mit wenig Aufwand dynamisch Nodes positioniert werden.*

5.10 Workshop: Ein bestimmtes Layout umsetzen

Nachdem Sie jetzt einen guten Überblick über die verfügbaren Layouts haben, sehen wir uns an, wie man diese kombiniert, um ein vorgegebenes Layout umzusetzen. Vom Designer kommt folgende Vorgabe für das Layout unseres Twitter-Clients:

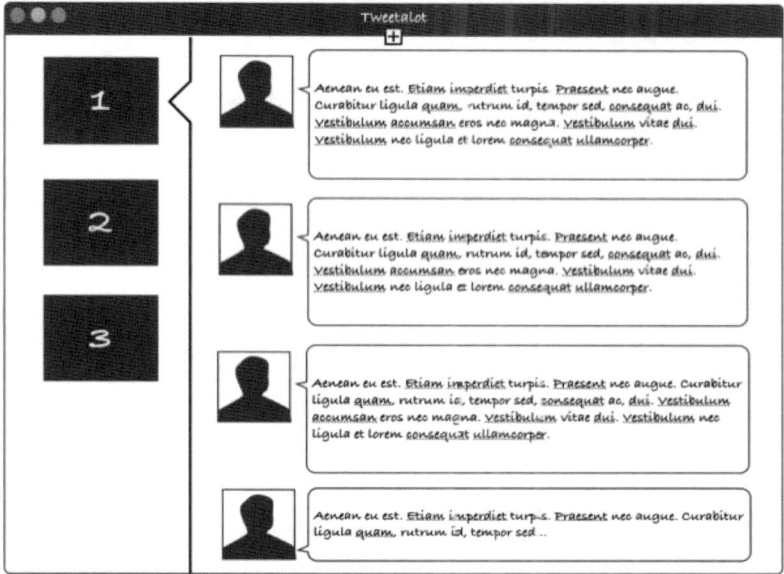

Abb. 5–14 *Eine Layoutvorgabe noch ohne Styling*

Beginnen wir nun, die start-Methode zu implementieren und ein erstes Layout für die Anwendung festzulegen. Links soll eine Art ToolBar platziert sein, mit dem wir zwischen verschiedenen Views navigieren können, rechts ist der Bereich für den Content. Dort sollen später Listen von Tweets oder von Personen und Statistiken angezeigt werden. Für so ein Layout ist die BorderPane geeignet. Wir wollen zunächst wieder die Home-Timeline anzeigen und beginnen daher mit einem Button im Toolbar. Um den Home-Button ansprechend zu gestalten, verwenden wir Fontawesome, einen speziellen Font[3], der aus frei skalierbaren Icons besteht. Laden Sie den Font unter der unten angegebenen Adresse herunter und legen Sie ihn im Projektverzeichnis ab unter ./src/main/resources/de/javafxbuch/tweet-alot/fontawesome-webfont.ttf.

Ändern Sie nun die start-Methode der Applikation:

```
public void start(Stage stage) throws Exception {
    BorderPane root = new BorderPane();
    ToolBar toolBar = new ToolBar();
    toolBar.setOrientation(Orientation.VERTICAL);
    Font.loadFont(getClass().getResource("fontawesome-webfont.ttf").
      toExternalForm(), 12);
    Button button = new Button("\uf015");
    button.setFont(Font.font( "FontAwesome", 40));
    toolBar.getItems().add(button);
    ListView<Status> listView = new ListView<Status>();
```

---

3. *http://fortawesome.github.io/Font-Awesome/*

```
    listView.setCellFactory(new Callback<ListView<Status>,
       ListCell<Status>>() {
    // ... Hier kommt unsere CellFactory aus dem vorigen Kapitel hin
  });
  try {
    Twitter twitter = TwitterFactory.getSingleton();
    ResponseList<Status> homeTimeline = twitter.getHomeTimeline();
    homeTimeline.stream().forEach((status) -> {
      listView.getItems().add(status);
    });
  } catch (TwitterException ex) {
    Logger.getLogger(MainApp.class.getName())
      .log(Level.SEVERE, null, ex);
  }

  root.setLeft(toolBar);
  root.setCenter(listView);
  stage.setScene(new Scene(root));
  stage.setTitle("Tweetalot");
  stage.show();
  }
```

Wenn wir jetzt die Anwendung starten, sehen wir bereits angedeutet unser Basislayout. Das sieht noch nicht besonders toll aus, aber um das Styling kümmern wir uns später in Kapitel 7 über CSS.

In JavaFX lässt sich häufig mithilfe von Styling das gleiche Ergebnis auf verschiedene Weise erzielen. Bislang haben wir eine ListView verwendet, um unsere Tweets darzustellen. Nun werden wir stattdessen eine VBox einsetzen, da diese bei kurzen Listen ein besseres Scrollverhalten hat, als die ListView dies mit komplexen Renderern aufweist.

Bauen wir zunächst eine Komponente, die einen Tweet repräsentiert. Links werden wir mit einer ImageView das Profilbild darstellen, rechts davon soll eine Box mit Alias und Namen des Twitter-Users und dem Text stehen. Ganz rechts außen platzieren wir drei Buttons zum Retweeten, Favorisieren oder Antworten. Dazu können wir gut HBox und VBox verwenden. Die Statusmeldung realisieren wir als VBox, in der eine Titelzeile über der Statusmeldung steht. Die Buttonleiste wird ebenfalls eine VBox mit drei übereinanderliegenden Knöpfen. Die HBox ist unser Basislayout, mit dem wir dann eine ImageView, die StatusBox und die Buttonleiste anordnen. Beginnen wir, indem wir die neue Klasse StatusView erstellen:

```
public class StatusView extends HBox {

  private Status status;
  private final ImageView profileImage;
  private final VBox textBox;
  private final Label screenName;
  private final Label statusText;
  private VBox toolbar;
```

```
      public StatusView() {
        setPadding(new Insets(4));
        setSpacing(6);
        profileImage = new ImageView();
        screenName = new Label();
        screenName.getStyleClass().add("screen-name");
        statusText = new Label();
        statusText.setWrapText(true);
        statusText.setTextOverrun(OverrunStyle.WORD_ELLIPSIS);
        textBox = new VBox();
        textBox.getStyleClass().add("textbox");
        textBox.getChildren().addAll(screenName, statusText);
        HBox.setHgrow(textBox, Priority.ALWAYS);
        Text retweet = new Text("\uf079");
        retweet.setFont(Font.font( "FontAwesome", 12));
        Text reply = new Text("\uf112");
        reply.setFont(Font.font( "FontAwesome", 12));
        Text fav = new Text("\uf123");
        fav.setFont(Font.font( "FontAwesome", 12));
        toolbar = new VBox(retweet, reply, fav);
        getChildren().addAll(profileImage, textBox, toolbar);
      }
    }
```

Als Nächstes fügen wir eine Methode hinzu, um den Status zu übergeben und das Layout mit Inhalt zu befüllen:

```
public void setStatus(Status status) {
    if (this.status == null || this.status != status) {
      User user = status.getUser();
      screenName.setText(user.getName());
      statusText.setText(status.getText());
      String miniProfileImageURL = user.getBiggerProfileImageURL();
      Image image = new Image(miniProfileImageURL);
      profileImage.setImage(image);
      this.status = status;
    }
}
```

Damit wir nach einem Refresh nicht alle Statusmeldungen der Timeline kopieren müssen, implementieren wir noch eine ObservableList auf Basis von Observable-ListBase, wie in Abschnitt 3.4.6 gezeigt. Erstellen Sie dazu eine neue Klasse ObservableTimelineList:

```
public class ObservableTimelineList extends ObservableListBase<Status> {

    ResponseList<Status> delegate;

    public ObservableTimelineList(ResponseList<Status> delegate) {
      this.delegate = delegate;
    }
```

```
public void setDelegate(ResponseList<Status> delegate) {

  beginChange();
 try {
   for (int i = 1; i < size(); ++i) {
     remove(i);
   }

   this.delegate = delegate;

     for (int i = 1; i < size(); ++i) {
     add(get(i));
   }
 } finally {
   endChange();
 }
}

@Override
public Status get(int index) {
  return delegate.get(index);
}

@Override
public int size() {
  return delegate.size();
}

}
```

Die Statusmeldungen sollen nun in einer VBox angezeigt werden. Dazu erstellen wir eine neue Klasse, die von VBox ableitet und die unsere StatusList als Datenmodell erhält. Bei einem Standard-Control würden wir nun Listener und Bindings verwenden, um auf Änderungen des Inhalts zu reagieren. Da wir jedoch genau wissen, dass in unserer Anwendung mit jedem Refresh eine komplett neue Liste erstellt wird, werden wir die Liste einfach austauschen. Deshalb entfernen wir bei jedem Update alle Kindelemente und erstellen neue StatusViews:

```
public final class TimelineView extends VBox{

  ObservableList<Status> statusList;

  public TimelineView(ObservableList<Status> statusList) {
    setStatusList(statusList);
  }

  public void setStatusList(ObservableList<Status> statusList) {
    this.statusList = statusList;
    updateView();
  }

  private void updateView() {
    getChildren().clear();
    for (Status status : statusList) {
      StatusView statusView = new StatusView();
```

```
        statusView.setStatus(status);
        getChildren().add(statusView);
      }
    }

  }
```

Damit wir die Liste scrollen können, müssen wir sie in eine ScrollPane einpacken.
Wir werden diese ScrollPane auch gleich verwenden, um die Query durchzufüh-
ren. Die ScrollBars der ScrollPane schalten wir ab, indem wir die ScrollBarPo-
licy.NEVER verwenden. Mit setFitToWidth teilen wir der ScrollPane mit, dass sie
den Inhalt ihrer eigenen Breite anpassen soll. Ansonsten würden die TextBoxen
viel zu breit werden. In der refresh-Methode rufen wir einfach die Timeline ab,
verpacken sie in eine ObservableTimelineList und übergeben sie der TimelineView:

```
public class HomeTimeline extends ScrollPane {
    private TimelineView timelineView;
    public HomeTimeline() {
      setHbarPolicy(ScrollPane.ScrollBarPolicy.NEVER);
      setVbarPolicy(ScrollPane.ScrollBarPolicy.NEVER);
      setFitToWidth(true);
    }

    public void refresh() throws TwitterException {
      Twitter twitter = TwitterFactory.getSingleton();
      ResponseList<Status> homeTimeline = twitter.getHomeTimeline();
      ObservableTimelineList observableTimelineList =
              new ObservableTimelineList(homeTimeline);
      if (timelineView == null) {
        timelineView = new TimelineView(observableTimelineList);
        setContent(timelineView);
      }
      else{
        timelineView.setStatusList(observableTimelineList);
      }
    }
  }
```

Jetzt ist es so weit und wir können die Komponenten zusammensetzen. Ändern
Sie dazu die start-Methode, um die ListView gegen unsere HomeTimeline zu ersetzen:

```
public void start(Stage stage) throws Exception {
    Font.loadFont(getClass().getResource("fontawesome-webfont.ttf").
      toExternalForm(), 12);
    Button button = new Button("\uf015");
    button.setFont(Font.font( "FontAwesome", 40));
    BorderPane root = new BorderPane();
    final HomeTimeline homeTimeline = new HomeTimeline();
    homeTimeline.refresh();
    root.setCenter(homeTimeline);
```

```
ToolBar toolBar = new ToolBar();
toolBar.setOrientation(Orientation.VERTICAL);
toolBar.getItems().add(button);
root.setLeft(toolBar);

button.setOnAction(e -> {
  try {
    homeTimeline.refresh();
  } catch (TwitterException ex) {
    Logger.getLogger(MainApp.class.getName()).log(Level.SEVERE, null, ex);
  }
});

stage.setScene(new Scene(root, 400, 640));
stage.setTitle("Tweetalot");
stage.show();
}
```

Den Button haben wir ebenfalls gleich mit einer Aktion belegt. Er löst einen Refresh der HomeTimeline aus. Langsam nimmt die Anwendung Gestalt an. Mithilfe von CSS werden wir bald auch dem Styling auf die Sprünge helfen.

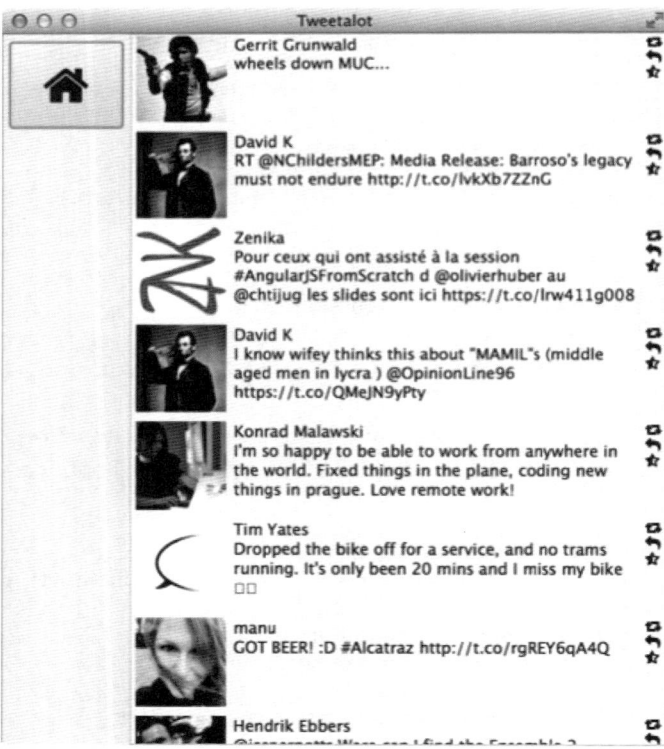

Abb. 5–15   *Der Twitter-Client mit neuem Layout*

6 Formulare mit FXML erstellen

JavaFX ist mit dem Versprechen angetreten, das Erstellen visuell ansprechender Anwendungen zu erleichtern. Eine der Maßnahmen, um dies zu ermöglichen, ist das Konzept der Trennung von Design und Businesslogik. Die Idee dahinter ist ein idealisierter Arbeitsablauf, bei dem ein oder mehrere Designer für die Gestaltung des Layouts und das Styling der Anwendung zuständig sind, während der oder die Entwickler weitgehend unabhängig davon die Anwendungslogik erstellen.

Das Design wird dabei in speziellen Dateien gespeichert, die mithilfe von Grafiktools erstellt und getestet werden. Die Businesslogik wird hingegen ganz normal in Java in einer UI-Controller-Klasse implementiert. Zur Laufzeit werden beide Teile dann miteinander verknüpft und bilden die Benutzeroberfläche.

Auch wenn diese idealisierte Rollenverteilung nicht immer so stattfindet und sich die Rollen von Designer und Entwickler in der Praxis häufig überschneiden, ist eine saubere Trennung von grafischer Gestaltung und Anwendungslogik von Vorteil. Zudem erhöht die Trennung von Controller und Design die Testbarkeit der Anwendung. Bei entsprechender Implementierung kann die Controller-Logik getestet werden, ohne die grafische Oberfläche zu starten. Ebenso kann das Layout jederzeit getestet werden, ohne dass eine lauffähige Anwendung zur Verfügung steht.

6.1 Wozu FXML?

In JavaFX übernimmt FXML die Rolle des Grafikformats, und das Tool zum Erstellen der Oberflächen ist der SceneBuilder. In diesem Kapitel zeige ich Ihnen, wie Sie mithilfe des SceneBuilder eine Benutzeroberfläche per Drag-and-Drop erstellen können und was Sie über die Interna dieses XML-Formats wissen müssen, um die Oberfläche mit dem Controller zu verknüpfen.

6.2   Beispielprojekt

Sehen wir uns zunächst ein einfaches Beispielprojekt an. Öffnen Sie dazu das Beispielprojekt für Kapitel 6. In dem Package de.dpunkt.javafxbuch.fxml finden Sie
die drei Dateien Main.java, DemoController.java und Demo.fxml. Die Klasse
Main.java leitet von Application ab und ist die Hauptklasse unserer Anwendung:

```java
public class Main extends Application {
  @Override
  public void start(Stage stage) throws Exception {
    Parent root = FXMLLoader.load(getClass().getResource("Sample.fxml"));

  Scene scene = new Scene(root);
  stage.setScene(scene);
  stage.show();
  }
}
```

Listing 6–1   *Main.java*

Die start-Methode und ihre wesentlichen Elemente kennen Sie ja bereits aus
unserem ersten Beispiel. Lediglich die Verwendung der Klasse FXMLLoader ist neu.
Der FXMLLoader ist dafür verantwortlich, den SceneGraph zu deserialisieren, der in
der Datei Demo.fxml gespeichert ist:

```xml
<?xml version="1.0" encoding="UTF-8"?>

<?import java.lang.*?>

<?import java.util.*?>

<?import javafx.scene.*?>

<?import javafx.scene.control.*?>

<?import javafx.scene.layout.*?>

<AnchorPane id="AnchorPane" prefHeight="200" prefWidth="320"
xmlns:fx="http://javafx.com/fxml" fx:controller="de.dpunkt.javafxbuch.fxml
.DemoController">
  <children>
  <Button layoutX="126" layoutY="90" text="Click Me!"
    onAction="#handleButtonAction" fx:id="button" />
  <Label layoutX="126" layoutY="120" minHeight="16"
    minWidth="69" fx:id="label" />
  </children>
</AnchorPane>
```

Listing 6–2   *Demo.fxml*

In dieser Datei sind die Elemente des SceneGraph gespeichert, die wir uns später
genauer ansehen werden. Im Wurzelelement ist das Attribut 'fx:controller'
angegeben. Dessen Wert wird vom FXMLLoader ausgewertet, um die zugehörige

Controller-Klasse zu finden und zu initialisieren. Diese Klasse enthält nun die Businesslogik der Anwendung.

```
public class SampleController {
  @FXML
  private Label label;

  @FXML
  private void handleButtonAction(ActionEvent event) {
    System.out.println("You clicked me!");
    label.setText("Hello World!");
  }
}
```

Listing 6–3   SampleController.java

Sie können die Anwendung nun starten. Ein Klick auf den Button führt offenbar zum Aufruf der Methode `handleButtonAction`. Im Folgenden sehen wir uns dieses Beispiel etwas genauer an und untersuchen, wie die Komponenten zusammenspielen. Dazu werden wir das Beispiel mithilfe des SceneBuilder und Ihrer Entwicklungsumgebung nachbauen.

6.3   Layouts per Drag-and-Drop mit dem SceneBuilder erstellen

Der *SceneBuilder* ist ein Tool, das selbst in JavaFX geschrieben ist. Es kann verwendet werden, um Layouts per Drag-and-Drop zu gestalten und das CSS-Styling zu testen. Wir verwenden nun den SceneBuilder, um unsere einfache Benutzeroberfläche zu erstellen.

6.3.1   Wie wird der SceneBuilder installiert?

Falls Sie den SceneBuilder noch nicht installiert haben sollten, so können Sie ihn jetzt von der Oracle-Website herunterladen. Das Tool ist unter folgender URL für Windows, OS X und Linux erhältlich:

www.oracle.com/technetwork/java/javafx/downloads/index.html

Wählen Sie den für Ihr Betriebssystem passenden Download. Der SceneBuilder ist als MSI-Package für Windows, als DMG für OS X und als DEB-Package oder als tar.gz-Archiv für Linux verfügbar. Das jeweilige Softwarearchiv enthält alles, was für den Betrieb des SceneBuilder benötigt wird, inklusive einer Java Runtime, um die Applikation zu starten.

Unter Windows

Starten Sie den Installer durch Doppelklick auf die Installer-Datei `javafx_scene-builder-1_1-windows.msi` und folgen Sie den Anweisungen auf dem Bildschirm.

Unter Linux

Entpacken Sie je nach gewähltem Download entweder das Archiv `javafx_scene-builder-1_1-linux-<platform>`.tar.gz oder starten Sie durch Doppelklick auf das `javafx_scenebuilder-1_1-linux-<platform>`.deb-Package das Ubuntu Softwarecenter[1].

Unter OS X

Öffnen Sie das DMG-Image und ziehen Sie die JavaFX SceneBuilder 1.1 App auf den Ordner *Programme* (Applications). Das installierte Programm ist nun direkt einsatzbereit. Wenn Sie jedoch eine Entwicklungsumgebung (IDE) wie Eclipse oder NetBeans verwenden, ist es sinnvoll, diese so zu konfigurieren, dass Sie den SceneBuilder direkt aus der IDE heraus starten können.

6.3.2   Wie integriere ich den SceneBuilder mit NetBeans?

NetBeans ist in der Lage, automatisch die aktuellste Version des SceneBuilder zu erkennen. Sie können das ganz einfach testen, indem Sie ein neues Projekt erstellen.

Wählen Sie dazu aus dem *File*-Menü *New Project..*' und innerhalb des Projektassistenten *JavaFX → JavaFX FXML Application*. Wenn Sie auf dem nächsten Screen (*next*) einen Projektnamen und Speicherort gewählt haben, wird in der Projektansicht das neue Projekt geöffnet. Wählen Sie nun die Datei `sample.fxml` aus. Öffnen Sie durch Rechtsklick das Kontextmenü und wählen Sie den Menüeintrag *open*. Nun wird automatisch der SceneBuilder gestartet. Wenn das nicht funktioniert oder eine andere als die gewünschte Version gestartet wird, können Sie die Konfiguration ändern.

Aktivieren Sie dazu im Hauptmenü unter *Tools* den Eintrag *Options* (oder unter OS X: *NetBeans → Preferences*). Hier wählen Sie die Kategorie *Java* und die Unterkategorie *JavaFX*. Nun können Sie mittels der Auswahlliste unter *JavaFX SceneBuilder Home* den Installationsort der aktuellen Version des Programms einstellen.

6.3.3   Wie verwende ich den SceneBuilder mit e(fx)clipse?

Wenn Sie e(fx)clipse verwenden, sollte ebenfalls die aktuelle Version des SceneBuilder automatisch erkannt werden. Erstellen Sie nun ein neues JavaFX-Projekt:

Wählen Sie aus dem Hauptmenü der IDE *File → New → Other*. Im so gestarteten *New*-Dialog öffnen Sie den Ordner *JavaFX* und wählen Sie *JavaFX Project*. Passen Sie im darauf folgenden Dialog gegebenenfalls Name, Java Runtime und

---

1.   <platform> steht als Platzhalter für x64 oder i586.

Projektlayout an und erstellen Sie das Projekt durch Klick auf den *Finish*-Button.

Aktivieren Sie vom Kontextmenü des Projektordners im Package Explorer aus erneut den *New → Other*-Dialog. Öffnen Sie den Ordner *JavaFX* und wählen Sie *New FXML Document*. Hier wählen Sie einen Namen für die Datei und beenden den Assistenten durch Klick auf den *Finish*-Button. Im Kontextmenü der so erstellten Datei finden Sie nun den Eintrag *Open with SceneBuilder*. So können Sie auch hier die Datei im SceneBuilder bearbeiten.

6.3.4   Wie konfiguriere ich IntelliJ IDEA?

Um IDEA zu konfigurieren, müssen wir zunächst ein neues JavaFX-Projekt erstellen. Dazu wählen Sie auf dem Welcome-Screen *Create New Project* und dann im Wizard *JavaFX Application*. Wählen Sie dann noch einen Namen für das Projekt und klicken Sie auf den *Finish*-Button. Suchen Sie im Projektfenster nach der `sample.fxml`-Datei und wählen Sie *Open in SceneBuilder* aus dem Kontextmenü. Dann wählen Sie den Installationspfad aus. Das ist nur beim ersten Start des SceneBuilder notwendig.

6.3.5   Wie erstelle ich ein Formular?

Nachdem wir den SceneBuilder installiert und mit der IDE verknüpft haben, verwenden wir ihn nun, um eine einfache Oberfläche zu bauen. Starten Sie also den SceneBuilder von Ihrer Entwicklungsumgebung aus, wie oben beschrieben.

Neben dem Hauptmenü besteht der SceneBuilder aus dem zentralen Editorfenster, der Komponentenbibliothek (Library), dem Inspector-Fenster für die Komponenteneigenschaften und einem Panel, das den Komponentenbaum anzeigt (Hierarchy). Zusätzlich kann noch der CSS-Analyzer zugeschaltet werden (siehe Abschnitt 7.4.7).

Elemente im Hierarchy-Fenster löschen

Je nach verwendeter Entwicklungsumgebung enthält unser Layout möglicherweise bereits einige Elemente. Wir löschen diese Inhalte nun am einfachsten, indem wir im Inspector-Fenster alle Elemente unterhalb des Root-Elements selektieren und aus dem Kontextmenü die Aktion *delete* auswählen. Eventuell wird eine Warnung angezeigt, dass einige der Elemente eine *fx:id* enthalten. Klicken Sie hier den *Delete*-Button, um das Löschen zu bestätigen.

Wie ändere ich das Root-Element?

Nun haben wir nur noch das Root-Element in unserem Layout. In unserem ersten Beispiel wollen wir eine `AnchorPane` verwenden. Falls die IDE ein anderes Root-

Element angelegt hat, ändern wir das mit einem Trick. Wählen Sie dazu aus dem Hauptmenü *Insert → Containers → AnchorPane*. So fügen wir dem Root-Element unsere AnchorPane zu. Nun wählen Sie aus dem Kontextmenü des Root-Elements die Aktion *Unwrap*. Das löscht den Root-Container, und unsere AnchorPane ist der neue Ursprungsknoten der Node-Hierarchie.

UI-Elemente platzieren

Nun können wir die UI-Elemente aus der Komponentenbibliothek verwenden. Selektieren Sie zunächst ein Label und ziehen Sie es auf das Layout. Sie können das Label nun frei verschieben. An manchen Positionen erscheinen rote Hilfslinien, die Ihnen helfen, Komponenten relativ zueinander auszurichten. Platzieren Sie das Label in der oberen Hälfte der AnchorPane.

Eigenschaften bearbeiten

Im Inspector-Fenster werden die Eigenschaften des selektierten Elements angezeigt. Klicken Sie auf das Label und sehen Sie sich die einzelnen Kategorien genauer an. Unter der Kategorie *Properties* befinden sich nun wichtige Eigenschaften der Klasse Label. Hier können Sie unter anderem den Text des Labels ändern. Selektieren Sie dazu im Textfeld den Text *Label* und ersetzen Sie ihn durch *Hallo*. Wenn Sie Ihre Eingabe durch Drücken der Eingabetaste bestätigen, wird das Layout aktualisiert.

Layouteigenschaften setzen

In der Kategorie *Layout* können Sie Layouteigenschaften des Nodes einstellen, wie etwa die X- und Y-Position (*Layout X* und *Layout Y*), oder die Rotation und Skalierung. Zusätzlich können Sie Constraints setzen, die sich auf den Parent-Container beziehen, in dem sich der Node befindet.

In unserem Fall finden Sie diese unter der Überschrift *AnchorPane Constraints*. Hier ist schematisch die Verankerung unseres Labels in der AnchorPane dargestellt. Die Eigenschaften der AnchorPane haben wir uns bereits im ersten Kapitel angesehen. Klicken Sie auf die gestrichelten Linien links und oberhalb des zentralen Quadrats, um unser Label in der linken oberen Ecke zu verankern.

Vergeben einer fx:id

In der Kategorie *Code* des Inspector-Fensters haben Sie die Möglichkeit, dem Label eine fx:id zu geben und Methoden zu registrieren, die bei bestimmten Ereignissen aufgerufen werden sollen. Tragen Sie hier *label* als *fx:id* ein. Diesen Identifikator werden wir später im Controller verwenden, um unser Label anzusprechen.

Methoden des Controllers aufrufen

Jetzt fügen wir als zweites Element einen Button unterhalb des Labels ein und verankern ihn rechts unten mithilfe der Layouteigenschaften. Ein Klick auf diesen Button soll später eine Aktion im Controller auslösen. Dazu wechseln wir in die *Code*-Kategorie des Inspector-Fensters und geben in das Textfeld *On Action* den Text #handleButtonAction ein. Das Hashzeichen gibt dabei an, dass wir eine Methode des Controllers aufrufen wollen.

Das Layout testen

Mit dem SceneBuilder lässt sich das Layout der Anwendung jederzeit testen, selbst wenn der Java-Code der Anwendung momentan nicht lauffähig ist oder noch gar nicht existiert. Dazu wählen Sie einfach im Hauptmenü *Preview* → *Show Preview in Window*. So lässt sich ganz einfach das Verhalten des Layouts testen. Vergrößern und verkleinern Sie nun testweise das Preview-Fenster, um die Verankerung des Buttons in der rechten unteren Ecke zu testen.

6.4   Das FXML-Format verstehen

XML eignet sich mit seinem hierarchischen Aufbau sehr gut, um die Struktur des SceneGraph abzubilden. Daher sind die wesentlichen Bausteine einer FXML-Datei auch auf den ersten Blick leicht zu verstehen. Sehen wir uns nun den Code der zuvor erstellten Beispieldatei an:

```
<?xml version="1.0" encoding="UTF-8"?>

<?import java.lang.*?>
<?import java.util.*?>
<?import javafx.scene.*?>
<?import javafx.scene.control.*?>
<?import javafx.scene.layout.*?>

<AnchorPane prefHeight="200.0" prefWidth="200.0"
xmlns:fx="http://javafx.com/fxml"
fx:controller="javafxapplication21.SampleController">
   <children>
     <Label fx:id="label" text="Hallo" AnchorPane.leftAnchor="14.0"
          AnchorPane.topAnchor="14.0" />
     <Button mnemonicParsing="false"
       onAction="#handleButtonAction" text="Button"
       AnchorPane.bottomAnchor="13.0"
        AnchorPane.rightAnchor="14.0" />
   </children>
</AnchorPane>
```

Der Kopf der Datei enthält die Importanweisungen in Form von XML-Verarbeitungsanweisungen. Wie in Java-Dateien können Klassennamen entweder voll klassifiziert oder mithilfe dieser Anweisungen erfolgen.

Das Wurzelelement dieser FXML-Datei ist eine `AnchorPane`. Es enthält Attribute zur Festlegung der bevorzugten Größe des Elements (`prefHeight`, `prefWidth`), legt den fx-Namensraum fest und registriert den zugehörigen Controller. Dieser Controller wird beim Laden der FXML-Datei automatisch erzeugt und mit dieser Datei verknüpft.

Die beiden Kindelemente unter `children` sind ein Button und ein Label. Auch sie enthalten Layoutinformationen. Im Wesentlichen umfasst die Datei also den serialisierten SceneGraph.

Zusätzlich ist das Label mit einer `fx:id` versehen. Diese ID wird verwendet, um die Verknüpfung mit dem Controller herzustellen. Auch das `onAction`-Attribut dient diesem Zweck. Im nächsten Abschnitt werden Sie sehen, wie diese Verknüpfung funktioniert und wie Sie im Controller auf Ereignisse aus dem UI reagieren können.

Normalerweise müssen wir uns bei der Entwicklung nicht im Detail mit dem Aufbau von FXML-Dateien befassen, da das Format nicht dafür gedacht ist, Layouts manuell zu erstellen. Deshalb möchte ich hier nicht weiter auf die Einzelheiten eingehen. Wenn es Sie jedoch interessiert, wie eine FXML-Datei im Detail aufgebaut ist, was die einzelnen Elemente und Attribute bedeuten und wie die Deserialisierung funktioniert, dann finden Sie eine ausführlichere Dokumentation auf der Oracle-Website[2].

6.5   Daten an den Controller anbinden

Auch beim Erstellen des Controllers für unsere FXML-Datei kann uns der SceneBuilder behilflich sein. Aktivieren Sie dazu im Hauptmenü die Menüaktion *View → Show Sample Controller Skeleton*. Es öffnet sich ein Dialog mit Java-Quelltext. Durch einen Druck auf die *copy*-Taste speichern wir diesen Skeleton-Code in der Zwischenablage.

Wenn Sie das Beispiel wie oben beschrieben mit NetBeans oder IDEA erstellt haben, befindet sich bereits eine Controller-Klasse in Ihrem Projekt. Im Falle von NetBeans heißt sie `SampleController.java`, bei IDEA `Controller.java`. Falls Sie e(fx)clipse verwenden, müssen Sie die Klasse noch erstellen. Erzeugen Sie eine neue Java-Klasse mit dem Namen `SampleController` im selben Verzeichnis wie Ihre FXML-Datei.

Öffnen Sie jetzt die entsprechende Klasse und ersetzen Sie den Inhalt durch den Inhalt der Zwischenablage (Rechtsklick im Editor → *paste*). Wenn Sie

---

2.   *http://docs.oracle.com/javafx/2/api/javafx/fxml/doc-files/introduction_to_fxml.html*

e(fx)clipse verwenden, müssen Sie nun noch den String »PleaseProvideControllerClassName« durch »SampleController« ersetzen.

Nun sehen wir uns den erzeugten Quellcode genauer an:

```
public class SampleController {
    @FXML
    private ResourceBundle resources;

    @FXML
    private URL location;

    @FXML
    private Label label;

    @FXML
    void handleButtonAction(ActionEvent event) {
    }

    @FXML
    void initialize() {
    assert label != null : "fx:id=\"label\" was not injected: "
        +"check your FXML file 'Sample.fxml'.";
    }

}
```

6.5.1 Member-Variablen annotieren

Zunächst fällt auf, dass alle Felder und Methoden mit @FXML annotiert sind. Diese Annotationen sind für die Verknüpfung der FXML-Datei mit dem Controller notwendig. Beim Laden des Controllers werden dessen Felder nach dieser Annotation gescannt. Wird in der FXML-Datei ein Element gefunden, dessen ID dem Namen und Typ der annotierten Member-Variablen entspricht, so wird dieses Element in den Controller injiziert. In unserem Fall ist das das Feld mit dem Namen label, das mit dem Label-Element der FXML-Datei befüllt wird. So kann im Controller sofort mit dem deserialisierten SceneGraph aus der FXML-Datei gearbeitet werden.

6.5.2 Sonderfälle ResourceBundle und URL

Neben dem Label, das wir selbst mit der entsprechenden fx:id versehen haben, finden wir noch die Member-Variablen resources und location in der Datei. Diese beiden Felder werden beim Laden der Datei vom FXMLLoader gesetzt. Die location ist dabei die URL der FXML-Datei, resources bezeichnet ein optional im FXMLLoader angegebenes ResourceBundle.

6.5.3   Methoden annotieren

Genau wie Felder werden auch Methoden erkannt, die mit @FXML annotiert sind. Diese bieten einen Weg, in der FXML-Datei EventHandler für die angelegten Controls zu definieren. In unserem Beispiel ist im Button-Element festgelegt, dass bei einem Buttonklick die Methode handleButtonAction aufgerufen wird.

6.5.4   Sonderfall initialize-Methode

Ähnlich wie bei den Feldern gibt es auch hier eine Methode, die wir in der FXML-Datei gar nicht angegeben hatten. Die initialize-Methode ist eine optionale Methode, die der FXMLLoader aufruft, nachdem alle Felder injiziert wurden. Wir können sie verwenden, um den Controller zu initialisieren.

6.6   FXML-Dateien laden

Um die erstellte FXML-Datei zu verwenden, müssen wir sie mithilfe des FXMLLoader laden. In unserem Anwendungsbeispiel erfolgt das durch diesen Aufruf:

```
Parent root = FXMLLoader.load(getClass().getResource("Sample.fxml"));
```

6.7   FXMLLoader und Internationalisierung

Der Standardmechanismus, um eine Java-Anwendung zu internationalisieren, sind ResourceBundles. Diese werden auch in FXML unterstützt. Genaueres dazu finden Sie in Kapitel 16 »JavaFX und Internationalisierung«.

6.8   Eigene Nodes verwenden

Der FXMLLoader verwendet Reflection, um die einzelnen Elemente zu erzeugen, die in der FXML-Datei deklariert sind. Wenn in der Datei eigene angepasste Nodes oder Controls verwendet werden sollen, so ist das relativ einfach. Sie müssen lediglich über einen parameterlosen Konstruktor verfügen. Der FXMLLoader erkennt anhand der Importanweisungen und des Elementnamens, dass wir eine Instanz erzeugen wollen, und erzeugt das Element für uns.

In einem meiner Beispielprojekte wollte ich ein ColorPicker-Control nutzen, das aus den *FXExperience Tools* von Jasper Potts stammt. Dieser ColorPicker erwartet eine javafx.scene.paint.Color als Aufrufparameter. Bei der Verwendung von FXML würde ich diesen ColorPicker etwa so initialisieren wollen:

```
<?import com.fxexperience.javafx.scene.control.colorpicker.ColorPicker?><!--
... --><ColorPicker fx:id="colorPicker" id="colorPicker" color="GREEN" />
```

Da unser Node jedoch keinen Standardkonstruktor hat, müssen wir dem FXML-Loader erst mitteilen, wie er erzeugt werden soll. Das erfolgt durch die Übergabe einer `BuilderFactory` als Aufrufparameter für den FXMLLoader:

```
(Parent) FXMLLoader.load(
  TestTool.class.getResource("GradientEditorControl.fxml"), null,
  new ColorPickerBuilderFactory());
```

Die `BuilderFactory` liefert bei Bedarf eine `Builder`-Klasse zurück, die die eigentliche Arbeit macht. Der Loader betrachtet den Builder als Value-Objekt und setzt darauf die Attribute und Subelemente des XML-Elements. Der Builder muss dem Muster einer JavaBean folgen und Setter- und Getter-Methoden zur Verfügung stellen. Ist das schließende Tag erreicht, wird die `build()`-Methode aufgerufen, die das Element zurückliefert. Für unseren ColorPicker sieht eine Implementierung dann folgendermaßen aus:

```
public class ColorPickerBuilderFactory implements BuilderFactory {
    public static class ColorPickerBuilder implements
                Builder<ColorPicker> {
    private Color color = Color.WHITE;
    private String id="colorPicker";

      public String getId() {
      return id;
    }

      public void setId(String id) {
      this.id = id;
    }

      public Color getColor() {
      return color;
    }

      public void setColor(Color color) {
      this.color = color;
    }

      @Override
    public ColorPicker build() {
      ColorPicker picker = new ColorPicker(color);
      picker.setId(id);
      return picker;
    }
  }
  private JavaFXBuilderFactory defaultBuilderFactory =
        new JavaFXBuilderFactory();
```

```
     @Override
     public Builder<?> getBuilder(Class<?> type) {
        return (type == ColorPicker.class) ? new ColorPickerBuilder() :
             defaultBuilderFactory.getBuilder(type);
     }
  }
```

Eine BuilderFactory kann also dafür verwendet werden, das FXML-Format zu
erweitern und die Initialisierung von eigenen Controls zu kontrollieren.

6.9   Workshop: Einen Taschenrechner erstellen

Wir werden nun den SceneBuilder verwenden, um einen einfachen Taschenrechner und den zugehörigen Controller zu erstellen. Den Controller-Code für die
Rechenoperationen gebe ich schon einmal vor:

```
public class CalculatorController implements Initializable {
   public enum Operator {
     ADD, SUBTRACT, MULTIPLY, DIVIDE, NONE;
   }
   @FXML private Button add;
   @FXML private Label display;
   @FXML private Button subtract;
   @FXML private Button clear;
   @FXML private Button negate;
   @FXML private Button equals;
   @FXML private Button divide;
   @FXML private Button multiply;
   private Double operand1;
   private Operator operator;
   private Double operand2;
   private StringProperty displayedtext = new SimpleStringProperty("0");
   private boolean reset = false;

   @Override
   public void initialize(URL location, ResourceBundle resources) {
     display.textProperty().bind(displayedtext);
   }

   public void handleButtonAction(ActionEvent e) {
     Button source = (Button) e.getSource();
     if (source == add) {
       setOperator(Operator.ADD);
     } else if (source == subtract) {
       setOperator(Operator.SUBTRACT);
     } else if (source == multiply) {
       setOperator(Operator.MULTIPLY);
     } else if (source == divide) {
       setOperator(Operator.DIVIDE);
     } else if (source == equals) {
       setOperator(Operator.NONE);
     } else if (source == clear) {
```

```
        clear();
      } else if (source == negate) {
        try {
          Number parse = NumberFormat.getInstance()
              .parse(displayedtext.get());
          double res = parse.doubleValue() * -1;
          displayedtext.set("" + NumberFormat.getInstance()
              .format(res));
        } catch (ParseException ex) {
          Logger.getLogger(CalculatorController.class.getName())
              .log(Level.SEVERE, null, ex);
        }
      } else {
        if (reset) {
          displayedtext.set("0");
          reset = false;
        }
        String num = display.getText() + source.getText();
        num = num.replaceFirst("0", "");
        displayedtext.set(num);
      }
    }

    private void doCalculation() {
      if (operator == null) {
        return;
      }
      try {
        Number parse = NumberFormat.getInstance()
                .parse(displayedtext.get());
        double val = parse.doubleValue();
        if (operand1 == null) {
            operand1 = val;
        }
        else {
            operand2 = val;
        }
        if (operand2 != null) {
            operand1 = calc(operand1, operand2);
            displayedtext.set(NumberFormat.getInstance()
              .format(operand1));
            operand2 = null;
        } else {
            displayedtext.set("0");
        }
        operator = null;
      } catch (ParseException ex) {
        Logger.getLogger(CalculatorController.class.getName())
                .log(Level.SEVERE, null, ex);
      }
    }
```

```
private double calc(double currentValue, Double operand) {
  double result = currentValue;
  switch (operator) {
    case ADD:
        result = currentValue + operand;
        break;
    case SUBTRACT:
        result = currentValue - operand;
        break;
    case MULTIPLY:
        result = currentValue * operand;
        break;
    case DIVIDE:
        result = currentValue / operand;
        break;
  }
  return result;
}

private void setOperator(Operator operator) {
  if (operator != null) {
    doCalculation();
  }
  setOperand1();
  this.operator = operator;
}

private void setOperand1() {
  try {
    Number parse = NumberFormat.getInstance()
          .parse(displayedtext.get());
    operand1 = parse.doubleValue();
    reset = true;
  } catch (ParseException ex) {
    Logger.getLogger(CalculatorController.class.getName())
          .log(Level.SEVERE, null, ex);
  }
}

public void clear() {
  operand1 = null;
  operand2 = null;
  operator = null;
  displayedtext.set("0");
}
}
```

Nun erstellen Sie im SceneBuilder eine neue FXML-Datei mit *File->New*. Als
Basiskomponente verwenden wir eine GridPane. Ziehen Sie diese aus der Palette
auf den Designer. Mit einem Rechtsklick auf die GridPane können Sie nun zusätzliche Zeilen und Spalten hinzufügen. Wir benötigen 6 Zeilen und 4 Spalten:

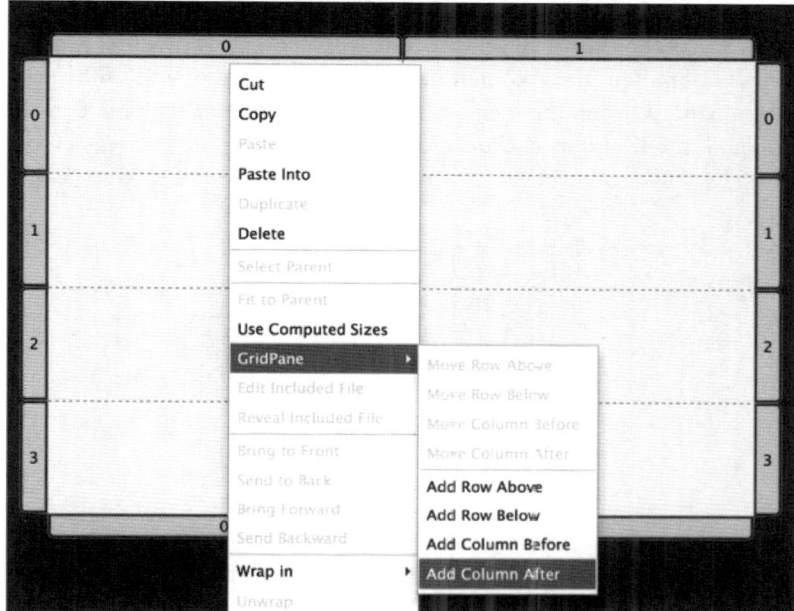

Abb. 6–1   *Mithilfe des Kontextmenüs können Sie weitere Zeilen und Spalten hinzufügen.*

Nun können wir Komponenten einfügen. Als Display verwenden wir ein Label, als Buttons natürlich Buttons. Wechseln Sie also in der Palette zu den Controls und erstellen Sie per Drag-and-Drop folgendes Design:

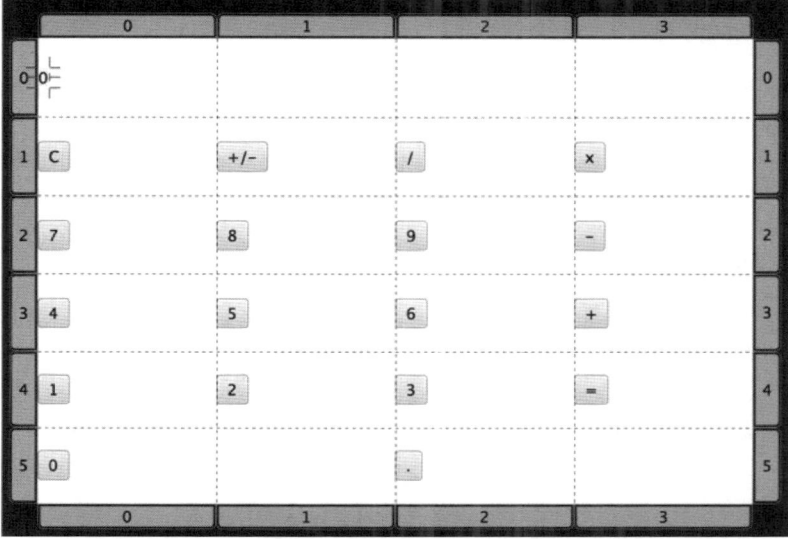

Abb. 6–2   *Der erste Entwurf unseres Taschenrechners*

Die Texte auf den Buttons können Sie einfügen, indem Sie auf den vorgegebenen Text doppelklicken. Dann öffnet sich ein In-Place-Editor. Nun wollen wir das Label alle vier Spalten überspannen lassen. Das geht am besten im Inspector auf der rechten Seite. Öffnen Sie hier das Panel *Layout* und setzen Sie den Wert für *Column Span* auf 4. Ein Stückchen weiter unten können Sie auch gleich das horizontale Alignment setzen. Hier wählen Sie für *Halignment* den Wert *RIGHT*:

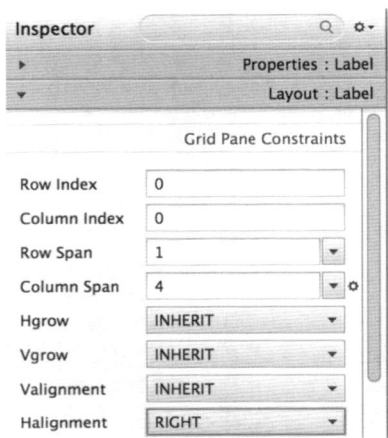

Abb. 6–3   *Im Inspector können Sie Column Span und Halignment des Labels festlegen.*

Setzen Sie anschließend auf die gleiche Weise für den »=«-Button den *Row Span* auf den Wert 2 und für den »0«-Button den *Column Span* ebenfalls auf 2. Damit die Buttons den verfügbaren Raum ausnutzen, müssen wir ihre maximale Höhe und Breite anpassen. Damit Sie nicht jeden Button einzeln anpassen müssen, gehen Sie wie folgt vor. Im Dokumentfenster links unten öffnen Sie wenn nötig die Kategorie *Hierarchy* und klicken Sie die erste Komponente unterhalb der GridPane an. Das müsste ein Button sein. Halten Sie nun die Shift-Taste gedrückt und klicken Sie auch die letzte Komponente an. Damit haben Sie alle Buttons und das Label selektiert. Im Inspector können Sie nun für alle gleichzeitig die Max Width und Max Height auf MAX_VALUE setzen. Nun sollte das Ergebnis wie in Abbildung 7–1 aussehen:

Fazit:

Mithilfe von FXML lassen sich recht einfach Benutzeroberflächen gestalten, die durch Dependency Injection komfortabel mit einem Controller verknüpft werden können. Durch das späte Binden des UI an den Controller können sowohl der Controller als auch die FXML-Datei in verschiedenem Kontext verwendet werden.

Abb. 6–4   *Die Buttons nehmen nun den ganzen verfügbaren Platz ein.*

Nun müssen wir Label und Buttons ihre Id zuweisen. Öffnen Sie dazu im Inspector die Kategorie *Code*. Wählen Sie dann jeweils einen Button oder das Label und tragen Sie unter *fx:id* den gewünschten Namen des Felds ein. Bitte verwenden Sie dazu die Strings »display«, »clear«, »negate«, »divide«, »multiply«, »subtract«, »add«, »equals« und »dot«. Die Buttons mit den Zahlen brauchen keine Id, da wir sie im Controller nicht direkt verwenden.

Als vorläufig letzte Aktion im SceneBuilder weisen Sie nun noch allen Buttons die auszuführende Action zu. Wählen Sie dazu alle Buttons aus und tragen Sie im Inspector unter Code in das Feld *On Action* den String »handleButtonAction« ein. Das ist der Name der entsprechenden Methode im Controller. Nun können Sie das Layout speichern. Legen Sie es in das Package calcualtordemo und vergeben Sie als Namen Calculator.fxml. Danach können Sie den SceneBuilder erstmal beenden.

Nun muss noch direkt in der FXML-Datei der Controller eingetragen werden:

```
<GridPane maxHeight="-Infinity" maxWidth="-Infinity" minHeight="-Infinity"
minWidth="-Infinity" prefHeight="400.0" prefWidth="600.0"
xmlns="http://javafx.com/javafx/8" xmlrs:fx="http://javafx.com/fxml/1"
fx:controller="calculatordemo.CalculatorController">
```

Und anschließend sorgen wir in der start-Methode der Applikation dafür, dass die FXML-Datei geladen wird:

```
@Override
public void start(Stage stage) throws Exception {
    Parent root = FXMLLoader.load(getClass()
```

```
          .getResource("Calculator.fxml"));
   Scene scene = new Scene(root);
   stage.setScene(scene);
   stage.show();
}
```

Dann können Sie den Taschenrechner starten:

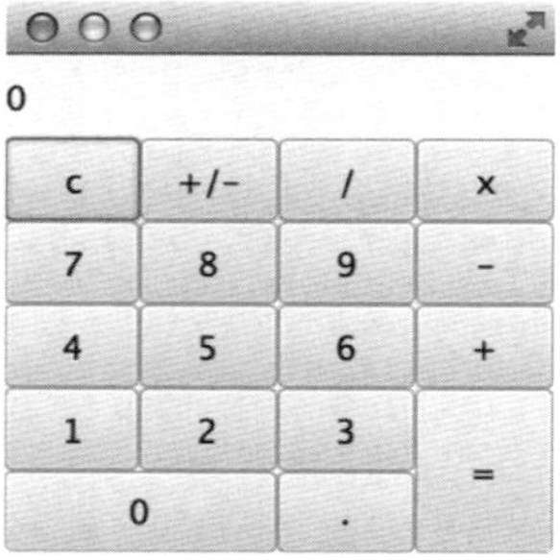

Abb. 6–5   *Der FXML-Taschenrechner*

Ausblick:

Bisher sieht unser Taschenrechner noch nicht sehr aufregend aus. Im nächsten Kapitel werden Sie erfahren, wie man CSS verwenden kann, um den Look komplett zu verändern und einen realistisch aussehenden Taschenrechner zu gestalten.

6.10 Fazit

Mithilfe von FXML lässt sich also recht einfach per Drag-and-Drop ein ansprechendes Layout erstellen. Zwar kann dasselbe Layout auch komplett mithilfe der Java-API erstellt werden. Dann entfallen jedoch die Vorteile des einfachen Previews, der besseren Testbarkeit und der Trennung von Anwendungslogik und Präsentation. Die Nachteile dieses Ansatzes sind, dass die Verwendung von FXML nicht auf allen OS-Plattformen erlaubt ist. Hier gibt es jedoch alternative Ansätze wie das Vorkompilieren von FXML zu Java-Klassen.[3]

---

3.   *http://tomsondev.bestsolution.at/2013/08/29/convert-fxml-to-java-as-part-of-the-build/*

7 Den Look mit CSS gestalten

Cascading Stylesheets (CSS) sind dafür gedacht, Formateigenschaften für Elemente in strukturierten Dokumenten festzulegen. Am häufigsten kommen wir damit bei HTML-Seiten in Kontakt. Während vor einigen Jahren noch das Design von Webseiten durch das direkte Festlegen von Attributen der HTML-Elemente erfolgte, hat sich inzwischen CSS als Formatierungssprache weitgehend durchgesetzt. Von hier aus trat CSS einen Siegeszug auch im Desktop-Bereich an. Der große Vorteil besteht darin, dass die Darstellung eines Dokuments sehr einfach geändert werden kann, ohne dass die Seite selbst in irgendeiner Form berührt werden muss. Diese Trennung von Design und Programmierung ist auch für JavaFX wünschenswert. Deshalb ist CSS hier integraler Sprachbestandteil. In diesem Kapitel zeige ich Ihnen, wie Sie mithilfe eines Stylesheets sehr einfach den Look einer JavaFX-Anwendung fast beliebig verändern können.

7.1 Beispielanwendung

Beginnen wir mit einem Beispiel, um die Vorteile von CSS zu verdeutlichen. Im vorigen Kapitel haben wir einen kleinen Taschenrechner gebaut. Nun passen wir mithilfe von CSS das Aussehen an. Dazu erstellen wir eine CSS-Datei. Sie muss im selben Package wie die Calculator.fxml liegen. Erstellen Sie die Datei calculator.css mit folgendem Inhalt:

```
GridPane{
    -fx-background-color: lightgrey;
}

.label{
    -fx-background-color: white;
    -fx-alignment: CENTER_RIGHT;
    -fx-font-size: 50;
    -fx-padding: 4 4 0 4;
}
```

```
.button{
  -fx-font-size: 20;
  -fx-background-color: white;
  -fx-background-radius: 0;
  -fx-background-insets: 1;
}

.button:hover{
  -fx-background-color: lightgrey;
  -fx-border-insets: 0;
  -fx-border-radius: 0;
}

.button:armed{
  -fx-background-color: darkgrey;
  -fx-border-insets: 0;
  -fx-border-radius: 0;
}

.button.equals{
  -fx-background-color: derive(darkred, 80%);
  -fx-text-fill: white;
}

.button.equals:hover{
  -fx-background-color: derive(darkred,90%);
  -fx-text-fill: white;
}

.button.equals:armed{
  -fx-background-color: darkred ;
  -fx-text-fill: white;
}
```

Mithilfe dieses Stylesheets werden wir nun das Aussehen der Anwendung verändern. Die CalculatorDemo.java-Datei kennen Sie schon aus dem vorherigen Kapitel. Sie wird verwendet, um die Applikation zu starten. Die einzige Änderung in dieser Datei im Vergleich zum vorigen Kapitel ist die Zeile:

```
scene.getStylesheets().add(getClass().getResource("calculator.css").toExterna
lForm());
```

Damit wird die Datei calculator.css als Stylesheet registriert. Wenn Sie die Anwendung nun starten, sehen Sie im Vergleich zum vorigen Kapitel den Unterschied in der Darstellung der Buttons.

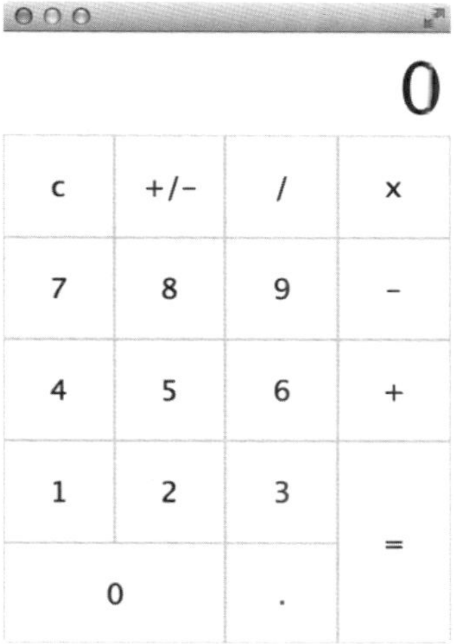

Abb. 7-1   *Der umgestaltete Taschenrechner*

Wenn Sie die oben stehende Zeile auskommentieren, sieht die Datei wieder aus wie zuvor. Wir können also mit einer Zeile Code den Lock einer Anwendung umschalten.

7.2   CSS Basics

Um die CSS-Datei zu verstehen, ist es wichtig, die grundlegenden syntaktischen Regeln von Stylesheets zu kennen. Die wichtigsten Sprachelemente von CSS sind Regeln, die aus Selektoren, Eigenschaften und Werten bestehen. Diese werden folgendermaßen eingesetzt:

```
Selektor [, Selektor2, …]
{
   Eigenschaft-1: Wert-1;
   Eigenschaft-n: Wert-n[;]
}
 /* Kommentare */
 /* optionale Angaben in eckigen Klammern */
```

7.2.1   Selektoren

Mithilfe der Selektoren werden die zu stylenden Elemente ausgewählt. Selektoren können sich auf einen Elementtyp beziehen. Eine Styleklasse, die dem Element zugewiesen wurde, kann sich auf die ID eines Elements oder auf seinen Zustand beziehen. Sie können auch miteinander kombiniert werden, um komplexere Zusammenhänge abzubilden.

Was sind Type-Selektoren?

Die Klasse `Node` hat die Methode `getTypeSelector`. Diese Methode gibt den Selektor zurück, der für eine bestimmte Node-Klasse gilt. Für `Button` ist das zum Beispiel »Button«, für `CheckBox` ist es »CheckBox«, weitere Beispiele dürften sich erübrigen. Die Defaultimplementierung gibt einfach den Namen der Klasse zurück. In unserem Beispiel können wir also mit folgendem Selektor den Layoutcontainer stylen:

```
GridPane{
    -fx-background-color: lightgrey;
}
```

Wenn Sie sich aber das Standard-Stylesheet `modena.css` ansehen, werden Sie feststellen, dass diese Art von Selektoren nicht besonders häufig verwendet werden.

Wie verwendet man Styleklassen?

Was in `modena.css` jedoch ausgiebig Verwendung findet, sind Styleklassen. Die Styleklassen, die einem Node zugewiesen wurden, bekommt man in Form einer `ObservableList` von Strings über die Methode `getStyleClass`. Sie können dieser Liste einfach einen String hinzufügen und den Node dann mittels dieser Styleklasse selektieren. In der CSS-Datei wird eine Styleklasse durch einen führenden Punkt kenntlich gemacht. Einen Node mit der Styleklasse »button« können wir also in unserem Beispiel folgendermaßen stylen:

```
.button{
    -fx-font-size: 20;
    -fx-background-color: white;
    -fx-background-radius: 0;
    -fx-background-insets: 1;
}
```

Da die Klasse `Button` diese Styleklasse bereits mitbringt, wird der Style auf allen unseren Buttons verwendet. Auf jedem Node können beliebig viele zusätzliche Styleklassen gesetzt werden. Neue Styles werden einfach mit `add(String style)` hinzugefügt:

```
btn.getStyleClass().add("my-style");
```

Danach könnten wir diesen Node auch mit dem Selektor `"my-style"` ansprechen. Der gleiche String kann beliebig vielen Nodes zugewiesen werden, die gleich gestylt werden sollen. Sie können das ausprobieren, indem Sie der `initialize`-Methode der Klasse `CalculatorController` folgende Zeile hinzufügen:

```
equals.getStyleClass().add("equals");
```

Wenn Sie die Anwendung nun erneut starten, werden Sie sehen, dass der Button mit der Aufschrift »=« nun anders dargestellt wird.

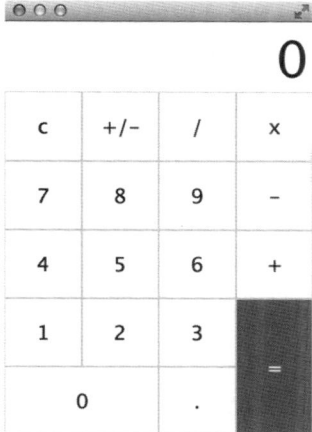

Abb. 7–2 *Durch das Hinzufügen einer Styleklasse kann ein Node anders gestylt werden.*

Wie verwendet man Ids?

Klassenselektoren sind dazu da, um eine Klasse von Elementen zu identifizieren. Wir können jedoch auch einen ganz bestimmten Node stylen, den es nur einmal geben soll. Das könnte zum Beispiel ein Alarmknopf sein. Die Id eines Nodes setzt man als String über die Methode setId. Im CSS spricht man sie mithilfe eines vorangestellten Hashzeichens an:

```
#red-alert{
    -fx-background-color: red;
}
```

Die Id sollte nach Möglichkeit eindeutig sein. Man kann jedoch kaum vermeiden, dass zwei Entwickler, die Komponenten zur selben Anwendung beitragen, zufällig einmal dieselbe Id vergeben. Daher wird die Eindeutigkeit technisch nicht sichergestellt. Es könnte also theoretisch mehrere Nodes mit derselben »Id« geben.

Wie verwendet man Pseudoklassen?

Wenn wir einen Button stylen, dann ist es natürlich auch wichtig, dass er zum Beispiel auf einen Mausklick reagiert. Er soll dann »gedrückt« aussehen, damit der Benutzer sieht, dass etwas passiert. Damit das mit CSS funktioniert, müssen wir den Node also auch abhängig vom Zustand stylen können. Zu diesem Zweck gibt es Pseudoklassen.

Für unser Beispiel gibt es etwa die Pseudoklasse :pressed. Hängt man diese Pseudoklasse an die Styleklasse .button an, so wird daraus .button:pressed. Damit lassen sich dann alle Buttons in gedrücktem Zustand auswählen. Bereits die Klasse Node bringt einige Pseudoklassen mit:

Pseudoklasse	Bedeutung
disabled	Wert der disabled-Property ist true.
focused	Der Node hat den Eingabefokus.
hover	Der Mauszeiger befindet sich über dem Node.
pressed	Die linke Maustaste wurde gedrückt, als sich der Mauszeiger über dem Node befand. Der Zustand bleibt erhalten, bis der Button losgelassen wird, egal wo der Mauszeiger inzwischen ist.
show-mnemonic	Der Mnemonic-Buchstabe soll unterstrichen angezeigt werden (wichtig für Menüeinträge unter Windows und Linux).

Weitere wichtige Pseudoklassen finden wir in der Klasse `Button`:

Pseudoklasse	Bedeutung
cancel	Dieser Button ist der »Cancel-Button« und soll auf die Escape-Taste reagieren.
armed	Der Button wurde gedrückt, der Mauszeiger befindet sich innerhalb der Grenzen des Buttons.
hover	Der Mauszeiger befindet sich über dem Node.

Wir haben einige dieser Pseudoklassen auch im Beispiel bereits verwendet, unter anderem die Pseudoklasse :hover:

```
.button:hover{
    -fx-background-color: lightgrey;
    -fx-border-insets: 0;
    -fx-border-radius: 0;
}
```

Die Klasse `Cell`, die in vielen Controls wie `ListView` und `TableView` verwendet wird, bietet ebenfalls eigene Pseudoklassen für das Styling an:

Pseudoklasse	Bedeutung
empty	Zelle ist leer.
filled	Zelle mit Inhalt
selected	Zelle ist selektiert.

Wie erstellt man eigene Pseudoklassen?

Wenn Ihnen die bestehenden Pseudoklassen nicht ausreichen und Sie eigene Pseudoklassen erstellen möchten, ist das ganz einfach. Sie müssen die Pseudoklasse lediglich beim System anmelden und eine `BooleanProperty` zur Verfügung stellen, über die sich der Zustand überwachen lässt. Nehmen wir zum Beispiel an, Sie möchten für die Region eine Pseudoklasse anbieten, die repräsentiert, ob eine Region »aktiv« ist:

```
public class CustomRegion extends Region {

   private static final PseudoClass ACTIVE
     = PseudoClass.getPseudoClass("active");

   private BooleanProperty active;

   public final boolean isActive() {
     return null == active ? false : active.get();
   }

   public final void setActive(final boolean active) {
     activeProperty().set(active);
   }

   public final BooleanProperty activeProperty() {
     if (null == active) {
       active = new BooleanPropertyBase() {
           @Override
           protected void invalidated() {
               pseudoClassStateChanged(ACTIVE, get());
           }

           @Override
           public Object getBean() {
               return this;
           }

           @Override
           public String getName() {
               return "active";
           }
       };
       }
     return active;
     }
   }
}
```

Nun können Sie über den Aufruf von setActive den Zustand ändern. Das System
wird automatisch die hierfür hinterlegten Styles anwenden. Legen Sie zum Testen
eine CSS-Datei namens pseudo.css mit folgendem Inhalt an:

```
CustomRegion:active{
   -fx-background-color: red;
   -fx-opacity: 1;
}
```

Sie können dann den Style zum Beispiel so verwenden:

```
public class PseudoclassDemo extends Application {

   @Override
   public void start(Stage primaryStage) {
     CustomRegion customRegion = new CustomRegion();
     customRegion.getStyleClass().add('my");
     Button btn = new Button();
```

```
      btn.setText("Change active state!");
      btn.setOnAction(new EventHandler<ActionEvent>() {

          @Override
        public void handle(ActionEvent event) {
          customRegion.setActive(!customRegion.isActive());
        }
      });

        StackPane root = new StackPane(customRegion, btn);
      Scene scene = new Scene(root, 300, 250);
      scene.getStylesheets().add(getClass()
       .getResource("pseudo.css").toExternalForm());
      primaryStage.setTitle("Custom Pseudoclass!");
      primaryStage.setScene(scene);
      primaryStage.show();
      }

      public static void main(String[] args) {
        launch(args);
      }

  }
```

Wenn Sie nun in der laufenden Anwendung den Button klicken, wird der Zustand umgeschaltet und der für die Pseudoklasse registrierte Style entsprechend aktiviert oder deaktiviert.

Wie kombiniert man Selektoren?

Selektoren können kombiniert werden, um den genauen Kontext für Ihre Anwendung zu bestimmen. So kann zum Beispiel festgelegt werden, dass ein Button innerhalb einer VBox anders dargestellt wird als innerhalb einer AnchorPane. Die erste Möglichkeit, Selektoren zu kombinieren, besteht darin, Styleklassen direkt aneinanderzuhängen. Das bedeutet, wir möchten einen Node stylen, dem beide Klassen zugewiesen wurden:

```
.classA.classB{
   -fx-background-color: green;
}
```

In unserem Beispiel verwenden wir diese Möglichkeit, um den equals-Button anders darzustellen:

```
.button.equals{
   -fx-background-color: derive(darkred, 80%);
   -fx-text-fill: white;
}
```

Lassen wir zwischen classA und classB einen Abstand, so bedeutet das, dass der selektierte Node die Klasse »classA« hat und irgendein Parent-Node auf dem Pfad zum Root-Node hat die Klasse »classB«:

```
.classA .classB{
    -fx-background-color: green;
}
```

Selektoren werden bei der Zuweisung von Styles von rechts nach links ausgewertet. Wenn ein Node also die classB aufweist, werden im ungünstigsten Fall alle Parents bis zum Root-Node auf die classA getestet. Das kann man vermeiden, wenn man spezifischere Kombinationen verwendet. Mithilfe des Modifiers »>« kann festgelegt werden, dass es sich, um eine direkte Parent-Child-Beziehung handelt:

```
.classA > .classB{
    -fx-background-color: green;
}
```

Diese Kombination selektiert Nodes mit classB, deren Parent die classA hat. So muss vom System nur der direkte Parent auf die classA getestet werden.

Beim Kombinieren können beliebig viele Selektoren aneinandergehängt werden, sodass dabei recht lange Kombinationen entstehen können. Soll eine Styledeklaration für verschiedene Elemente gelten, so können diese durch Kommas separiert werden:

```
.classA:hover , .classB:hover{
    -fx-background-color: blue;
}
```

7.2.2   Eigenschaften und Deklarationen

Nach den Selektoren folgen innerhalb der geschweiften Klammern eine Reihe von Deklarationen. Dabei werden den Eigenschaften des Elements Werte zugewiesen. Wir haben ja bereits einige Beispiele davon gesehen. Links steht immer die zu stylende Eigenschaft, rechts davon der Wert, der zugewiesen wird:

```
-fx-font-size: 20;
-fx-background-color: white;
```

Jede Eigenschaft hat einen Typ, der festlegt, was für Werte erlaubt sind. Folgende Typen werden bei JavaFX verwendet:

Eigenschaftstyp	Beispiele
\<angle>	»10deg«, »10rad«, »2grad«, »7turn«
\<boolean>	»true« oder »false«
\<color>	»#f0f8ff«, »red«, »derive(-fx-color,-9%)«, »ladder(background, white 49%, black 50%)«
\<color-stop>	»red 50%«, »green 20«
\<effect>	»innershadow(two-pass-box , rgba(0,0,0,0.6) , 4, 0.0 , 0 , 1)«,»dropshadow(three-pass-box , rgba(0,0,0,0.6) , 8, 0.0 , 0 , 0)«

$\rightarrow$

Eigenschaftstyp	Beispiele
<font-family>	»Times New Roman«, »serif«
<font-size>	»12pt«, »0.8em«, »20«
<font-style>	»normal«, »italic«, »oblique«
<font-weight>	»bold«, »normal«, »lighter«, »800«
<integer>	»10«, »-15«
<number>	»10«, »-15«, »0.323«
<paint>	»red«, »linear-gradient(to bottom, derive(-fx-color,-9%) 0%, derive(-fx-color,-33%) 100%)«
<point>	»10% 10%«
<size>	Relative Größen: ».8em«, »7px«, »1.2ex« Absolute Größen: »20mm«, »2cm«, »9in«, »12pt«, »8pc« Prozentual: »10%«
<string>	»dies ist ein 'String'«
<uri>	url(»http://eppleton.de«)

Tab. 7–1   *Eigenschaftstypen für CSS-Properties*

7.2.3   Eigenschaftsvererbung

Neben der Einschränkung auf einen Eigenschaftstyp kann auch festgelegt werden, ob eine Eigenschaft vererbt wird. Einige Werte, wie zum Beispiel Font, Cursor und textAlignment, werden standardmäßig vom Parent-Container geerbt. Für andere Eigenschaften kann die Vererbung aktiviert werden, indem der Eigenschaftswert explizit auf inherit gesetzt wird. Das sieht dann so aus:

```
-fx-background-color: inherit;
```

Die Scene selbst hat keine eigenen Eigenschaften, die über CSS gesetzt werden können. Trotzdem wird ihr die Styleklasse root zugewiesen. Das ist sinnvoll, weil die Scene der Wurzelcontainer des SceneGraph ist. So können hier Eigenschaften angelegt werden, die wie Variablen verwendet oder vererbt werden.

Im Defaultstyle »Modena« werden auf diese Weise eine ganze Reihe von Basisfarben und Gradienten gesetzt, die dann beim Festlegen des Stils für die einzelnen Klassen referenziert werden. Auf diese Weise ist es deutlich einfacher, den Stil zu modifizieren, da die Farbe nur an einer einzigen Stelle geändert werden muss. Alle direkten Referenzen und abgeleiteten Farben werden dann automatisch ebenfalls aktualisiert.

So wird zum Beispiel im modena.css die Basisfarbe als Variable definiert:

```
-fx-base: #ececec;
```

Diese Basisfarbe wird dann an anderer Stelle verwendet, um Farben davon abzuleiten:

```
-fx-background: derive(-fx-base,26.4%);
```

Ändert man nun den Wert für −fx-base, werden automatisch auch alle abgeleiteten Werte geändert. Sie können das mit unserem Taschenrechner ausprobieren. Kommentieren Sie dazu zunächst alle Styles in der Datei Calculator.css aus und starten Sie die Anwendung, um zu testen, ob es geklappt hat. Die Anwendung sollte wieder so aussehen wie am Ende von Kapitel 6. Nun fügen Sie folgende Zeile hinzu:

```
.root{
    s-fx-base: red;
}
```

Wenn Sie die Anwendung nun erneut starten, werden Sie feststellen, dass sich nahezu alle Farben geändert haben.

7.2.4 Zusammenfassende Eigenschaften

Um das Ganze etwas komplizierter zu machen, gibt es auch zusammenfassende Eigenschaften, mit denen mehrere Eigenschaften in einer Deklaration gesetzt werden können. So können Sie zum Beispiel alle vier Eigenschaften zur Definition einer Schriftart (-fx-font-family, -fx-font-size, -fx-font-style, -fx-font-weight) mittels der zusammenfassenden Eigenschaft -fx-font auf einmal definieren.

Ich persönlich setze zusammenfassende Eigenschaften äußerst sparsam ein, da die Lesbarkeit darunter leiden kann. Zudem ist es für Einsteiger einfacher, eine Datei zu verstehen, in der der Name jeder einzelnen Eigenschaft aufgeführt ist.

7.2.5 Namenskonventionen

Um das Auffinden der passenden Styleklasse für ein Element zu erleichtern, erfolgt die Zuordnung anhand von einfachen Namenskonventionen. JavaFX-Klassen verwenden die sogenannte »CamelCase«-Schreibweise in ihren Bezeichnern. Das heißt: Wenn ein Klassenname aus mehreren Wörtern zusammengesetzt ist, beginnt jedes der angehängten Wörter mit einem Großbuchstaben, zum Beispiel ChoiceBox.

In der HTML-Welt werden jedoch nahezu alle Selektoren innerhalb von CSS-Dateien in Kleinbuchstaben gehalten und einzelne Wörter werden durch einen Bindestrich getrennt. JavaFX folgt dieser Konvention innerhalb von CSS-Dateien. Für die JavaFX-Klasse ChoiceBox heißt der zugehörige Selektor daher choice-box. Das ist der Grund, weshalb wir in unserem Beispiel die Styleklassen label und button verwenden konnten, ohne sie vorher selbst zu setzen.

Beim Mapping von Eigenschaftsnamen verhält es sich genauso, nur dass zusätzlich das Präfix -fx verwendet wird. Die strokeWidth-Eigenschaft wird also zu -fx-stroke-width.

7.2.6   Die wichtigsten stylebaren Eigenschaften

Wir werden uns nun einige wichtige Grundeigenschaften ansehen, die über CSS gestylt werden können, und wo diese definiert sind. Der folgende grobe Überblick ist als Orientierungshilfe innerhalb der Vererbungsgeschichte dieser Styles gedacht, um leichter den Überblick zu behalten, welche Styles in einer spezifischen Klasse genutzt werden können.

Viele Nodes und Controls stellen zahlreiche weitere und spezifischere Eigenschaften zur Verfügung. Die aktuelle und komplette Übersicht über alle weiteren Eigenschaften, die Sie mithilfe von CSS setzen können, finden Sie unter:

http://docs.oracle.com/javafx/8/api/javafx/scene/doc-files/cssref.html

7.2.7   Stylebare Eigenschaften eines Nodes

Bereits die Basisklasse Node stellt einige stylebare Eigenschaften zur Verfügung, die dann von allen weiteren Nodes geerbt werden. Diese betreffen Sichtbarkeit (visibility) und Transparenz (-fx-opacity), Skalierung (-fx-scale-x, -fx-scale-y, -fx-scale-z), Rotation (-fx-rotate) und Position relativ zum Parent (-fx-translate-x, -fx-translate-y, -fx-translate-z). Zudem kann festgelegt werden, ob ein Node fokussierbar (-fx-focus-traversable) ist, welcher Cursor innerhalb seiner Grenzen angezeigt werden soll (-fx-cursor) und ob ein Schlagschatten oder ein innerer Schatten gesetzt wird (-fx-effect). Diese Eigenschaften stehen damit in allen Subklassen ebenfalls zur Verfügung.

7.2.8   Shapes

Die Klasse Shape fügt dann weitere wichtige Eigenschaften hinzu, die für alle Unterklassen (Arc, Circle, CubicCurve, Ellipse, Line, Path, Polygon, QuadCurve, Rectangle und SVGPath) gelten. Damit lassen sich Füllfarbe (-fx-fill) und Linienfarbe (-fx-stroke) sowie viele weitere Linieneigenschaften bestimmen, wie die Dicke (-fx-stroke-width) und Form des Linienendes (-fx-stroke-line-cap). Für gestrichelte Linien lässt sich die Länge der Liniensegmente festlegen (-fx-stroke-dash-array). Lediglich Rectangle legt noch weitere Styleeigenschaften fest, mit denen sich die Ecken des Rechtecks abrunden lassen (-fx-arc-height, -fx-arc-width).

7.2.9   Region und Controls

Die Klasse Region stellt ebenfalls eine Vielzahl weiterer Eigenschaften zur Verfügung. Da alle Controls von Region ableiten, stehen diese Eigenschaften auch in allen Controls zur Verfügung. Mithilfe dieser Eigenschaften lassen sich Füllfarben für den Hintergrund (-fx-background-color) oder auch Größe (-fx-background-size), Position (-fx-background-position) sowie Kachelung (-fx-background-repeat) von Hintergrundbildern (-fx-background-image) festlegen.

Die Anzahl der für -fx-background-color gewählten Farben bestimmt die Anzahl der Rechtecke, die für den Hintergrund gerendert werden. Den so definierten Rechtecken lässt sich dann mit -fx-background-insets der Abstand zum Rand und mit -fx-background-radius die Rundung der Ecken zuweisen. Hier ein sehr buntes Beispiel für die Verwendung von Hintergrundfarben:

```
.button{
    -fx-text-fill: white;
    -fx-font-size:30;
    -fx-padding: 10;
    -fx-background-color: green, red, white, blue;
    -fx-background-insets:  0, 6, 7, 8;
    -fx-background-radius: 10;
}
```

Abb. 7–3   *Ein Button mit vier verschiedenen Hintergrundfarben.*

Zusätzlich verfügt die Region über eine *Stroked Border*. So lassen sich beliebig viele Rahmenrechtecke um die Region herum definieren. Jeder Umrandung lassen sich vier Farben für die obere, untere, rechte und linke Kante zuweisen. Auch Dicke (-fx-border-width), Stil (-fx-border-style), Radius (-fx-border-radius) und Randabstand (-fx-border-insets) lassen sich den vier Randlinien separat zuordnen:

```
.button{
    -fx-text-fill: white;
    -fx-font-size:30;
    -fx-padding: 10;
    -fx-background-color: green, red, white, blue;
    -fx-background-insets:  0, 6, 7, 8;
    -fx-border-style: dotted;
    -fx-border-width: 10 4 3 1;
    -fx-background-radius: 10;
}
```

Abb. 7–4   *Die Umrandung (border) kann separat zum Hintergrund gestaltet werden.*

Die Umrandung lässt sich alternativ auch mithilfe von Images gestalten. Das ist hilfreich, um eine Designvorlage schnell umzusetzen. Sie kennen das vielleicht aus dem Webbereich vom Erstellen von Buttons. Der Designer erzeugt mithilfe von Grafiktools eine Bitmap, die dann »gesliced« wird. Das bedeutet, dass sie in Segmente zerteilt wird. Diese Segmente werden dann typischerweise 9 Regionen eines Buttons zugewiesen. Durch die Aufteilung in 9 Regionen lassen sich die Ecken separat behandeln. Typischerweise werden diese beim Skalieren des Buttons dann nicht skaliert, während die Außenlinien und die Zentralregion beliebig gestreckt werden können. Für eine Region können mit -fx-border-image für dieses Vorgehen mehrere Einzelbilder festgelegt werden. Diese Images können eventuell mit -fx-border-image-slice in die benötigten 9 Regionen unterteilt werden. Im folgenden Beispiel wird das Hintergrundbild vinyl-button.png verwendet.

Abb. 7–5   *Das Hintergrundbild für unseren Button*

Definieren wir nun zwei Buttons, für die dieses Hintergrundbild verwendet werden soll:

```
@Override
public void start(Stage primaryStage) {
   Button btn = new Button();
   btn.setText(" Text ");
   btn.getStyleClass().addAll("metal", "linear");
   Button btn2 = new Button();
   btn2.setText("  Hier steht ein langer Text   ");
   btn2.getStyleClass().addAll("metal", "linear");
   VBox root = new VBox(10, btn, btn2);
   root.setAlignment(Pos.CENTER);
   Scene scene = new Scene(root, 300, 250);
   scene.getStylesheets().add(getClass().getResource("style.css")
     .toExternalForm());
   primaryStage.setScene(scene);
   primaryStage.show();
}
```

In der hier referenzierten Datei style.css definieren wir zunächst einfach ein Hintergrundbild:

```
.metal.linear {
    -fx-background-color    : black;
    -fx-background-radius   : 8;
    -fx-padding: 5;
    -fx-background-image    : url("vinyl-button.png");
    -fx-background-size: stretch;
    -fx-border-image-repeat : stretch;
    -fx-effect: dropshadow(gaussian, #00000060, 5, C, 0, 03)
}
```

Das Ergebnis ist sehr unbefriedigend. Der Button wird bei einem längeren Text durch das Strecken des Hintergrundbildes deformiert.

Abb. 7–6   Ohne Slicing wird das Hintergrundbild durch Strecken deformiert.

Nun verwenden wir stattdessen Image-Slicing. Die vier Integerwerte für -fx-border-image-slice definieren jeweils eine Schnittlinie für die Unterteilung des Bildes in der Reihenfolge top, right, bottom, left:

```
.metal.linear {
    -fx-background-color    : black;
    -fx-background-radius   : 8;
    -fx-padding             : 5;
    -fx-border-image-source : url("vinyl-button.png");
    -fx-border-image-slice  : 4 4 4 4  fill;
    -fx-border-image-width  : 4 4 4 4  ;
    -fx-border-image-insets : 4;
    -fx-border-image-padding: 0 10 0 10;
    -fx-border-image-repeat : stretch;
    -fx-effect: dropshadow(gaussian, #00000060, 5, 0, 0, 03)
}
```

Abb. 7–7   Durch Image-Slicing kann der Button skaliert werden, ohne dass die Kantenrundung sich ändert. Zudem kann das Hintergrundbild mit Hintergrundfarben kombiniert werden.

Der innere Randabstand der einzelnen Seiten lässt sich mit -fx-padding bestimmen. Wird eine nicht rechteckige Region gewünscht, wie das zum Beispiel bei Controls oft der Fall ist, lässt sich mittels -fx-shape eine beliebige, in Form eines SVG-Pfades definierte Form festlegen. Der boolesche Wert -fx-position-shape gibt an, ob die Shape in der Region zentriert werden soll. Mit -fx-scale-shape kann bestimmt werden, ob die Shape in die Dimensionen der Region eingepasst werden soll. In folgendem Beispiel wird ein Ausschaltzeichen als Shape definiert:

```
#power-icon {
    -fx-scale-shape: false;
    -fx-shape: "M 863 170 L 863 178 C 863 179.1046 863.8954 180 865 180 C
866.1046 180 867 179.1046 867 178 L 867 170 C 867 168.8954 866.1046 168 865 168
C 863.8954 168 863 168.8954 863 170 ZM 865 194 C 871.0753 194 876 189.1996 876
183.2779 C 876 178.4208 873.6867 174.3181 869.1428 173 L 869.1428 176.255 C
871.9179 177.4369 872.8572 180.1374 872.8572 183.2779 C 872.8572 187.5078
869.3394 190.9366 865 190.9366 C 860.6606 190.9366 857.1428 187.5078 857.1428
183.2779 C 857.1428 180.1374 858.0821 177.4369 860.8572 176.255 L 860.8572 173
C 856.3134 174.3181 854 178.4208 854 183.2779 C 854 189.1996 858.9247 194 865
194 Z";
}
```

Abb. 7–8   *Das Power-Icon im Einsatz auf einem Button*

All diese Eigenschaften stehen auch in jedem Control zur Verfügung.

7.2.10   Verwendung im Beispiel

In unserem Taschenrechner-Beispiel wird über die Styleklasse GridPane zunächst die Hintergrundfarbe -fx-background-color gesetzt. Der Selektor .label selektiert nun alle Objekte vom Typ javafx.scene.control.Label. In unserem Fall gibt es davon nur einen, unser »display«.

Hier setzen wir zunächst wieder die Hintergrundfarbe und geben mit -fx-alignment an, dass der Text rechtsbündig dargestellt wird. Danach legen wir eine größere –fx-font-size fest. Die nächste Eigenschaft, -fx-padding, kann unterschiedlich festgelegt werden. Sie können einen Wert setzen, der für alle Seiten verwendet wird:

```
-fx-padding: 10;
```

Im Beispiel setzen wir den Wert für jede Seite separat, da wir unten keinen Abstand wünschen. Die Reihenfolge der Werte wird im Uhrzeigersinn festgelegt (top, right, bottom, left):

```
-fx-padding: 4 4 0 4;
```

Bei den Styledeklarationen für den Equals-Button sehen Sie noch eine Besonderheit bei der Verwendung von Farben. Sie werden über die derive-Funktion von einer Basisfarbe abgeleitet:

```
-fx-background-color: derive(darkred, 80%);
```

Die Farbfunktion derive, die hierfür verwendet wird, erwartet einen Farbwert und einen Prozentsatz zwischen -100% und 100% als Parameter. Ein negativer Farbwert tönt die Farbe dunkel ab. Ein positiver Farbwert hellt sie auf. Ein Wert von -100% erzeugt Schwarz, ein Wert von +100% Weiß.

7.2.11 Besonderheiten

Der JavaFX-CSS-Parser ist in der Lage, syntaktisch korrekte CSS-Dateien zu parsen, und orientiert sich dabei an der CSS-Version 2.1. Er unterstützt jedoch nicht die komplette CSS-Syntax und unterscheidet sich in einigen Punkten von den gewohnten Definitionen. So werden zum Beispiel bei der Font-Deklaration die üblichen kommaseparierten Listen von Schrifttypen nicht unterstützt und einige Pseudoklassen, zum Beispiel :first-child, :first-letter, :before und :after, stehen nicht zur Verfügung.

Für andere Pseudoklassen wie :active und :focus gibt es als Ersatz die Pseudoklassen :pressed und :focused. Auch das Farbmodell weicht vom CSS-Standard ab. Anstelle von HSL wird das HSB-Farbmodell verwendet.

Die Tatsache, dass JavaFX an einigen Stellen vom Standard abweicht, ist auch der Grund dafür, dass die Eigenschaftsnamen alle das Präfix -fx tragen. So wird Verwechslungen vorgebeugt. Eine genaue Auflistung der erlaubten Werte für die einzelnen Elemente finden Sie unter:

http://docs.oracle.com/javafx/2/api/javafx/scene/doc-files/cssref.html

7.2.12 UserAgent-Stylesheet

Das UserAgent-Stylesheet ist der Basisstyle einer Anwendung. Unter JavaFX 2.x war Caspian.css der Defaultstil, mit JavaFX 8 wurde modena.css als neuer Defaultstil eingeführt.

Tipp:

Das UserAgent-Stylesheet definiert eine Reihe von Basisfarben, die überall verwendet werden. Definiert man diese Farben in einem eigenen Stylesheet neu, so kann man relativ einfach das gesamte Erscheinungsbild mit einem eigenen Farbschema versehen, ohne gleich ein komplettes Stylesheet mit Styles für alle Einzelkomponenten erstellen zu müssen.

7.2.13　Stylesheet einer Scene

Das gebräuchlichste Vorgehen beim Erstellen einer Anwendung ist, das Stylesheet der Scene zuzuweisen. So ist sichergestellt, dass alle Nodes des SceneGraph das Stylesheet kennen. Das Stylesheet wird dabei von einer URL geladen.

```
scene.getStylesheets().add( url );
```

7.2.14　Stylesheet eines Parent

Seit Version 2.1 können auch jedem Parent-Node eigene Stylesheets hinzugefügt werden. So kann jeder Ast im SceneGraph separat gestaltet werden.

```
parent.getStylesheets().add( url );
```

7.2.15　Eigenschaften über die Java-API setzen

Sieht man sich die Java-Doc der einzelnen Node-Klassen an, so wird man feststellen, dass einige Eigenschaften, wie zum Beispiel der Font eines Labels oder Buttons auch ohne CSS direkt auf dem Node gesetzt werden können:

```
btn.setFont(Font.font("serif", 12));
```

Über die Java-API lassen sich allerdings bei Weitem nicht alle Eigenschaften setzen, die per CSS zur Verfügung stehen.

7.2.16　Inline-Styles

Will man diese Eigenschaften eines Nodes dynamisch zur Laufzeit setzen, stehen einem die Inline-Styles zur Verfügung. In FXML-Dateien werden diese ganz ähnlich wie in HTML direkt als Attribut eines Elements definiert. Von Java aus verwendet man die Methode setStyle(String style). Die Style-Attribute werden dabei als String übergeben:

```
btn.setStyle("-fx-text-fill: green;");
```

7.2.17 CSS-API

Seit JavaFX 8 steht auch noch eine weitere Möglichkeit zur Verfügung. Die bislang private CSS-API wurde öffentlich gemacht. Nun lassen sich alle Eigenschaften direkt setzen. Das ist vor allem für Designtools hilfreich, die das Stylen von Komponenten oder Anwendungen erlauben.

Diese Methoden haben unterschiedliche Prioritäten, sodass es immer Möglichkeiten gibt, den Style zu überschreiben.

Da Inline-Styles die höchste Priorität haben, können sie auch nicht überschreiben. Probieren Sie im Beispielcode einmal Folgendes aus:

```
scene.getStylesheets().add(
    JavaFXApplication32.class.getResource("style.css").toExternalForm());
btn.setTextFill(Color.BLUE);
```

Die Applikation startet zwar und läuft, ohne eine Exception zu werfen, aber das Setzen der Farbe mittels der Java-API hat keinerlei Effekt. Erst wenn Sie im style.css die Zeile -fx-text-fill: white; entfernen, wird der Text des Buttons blau angezeigt. Das liegt daran, dass die über das Stylesheet gesetzte Farbe Priorität gegenüber dem Java-Aufruf hat.

Inline-Styles hingegen haben Priorität gegenüber den Werten aus dem Stylesheet. Daher wird dieser Aufruf zum intuitiv erwarteten Ergebnis führen. Der Text wird in Blau angezeigt:

```
scene.getStylesheets().add(
    JavaFXApplication32.class.getResource ("style.css").toExternalForm());
btn.setStyle("-fx-text-fill: blue;");
```

Das kann bisweilen zu Verwirrungen führen. Ich rate dazu, die Java-API nach Möglichkeit nicht zu verwenden, um solche Überraschungen zu vermeiden.

Welche Priorität haben die einzelnen Methoden?

Das UserAgent-Stylesheet hat die niedrigste Priorität. Die Werte, die hier gesetzt werden, können mit der Java-API überschrieben werden. Stylesheets von Scene und Parents haben wiederum Priorität vor der Java-API. Höchste Priorität haben schließlich die Inline-Styles.

Wann verwende ich welche Methode?

Wenn Sie sich nun fragen, welche der verschiedenen Möglichkeiten, um den Style festzulegen, die beste ist, dann gibt es leider keine eindeutige Antwort, das hängt vom jeweiligen Anwendungsfall ab. Aber folgende Tipps sollten helfen, die jeweils beste Technik zu finden:

▧ *Properties sollten Sie eher sparsam einsetzen.*
Hier stehen Ihnen bei Weitem nicht alle Styleeigenschaften zur Verfügung.
Besser ist es, den Style gleich per CSS festzulegen. Der einzige Vorteil der Properties gegenüber CSS-Dateien ist die Typsicherheit. Schließt der Workflow
jedoch geeignete Tools wie den SceneBuilder zur Kontrolle des Styles und
CSS-Editoren zur Syntaxkontrolle ein, ist die Fehlerquote relativ gering.
Außerdem werden Eigenschaften, die über die Java-API gesetzt werden, ignoriert, wenn zuvor ein Style über setStyle() gesetzt wurde. Das kann für
erhebliche Verwirrungen sorgen. Durch eine strikte Anwendung von CSS-Styles lassen sich hier Probleme vermeiden.

▧ *Wenn möglich, sollten Sie CSS-Dateien den Inline-Styles vorziehen.*
CSS-Dateien erlauben eine saubere Trennung von Businesslogik, Layout und
Style. Inline-Styles sind außerdem schwer zu finden, wenn Sie im Java- oder
FXML-Code verteilt sind. Außerdem gibt es viele Tools, die CSS-Dateien ver-
stehen und Syntaxfehler sofort erkennen oder sogar automatische Codever-
vollständigung unterstützen. So ist es leichter, korrekten Code zu schreiben.

▧ *Um eine ganze Anwendung zu stylen, verwenden Sie wenn möglich ein einzel-
nes zentrales Stylesheet, das Sie auf der Scene setzen.*
Das ist am übersichtlichsten und erlaubt es auch anderen, den Style schnell
und ohne Probleme zu verstehen und zu ändern. Vor allem aber können Sie so
den Style der gesamten Anwendung durch das Austauschen einer Datei
ändern.

▧ *Inline-Styles haben die höchste Priorität. Daher sollten sie sparsam eingesetzt
werden.*
Wichtigster Anwendungsfall war bislang das Überschreiben bestehender
Werte durch den Benutzer. Seit JavaFX 8 steht jedoch eine neue API zur Verfügung, die das typsicher und direkt erlaubt.

7.3   Workshop: Eine Anwendung stylen

Nachdem Sie jetzt einen Überblick über die wichtigsten Eigenschaften der API
und der Tools haben, wird es Zeit, das Wissen einzusetzen. Wir werden nun unserem Twitter-Client einen neuen Look verpassen.

7.3.1   Wie registriere ich das Stylesheet?

Als Erstes müssen wir nun dazu ein Stylesheet erstellen und es der Scene bekannt
machen. Wie das funktioniert, haben Sie bereits in Abschnitt 7.1 gesehen. Wir
fügen in der start-Methode der Anwendung folgenden Code ein:

```
Scene scene = new Scene(root, 400, 640);
scene.getStylesheets().add(getClass().getResource("style.css").toExternalForm
());
stage.setScene(scene);
```

Nun brauchen wir also eine CSS-Datei namens style.css. Diese sollte wie immer in demselben Package wie unsere Application-Klasse liegen. Achten Sie darauf, dass Maven Ressourcen und Quellcode getrennt verwaltet, und legen Sie die Datei im Projektverzeichnis unter tweetalot/src/main/resources/de/javafx-buch/tweetalot/style.css an.

7.3.2   Wie definiere ich Variablen?

Wenn Sie ein Stylesheet so gestalten möchten, dass es leicht anpassbar ist, bietet es sich an, Basisfarben als Variablen zu definieren. Andere Farben können dann mithilfe der derive-Funktion davon abgeleitet werden. In Abschnitt 7.2.3 ist das am Beispiel von modena.css erklärt. Wir werden nun beispielhaft selbst zwei Variablen definieren, die wir als Basisfarbe für unsere Icons verwenden werden:

```
.root{
    -fx-view-button-base: rgb(70,154, 232);
    -fx-view-button-base-inactive: rgb(97,111,121);
}
```

Es ist wichtig, dass die Variable unter der Styleklasse root definiert wird. Nur so steht sie im ganzen SceneGraph zur Verfügung. In Abschnitt 7.3.4 werden wir auf unsere Variablen zugreifen.

7.3.3   Wie style ich den Hintergrund?

Wir wollen unserem Toolbar nun einen schwarzen Hintergrund verpassen. Der Selektor für Toolbars müsste nach den in Abschnitt 7.2.5 gezeigten Namenskonventionen »tool-bar« sein. Setzen wir also eine -fx-background-color für diesen Selektor:

```
.tool-bar{
    -fx-background-color: black;
}
```

In größeren Anwendungen bietet es sich an, den zu stylenden Nodes jeweils eigene Styleklassen zuzuweisen. Die Default-Styleklassen sollte man lediglich in Kombination damit verwenden oder für die Definition eines kompletten Looks. Ansonsten kann es schnell zu Konflikten kommen. In unserem Beispiel hat nun jeder Toolbar, der dem SceneGraph hinzugefügt wird, einen schwarzen Hintergrund.

7.3.4   Wie style ich den Home-Button?

In unserem Toolbar haben wir bis jetzt lediglich einen Home-Button. Wenn wir die Anwendung erweitern wollen, können hier auch noch zusätzliche Buttons Platz finden, die zwischen Views hin- und herschalten können. Damit diese Buttons einheitlich gestylt werden, definieren wir eine gemeinsame Styleklasse view-button. Zuerst fügen wir unserem Button diese Klasse zu:

```
button.setFont(Font.font( "FontAwesome", 40));
button.getStyleClass().add("view-button");
BorderPane root = new BorderPane();
```

Nun können wir ihn in der CSS-Datei ansprechen:

```
.button.view-button{
    -fx-background-color: transparent;
    -fx-text-fill: -fx-view-button-base-inactive;
}
```

Der Hintergrund des Buttons ist nun transparent. Als Vordergrundfarbe haben wir die Variable -fx-view-button-base-inactive verwendet. Wundern Sie sich nicht, dass der Wert von -fx-text-fill das Icon einfärbt. Bei unserem »Icon« handelt es sich in Wirklichkeit um einen »Buchstaben« aus dem »font-awesome«-Font.

7.3.5   Wie reagiere ich im Style auf Buttonklicks?

Der Home-Button sieht nun ganz o.k. aus, aber er gibt keinerlei visuelles Feedback, wenn ich ihn benutze. Dafür können wir jetzt die Pseudoklassen verwenden, die in Abschnitt 7.2.1 besprochen werden. Mit der Pseudoklasse :hover reagieren wir auf den Mauszeiger und mit der Klasse :armed auf den Buttonklick:

```
.button.view-button:hover{
    -fx-text-fill: -fx-view-button-base;
}
```

```
.button.view-button:armed{
    -fx-text-fill: derive(-fx-view-button-base, -20%);
}
```

Die Farbe für den Zustand armed wird dabei mit der derive-Funktion von der Basisfarbe -fx-view-button-base abgeleitet. Eine Änderung der Basisfarbe ändert daher auch die Farbe des gedrückten Buttons.

Abb. 7–9   *Der fertig gestylte Toolbar*

7.3.6   Wie style ich den StatusView?

Nun müssen wir noch die StatusView ein wenig anpassen. Zumindest der Screen-
name des Urhebers eines Tweets sollte etwas hervorgehoben werden. In der
Klasse StatusView haben wir bereits die Styleklasse screen-name für diesen Node
registriert:

```
screenName = new Label();
screenName.getStyleClass().add("screen-name");
```

Nun deklarieren wir einen Style dafür und setzen einfach den Font auf bold:

```
.label.screen-name{
  -fx-font-weight: bold;
}
```

Auf diese Weise haben wir mit wenig Code den Look der Anwendung verändert.
Als Nächstes sehen wir uns an, wie das mit FXML funktioniert.

Abb. 7–10   *Die fertig gestylte Anwendung*

7.4   Workshop: Eine Anwendung im SceneBuilder stylen

Der SceneBuilder ist das zentrale Werkzeug, wenn Sie das Layout Ihrer Anwendung so weit wie möglich per Drag-and-Drop erstellen wollen. Er ist auch sehr
hilfreich bei der Kontrolle der CSS-Styles. Wir sehen uns nun die entsprechenden
Features einmal genauer an. Wenn Sie eine FXML-Datei im SceneBuilder öffnen,
sehen Sie rechts im Properties-Fenster unter der Oberkategorie *Properties* eine
Sektion, die mit *JavaFX CSS* betitelt ist.

Hier werden für den selektierten Node die wichtigsten CSS-Eigenschaften
angezeigt. »Id« legt die Id für unseren Node fest. Diese können wir dann wie
gewohnt in der CSS-Datei mit dem vorangestellten »#« ansprechen. Unter der
Überschrift *Stylesheets* können Sie Stylesheets registrieren. Klicken Sie auf das
»+«-Symbol unterhalb des Kastens und lokalisieren Sie mittels des Dateidialogs
eine CSS-Datei. Sobald der Dialog geschlossen wurde, können Sie kontrollieren,
welche Styles schon aktiv sind.

Um weitere Styles zu aktivieren, haben wir im Java-Code setStyleClass aufgerufen. Denselben Effekt hat es, wenn Sie das betreffende Element im Editor
oder Navigator selektieren und dann unter *Properties/JavaFX CSS* auf das »+«-
Symbol unterhalb des Kastens *Style Class* klicken. Es erscheint eine Auswahl ver-
fügbarer Styleklassen und Sie können auch einen beliebigen String eintippen, den
Sie erst zu einem späteren Zeitpunkt in einer CSS-Datei definieren.

Die jeweils aktuelle Version des SceneBuilder können Sie unter folgender
URL herunterladen: *http://www.oracle.com/technetwork/java/javase/downloads/
javafxscenebuilder-info-2157684.html*

7.4.1   Wie kann ich im SceneBuilder eine CSS-Datei registrieren?

Wir haben bereits zuvor eine CSS-Datei erstellt und registriert. Löschen Sie nun
den gesamten Inhalt der Datei. Wir werden nun einen neuen Style von Beginn an
aufbauen.

Öffnen Sie nun die Datei Calculator.fxml im SceneBuilder. Wir wollen jetzt
dem SceneBuilder die CSS-Datei bekannt machen. Wählen Sie dazu im Docu-
ment-Fenster unter *Hierarchy* die GridPane aus. Anschließend klicken Sie rechts
im Inspector unter den *Properties* den Plus-Button unter Stylesheets.

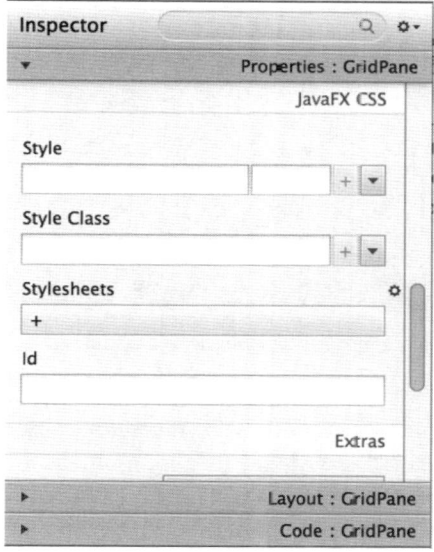

Abb. 7–11   *Hinzufügen eines Stylesheets im Inspector-Fenster des SceneBuilder*

Es öffnet sich ein Dateibrowser, mit dem Sie die Datei calculator.css auswählen
können. Jetzt ist alles vorbereitet, und wenn Sie die CSS-Datei ändern, können Sie
die Auswirkungen sofort im SceneBuilder kontrollieren.

7.4.2   Wie erzeuge ich einen LCD-Screen-Effekt?

Wechseln wir also zurück zur CSS-Datei und tragen Sie einen ersten Style ein.
Zunächst stylen wir unser Label:

```
.label{
    -fx-background-color: rgb(156, 185, 131);
    -fx-alignment: CENTER_RIGHT;
    -fx-padding: 12 14 20 10;
    -fx-background-radius: 4;
    -fx-background-insets: 10 10 20 10;
    -fx-effect: innershadow(two-pass-box,rgb(26, 30, 15) , 10, 0, 3, 3 )
}
```

Sobald Sie die Änderung abgespeichert haben, können Sie den Effekt im Scene-
Builder kontrollieren:

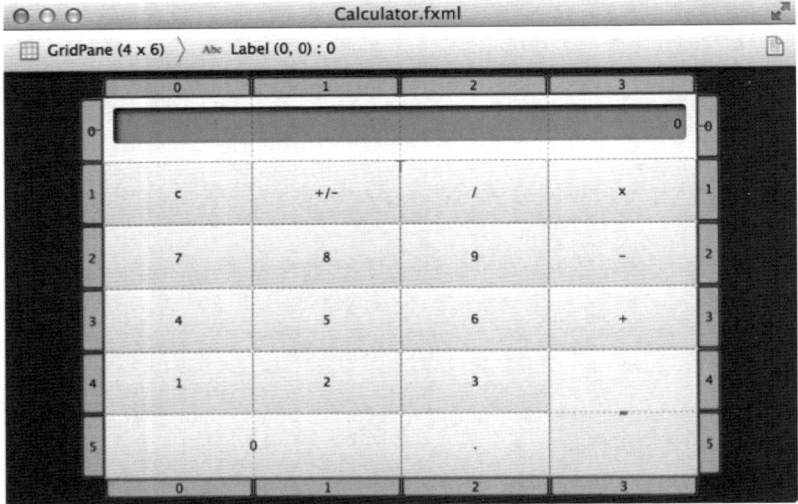

Abb. 7–12   *Der SceneBuilder ermöglicht die einfache Kontrolle der Styles.*

Das Label hat nun dank -fx-background-color den typischen grünlichen LCD-
Hintergrund. Das Panel wurde mittels -fx-background-radius etwas abgerundet.
Der Text wurde mit -fx-alignment rechts ausgerichtet und der Rand mithilfe der
-fx-background-insets etwas nach innen verlegt. Zusätzlich habe ich noch einen
Effekt angewendet. Mithilfe eines InnerShadow erzeugen wir die Illusion, dass
das Display ein wenig vertieft liegt.

7.4.3 Wie kann ich in CSS einen Font laden?

Nun benötigen wir noch einen Font, der zu dem LCD-Panel passt. Ich finde dafür die Schrift DS-Digital sehr geeignet[1]. Die Font-Datei muss dazu im selben Package wie unsere `Calculator.fxml` liegen, dann können wir sie laden:

```
@font-face {
    font-family: Digital;
    src: url('DS-DIGI.TTF');
}
```

Anschließend benutzen wir die Schrift für den Text unseres Labels. Als Füllfarbe verwenden wir einen fast schwarzen Farbton. Als zusätzlichen Effekt können wir noch einen leichten Schlagschatten bilden, wie er typischerweise unter LCD-Buchstaben zu sehen ist:

```
.label .text{
    -fx-effect: dropshadow(two-pass-box , black, 4, 0.0 , 1, 1);
    -fx-font-family: DS-Digital;
    -fx-font-size: 60;
    -fx-fill: rgb(26, 30, 15);
}
```

Das Resultat ist bereits recht überzeugend:

Abb. 7–13   *Ein Label gestylt als LCD-Display*

Als Nächstes verpassen wir der GridPane leicht abgerundete Kanten. Hier eignet sich wieder ein `InnerShadow`. Außerdem schaffen wir mit `-fx-padding` etwas Platz an den Rändern:

```
GridPane{
    -fx-background-color: rgb(193, 197, 201);
    -fx-padding: 40 20 20 20;
    -fx-effect: innershadow(two-pass-box,black , 10, 0, 0, 0 )
}
```

7.4.4 Wie erzeuge ich Pseudo-3D-Buttons?

Jetzt wenden wir uns den Buttons zu. Taschenrechner haben üblicherweise eine Menge Platz zwischen den Buttons. Das können wir mithilfe von `-fx-background-insets` erreichen. Wählen wir für den äußersten Rand einen Wert von 10, so bleiben auf allen Seiten 10 Pixel Rand frei. Außerdem sollten die Buttons mit `-fx-`

---

1.   Der Font DS-Digital kann unter einer Shareware-Lizenz unter
     http://www.dafont.com/ds-digital.font heruntergeladen werden.

background-radius noch leicht abgerundet werden. Um einen 3D-Effekt zu erreichen, bedienen wir uns eines Tricks: Wir wählen die -fx-background-insets so, dass die Hintergründe nur am unteren Rand des Buttons zu sehen sind. Für oben, rechts und links wählen wir einfach immer den Wert 10. Dadurch sieht es so aus, als würden wir aus leichter Untersicht auf die Buttons sehen. Wir definieren zunächst die Eigenschaften, die bei allen Buttons gleich sein sollen. Die Farben für die unterschiedlichen Buttons wählen wir dann später:

```
.button{
    -fx-padding: 8 15 15 15;
    -fx-background-insets:  10,10 10 12 10, 10 10 13 10, 10 10 14 10;
    -fx-background-radius: 10;
    -fx-font-weight: bold;
    -fx-font-size: 1.6em;
}
```

Wie Sie sehen können, ist jeweils der dritte Wert der Background-Insets – der Wert für bottom – anders gewählt. Als Effekt erhalten wir einen 4 Pixel hohen Rand auf der Unterseite. Um nun beim Drücken des Buttons ein visuelles Feedback zu erhalten, definieren wir die Insets für die Klasse :armed so, dass dieser Rand um zwei Pixel kleiner wird. Gleichzeitig rücken wir den oberen Rand 2 Pixel weiter ein. Dadurch entsteht der Eindruck, dass der Button eingedrückt wird:

```
.button:armed{
    -fx-padding: 10 15 13 15;
    -fx-background-insets: 12 10 10 10,12 10 11 10, 12 10 12 10, 12 10 13 10;
}
```

Im nächsten Abschnitt definieren wir Farben für den Clear-Button, sodass der Effekt deutlich zu sehen ist.

7.4.5　Wie weise ich einem Node eine Id zu?

Der Clear-Button soll einen gelblichen Farbton erhalten. Definieren wir also einen Style dafür. Wir benötigen dafür vier Farben. Zwei davon werden als Gradienten definiert: Ein linearer Gradient sorgt für einen leichten Farbverlauf auf dem unteren Rand. Ein radialer Gradient gibt der Druckfläche eine minimale Wölbung. Als zusätzlichen Effekt legen wir noch einen leichten Schlagschatten unter den Button:

```
.button#clear{
    -fx-text-fill: rgb(61,25,0);
    -fx-background-color:
        linear-gradient(from 0% 93% to 0% 100%, rgb(142, 88, 18),
            rgb(102,65,36) 100%),
        rgb(142, 88, 18),
        rgb(170, 124, 24),
```

```
         radial-gradient(center 50% 50%, radius 100%,
             rgb(216, 155, 14) 50%, rgb(156, 118, 14));
        -fx-effect: dropshadow( gaussian , rgba(178,179,134,0.75) ,
             10, .1 , 0, 3 );
    }
```

Selektieren Sie nun im SceneBuilder den Clear-Button und navigieren Sie im Inspector zu den CSS-Einstellungen. Hier können Sie im Feld Id den String »clear« eintragen. Das ist allerdings scheinbar gar nicht nötig, da JavaFX auch auf die fx:id reagiert, die wir im letzten Kapitel gesetzt haben, und den Style bereits verwendet. Dennoch sollten Sie die Eintragung machen, denn die fx:id ist eigentlich für einen anderen Zweck gedacht und es könnte sein, dass das in einer zukünftigen Version damit nicht mehr funktioniert.

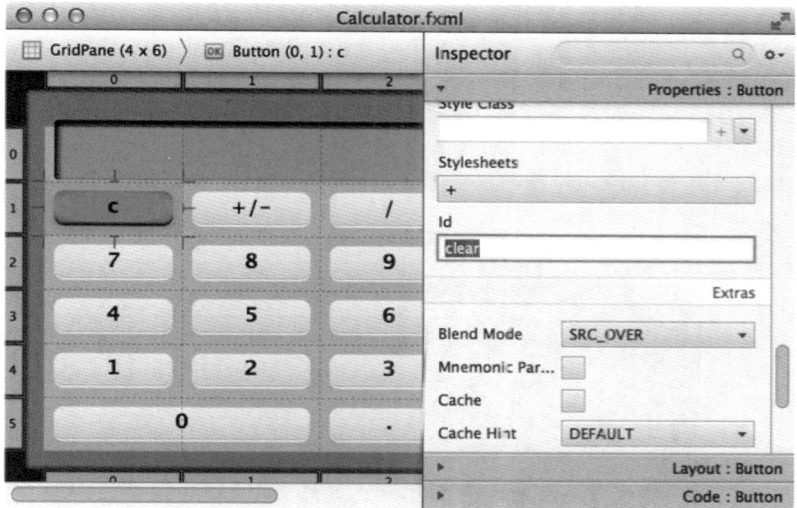

Abb. 7–14   *Eintragen einer CSS-Id im SceneBuilder*

7.4.6   Wie trage ich im SceneBuilder eine Styleklasse ein?

Wenn wir mehrere Buttons gleich stylen möchten, weisen wir ihnen dieselbe Styleklasse zu. Wir definieren nun eine Styleklasse für die Funktionsbuttons sowie eine Styleklasse für die Zahlentasten:

```
.button.number{
    -fx-text-fill: rgb(237,239,252);
    -fx-background-color: linear-gradient(from 0% 93% to 0% 100%,
         rgb(73,70,81), rgb(36,35,38) 100%),
         rgb(36,35,38),
         rgb(92,91,104),
         radial-gradient(center 50% 50%,
         radius 100%,rgb(92,91,104) 50%, rgb(87,86,95));
```

```
    -fx-effect: dropshadow( gaussian , rgba(149,147,139,0.75) ,
        10, .1 , 0, 3 );
}

.button.function{
  -fx-text-fill: rgb(237,239,252);
  -fx-background-color: linear-gradient(from 0% 93% to 0% 100%,
      rgb(60,55,112), rgb(61,69,95) 100%),
    rgb(71,69,95),
    rgb(81,89,152),
    radial-gradient(center 50% 50%, radius 100%,
    rgb(81,89,152) 50%, rgb(73,81,162)));
  -fx-effect: dropshadow( gaussian , rgba(141,137,137,0.75)
    , 10, .1 , 0, 3 );
}
```

Im SceneBuilder selektieren Sie dazu alle zu stylenden Nodes mit CTRL-Klick (oder CMD-Klick auf dem Mac). Dann können Sie im Inspector im Feld *Style Class* einfach den gewünschten String eintragen. Wenn dem FXML eine CSS-Datei zugewiesen wurde, dann werden alle verfügbaren Styleklassen in einer Drop-down-Liste angeboten. Weisen Sie so allen Funktionsbuttons die Styleklasse *function* zu und den Zahlentasten die Styleklasse *number*.

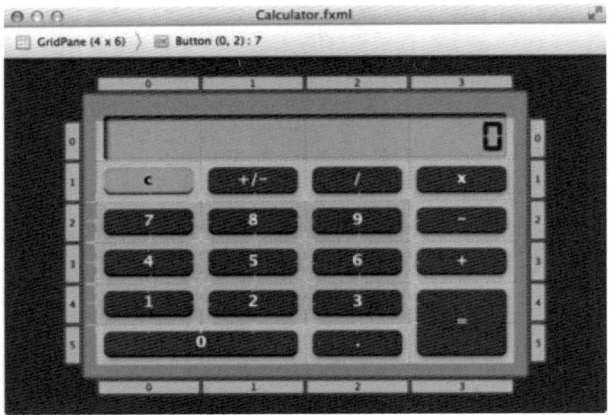

Abb. 7–15   *Der fertig gestylte Taschenrechner im SceneBuilder*

7.4.7   Stylecheck mit dem CSS-Analyzer

Sehr hilfreich ist auch der eingebaute CSS-Analyzer. Er wird vom View-Menü aus gestartet und öffnet sich im unteren Teil des SceneBuilder. Wenn Sie nun ein Element auswählen, werden in der Tabellenansicht die zugehörigen Styles angezeigt und wo sie gesetzt sind. Auf diese Weise können Sie sehr leicht kontrollieren, wo die entsprechenden Eigenschaften gesetzt sind. Das ist besonders bei der Fehlersuche sehr nützlich. In Abbildung 7–16 ist der Clear-Button selektiert. In der ersten Spalte der Tabelle sehen Sie jeweils die stylebare Eigenschaft. In der zweiten Spalte werden die Defaulteinstellungen angezeigt. In der vierten Spalte finden Sie die Einstellungen aus dem Stylesheet. Unter -fx-effect können Sie hier zum Beispiel unseren DropShadow sehen.

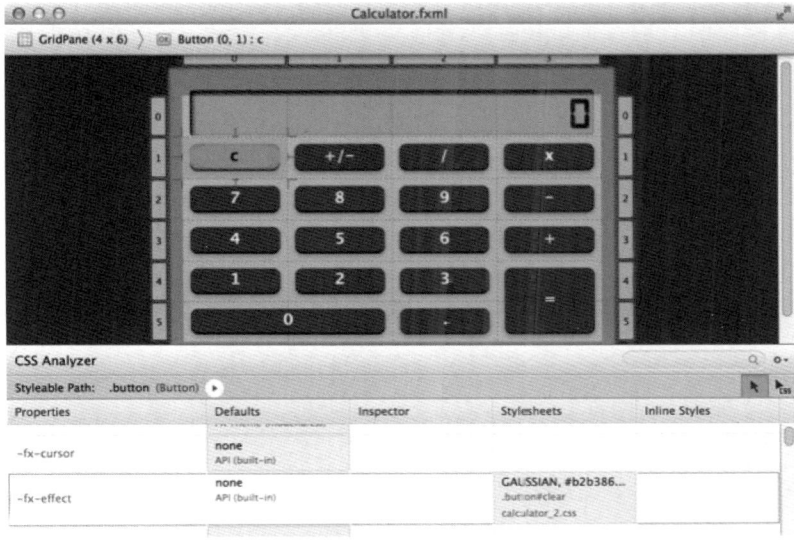

Abb. 7–16   *Der CSS-Analyzer hilft beim Styling.*

7.5   Fazit

Mithilfe von CSS lässt sich der Look einer Anwendung sehr einfach deklarativ festlegen. Das Besondere an diesem Ansatz ist die saubere Trennung von Style und Business- oder UI-Logik. Soll das Aussehen der Anwendung angepasst werden, bleibt der eigentliche Quellcode unberührt von Änderungen. Damit das funktioniert, sollten Sie beim Styling ausschließlich auf CSS-Dateien setzen und auf Inline-Styles und das Setzen der Styleeigenschaften über die Java-API verzichten. Dann ist das Umstylen der Anwendung ein Kinderspiel.

8 Charts erstellen

In diesem Kapitel werden wir Charts erstellen. Während die Standard-Swing-API noch über keine Chart-Komponente verfügt, hat das Entwicklerteam JavaFX eine sehr reichhaltige Standardbibliothek spendiert. Charts sind dabei nichts anderes als spezialisierte Nodes, die dem Layout hinzugefügt werden. Momentan kann man aus neun verschiedenen Charts auswählen.

Sie werden in diesem Kapitel lernen, wie man einfache Charts erzeugt, welche verschiedenen Chart-Typen zur Verfügung stehen, wie Sie das Erscheinungsbild anpassen können, wie Charts kontinuierlich dynamische Daten darstellen können und sogar wie man Charts erweitern kann, um eigene Animationen einzufügen.

8.1 Ein Diagramm anzeigen

Zeigen wir zunächst einmal ein einfaches LineChart an. Anschließend werden wir uns den Code etwas genauer ansehen:

```
NumberAxis xAxis = new NumberAxis("Zeit", 0, 40, 5);
NumberAxis yAxis = new NumberAxis("Preis", 0, 80, 10);
ObservableList<XYChart.Series<Double,Double>> lineChartData =
FXCollections.observableArrayList(
    new LineChart.Series<Double,Double>("Orakel",
            FXCollections.observableArrayList(
    new XYChart.Data<Double,Double>(0.0, 10.0),
    new XYChart.Data<Double,Double>(10.0, 34.4),
    new XYChart.Data<Double,Double>(20.0, 31.9),
    new XYChart.Data<Double,Double>(30.0, 42.3),
    new XYChart.Data<Double,Double>(40.0, 57.7)
)),
    new LineChart.Series<Double,Double>("Essape",
            FXCollections.observableArrayList(
    new XYChart.Data<Double,Double>(0.0, 57.7),
    new XYChart.Data<Double,Double>(10.0, 42.3),
    new XYChart.Data<Double,Double>(20.0, 33.9),
```

```
      new XYChart.Data<Double,Double>(30.0, 21.7),
      new XYChart.Data<Double,Double>(40.0, 17.3)
   ))
);
LineChart chart = new LineChart(xAxis, yAxis, lineChartData);
```

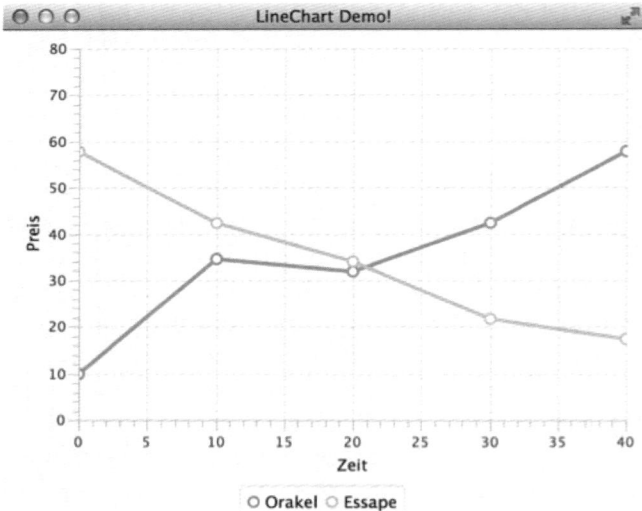

Abb. 8–1   *Ein einfaches LineChart*

Am Anfang definieren wir die beiden Achsen jeweils als NumberAxis, wobei wir
dem Konstruktor Beschriftung, Ober- und Untergrenze sowie den Abstand der
Markierungsbezeichner übergeben. Die einzelnen Datenpunkte einer Datenreihe
werden dann jeweils in ein XYChart.Series gepackt. Anschließend werden diese
beiden Reihen in eine ObservableList gesteckt. Diese dient dann als Datenmodell
für das LineChart.

8.2   Aufbau der API

Alle Charts leiten von der Basisklasse Chart ab, die vor allem für das Zeichnen
von Hintergrund, Legende und Titel verantwortlich ist. XYCharts erweitern diese
Klasse, um die Fähigkeit, zwei Achsen darzustellen. Mit Ausnahme des PieChart,
das keine Achsen benötigt und nur eindimensionale Daten darstellt, leiten alle
anderen Klassen davon ab.

8.2.1   Achsen

Für die XYCharts werden eine x- und eine y-Achse definiert. Wir werden dabei vor
allem mit der NumberAxis zu tun haben, deren Daten als Zahlen definiert sind, und
der CategoryAxis, deren Wertzuordnung anhand von Strings erfolgt. Jeder String,

den wir der CategoryAxis übergeben, definiert dabei einen Markierungspunkt auf der Achse. In unserem ersten Beispiel verwenden wir nur NumberAxis. Wir haben diesen im Konstruktor einen Titel, Minimalwert, Maximalwert und den Abstand der Markierungsstriche (Tickmarken) übergeben. Verwenden wir stattdessen den parameterlosen Konstruktor und setzen keine Minimal- und Maximalwerte, so ermittelt die Achse diese selbst per »Autoranging« anhand der Daten. In unserem Beispiel wäre das:

```
NumberAxis xAxis = new NumberAxis();
NumberAxis yAxis = new NumberAxis();
```

Die einzelnen Properties der Achse lassen sich dann einfach über Setter-Methoden konfigurieren:

```
xAxis.setLabel("Zeit");
xAxis.setTickUnit(5);
```

Zusätzlich können wir auch noch angeben, dass trotz Autoranging die Null auf jeden Fall angezeigt werden soll:

```
xAxis.setForceZeroInRange(true);
```

Wen später neue Werte hinzukommen, die außerhalb des durch Autoranging bestimmten Bereichs liegen, passen sich die Achsen automatisch an. Dabei wird der Übergang animiert dargestellt, sodass der Benutzer die Veränderung leichter nachvollziehen kann. Diese Animation lässt sich jedoch auch abstellen. Um das zu testen, können Sie Ihrem Design einen Button hinzufügen, der einen neuen Wert außerhalb des bisherigen Wertebereichs einfügt:

```
Button button = new Button("Wert hinzufügen");
button.setOnAction(new EventHandler<ActionEvent>() {

  @Override
  public void handle(ActionEvent event) {
    lineChartData.get(0).getData().add(new XYChart.Data<Double,
      Double>(100.0, 17.3));
  }
});
```

Testen Sie nun das Verhalten bei Knopfdruck und deaktivieren Sie dann die Animation:

```
chart.setAnimated(false);
```

Vor allem wenn wir Livedaten betrachten, die sich häufig ändern, wie etwa einen Aktienkurs, bietet es sich an, diese Animation abzuschalten, da sie störend wirken kann.

Manche Chart-Typen, wie zum Beispiel die BarCharts, erwarten eine ValueAxis kombiniert mit einer CategoryAxis. Das ist erst mal verwirrend, weil egal ist, welche der Achsen von welchem Typ ist. Dadurch kann der Compiler einen Feh-

ler nicht erkennen, und eine falsche Kombination, wie zum Beispiel zwei numerische Achsen, wird erst zur Laufzeit in Form einer Exception gemeldet.

8.2.2   Daten

Die Daten eines XYChart sind in XYChart.Series organisiert. Das XYChart verwaltet
die Series in einer ObservableList. Die Daten einer Serie oder Datenreihe sind in
der Darstellung meist einheitlich gekennzeichnet, sodass die Zusammengehörig-
keit erkennbar ist. In der Serie stecken dann die einzelnen Datenpunkte in Form
von XYChart.Data. Wie der Name nahelegt, können wir einen x-Wert und einen y-
Wert definieren. Ein zusätzlicher »extraValue« wird in BubbleChart verwendet,
um die Größe der Blase anzugeben.

Neben den Daten kann dem Datenpunkt auch ein Node mitgegeben werden.
Dieser Node wird dann in der Darstellung anstatt des diagrammspezifischen
Standard-Nodes benutzt.

8.3   Welche Diagrammtypen gibt es?

Momentan gibt es sieben verschiedene Diagrammtypen, die jedoch um eigene
Typen erweitert werden können: LineChart, PieChart, AreaChart, StackedAreaChart, BarChart, BubbleChart und ScatterChart.

8.3.1   LineChart und AreaChart

Das LineChart haben wir gerade in unserem ersten Beispiel verwendet. Es verbin-
det Daten einer Serie mit einer Linie. So können Trends leicht nachvollzogen wer-
den. Eine klassische Anwendung für diesen Diagrammtyp ist das Aktien-Chart.
LineCharts haben eine x- und eine y-Achse. In unserem Beispiel haben wir eine
NumberAxis verwendet. Mit einer CategoryAxis können Sie statt der Zahlen andere
Werte als »Tickmarken« anzeigen. Tauschen Sie dazu die x-Achse im Beispiel aus:

```
CategoryAxis xAxis = new CategoryAxis();
NumberAxis yAxis = new NumberAxis("Preis", 0, 80, 10);
ObservableList<XYChart.Series<String,Double>> lineChartData =
FXCollections.observableArrayList(
   new LineChart.Series<String,Double>("Orakel",
      FXCollections.observableArrayList(
   new XYChart.Data<String,Double>("Jan", 10.0),
   new XYChart.Data<String,Double>("Feb", 34.4),
   new XYChart.Data<String,Double>("Mär", 31.9),
   new XYChart.Data<String,Double>("Apr", 42.3),
   new XYChart.Data<String,Double>("Jun", 57.7)
 )),//... Analog für die zweite Datenreihe
);
```

Wie Sie sehen, müssen wir noch die Datentypen im Datenmodell anpassen, dann übernimmt das Chart die Bezeichnungen für die Tickmarken aus dem Datenmodell.

Das `AreaChart` unterscheidet sich von dem `LineChart` dadurch, dass die Flächen zwischen x-Achse und den Verbindungslinien zwischen den Datenpunkten einer Zeitreihe farbig ausgefüllt sind. Man unterscheidet zwischen gestapelten und überlappenden Flächendiagrammen. Das überlappende Flächendiagramm dient demselben Zweck wie das Liniendiagramm und macht es einfacher, Trends zu verfolgen, da zusammengehörige Datenpunkte durch eine gleichmäßig eingefärbte Fläche dargestellt werden. Löschen wir in unserem Beispiel die Zeile, in der das LineChart aufgebaut wird:

```
LineChart chart = new LineChart(xAxis, yAxis, lireChartData);
```

Danach ersetzen wir diese durch ein `AreaChart`:

```
AreaChart chart = new AreaChart(xAxis, yAxis, lineChartData);
```

So erhalten wir ein überlappendes Flächendiagramm.

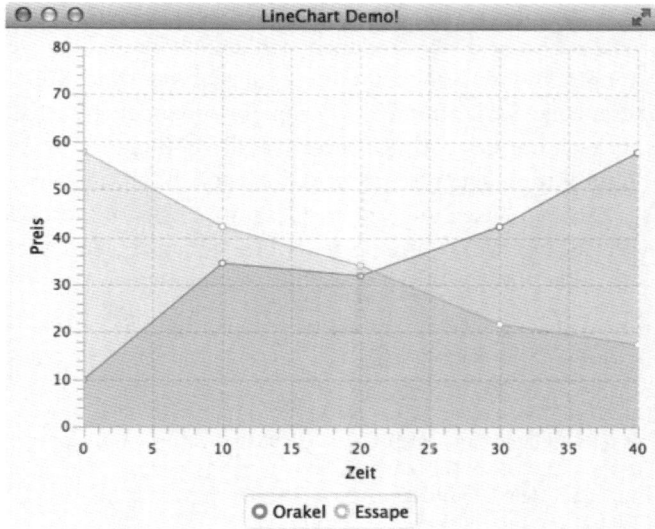

Abb. 8–2   *Die gleichen Daten wie in Abbildung 8–1, jetzt als AreaChart dargestellt*

Der Verlauf der Linien ist gleich, lediglich die Flächen darunter sind nun mit transparenter Farbe ausgefüllt. Wo sich die Flächen überlappen, entsteht ein Mischton. Um ein gestapeltes Diagramm zu erhalten, verwenden wir stattdessen folgenden Code:

```
StackedAreaChart chart = new StackedAreaChart(xAxis, yAxis, lineChartData);
```

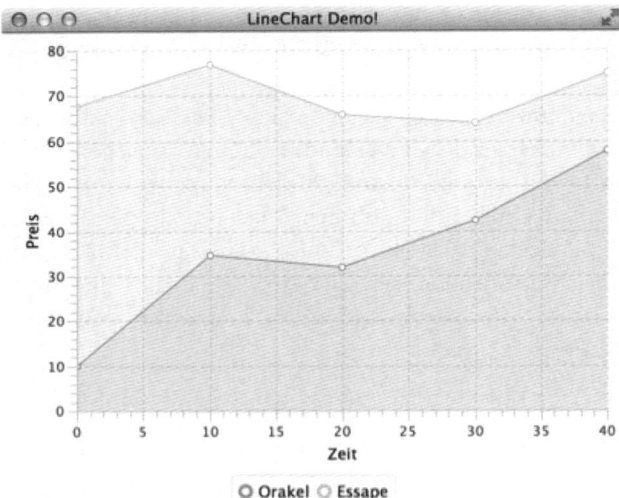

Abb. 8–3   *Das StackedAreaChart addiert die Werte.*

Die Datenkurve für unsere fiktive Firma »Orakel« ist gleich geblieben. Die
Datenwerte für die Firma »Essape« haben sich jedoch verändert. Der y-Wert der
einzelnen Datenpunkte ist nun nicht mehr der übergebene Wert. Stattdessen
wurde der übergebene Wert zum Wert der zuvor hinzugefügten Kurve hinzuad-
diert. Zum Vergleich unserer »Aktienkurse« ist dieser Diagrammtyp damit unge-
eignet. Man kann ihn hingegen sehr gut dafür verwenden, um die zeitliche Entwicklung der Zusammensetzung einer Gesamtmenge zu verdeutlichen. Die
oberste Linie repräsentiert die kumulierten Werte der einzelnen Datenpunkte, wie
in folgendem Beispiel, das fiktive Verkaufszahlen darstellt:

```
NumberAxis xAxis = new NumberAxis("Zeit", 1981, 1985, 1);
NumberAxis yAxis = new NumberAxis("Verkaufte Einheiten", 0, 160, 10);
yAxis.setTickLabelFormatter(new
NumberAxis.DefaultFormatter(yAxis,null,"k")));
ObservableList<XYChart.Series<Integer, Double>> lineChartData =
    FXCollections.observableArrayList(
  new LineChart.Series<Integer, Double>("C64",
      FXCollections.observableArrayList(
    new XYChart.Data<Integer, Double>(1981, 0.0),
    new XYChart.Data<Integer, Double>(1982, 10.0),
    new XYChart.Data<Integer, Double>(1983, 34.4),
    new XYChart.Data<Integer, Double>(1984, 31.9),
    new XYChart.Data<Integer, Double>(1985, 42.3)
  )),
  new LineChart.Series<Integer, Double>("ZX Spectrum",
      FXCollections.observableArrayList(
    new XYChart.Data<Integer, Double>(1981, 0.0),
    new XYChart.Data<Integer, Double>(1982, 57.7),
    new XYChart.Data<Integer, Double>(1983, 42.3),
```

```
        new XYChart.Data<Integer, Double>(1984, 33.9),
        new XYChart.Data<Integer, Double>(1985, 21.7)
    ))
    // weitere Daten...
    }
  );
  StackedAreaChart chart = new StackedAreaChart(xAxis, yAxis,
                          lineChartData);
  chart.setTitle("Heimcomputer-Verkaufszahlen in Deutschland");
```

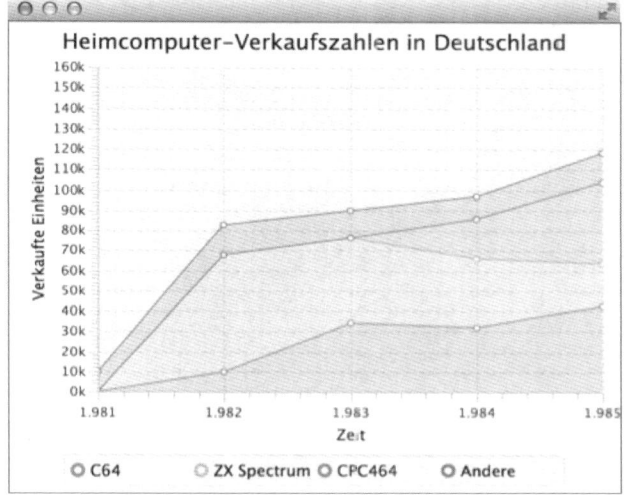

Abb. 8–4   *Das StackedAreaChart verdeutlicht die Zusammensetzung einer Gesamtmenge.*

In diesem Diagrammtyp lassen sich also gleichzeitig die Gesamtentwicklung der Verkaufszahlen aller Geräte und der Beitrag der einzelnen Modelle darstellen. Mit setTitle haben wir dem Chart zusätzlich eine Überschrift gegeben, und mittels eines StringConverter wird dem rohen y-Wert ein »k« angehängt, um zu verdeutlichen, dass es sich um Tausender handeln soll. Dazu bringt die Klasse NumberAxis praktischerweise einen DefaultFormatter mit, dem wir ein Präfix und ein Suffix übergeben können.

8.3.2   PieChart

PieCharts oder Tortendiagramme werden meist verwendet, um den prozentualen Anteil einer Kategorie an einer Gesamtmenge zu verdeutlichen. Sie haben im Unterschied zu LineChart und AreaChart nur eine Dimension und keine Achsen. Daher sieht hier der Code ein wenig anders aus:

```
PieChart pieChart = new PieChart(FXCollections.observableArrayList(
    new PieChart.Data("Java", 19),
    new PieChart.Data("C", 16),
    new PieChart.Data("C++", 9),
    new PieChart.Data("PHP", 7),
    new PieChart.Data("C#", 6),
    new PieChart.Data("Visual Basic", 5),
    new PieChart.Data("Python", 5),
    new PieChart.Data("Other", 33)
));
pieChart.setId("BasicPie");
pieChart.setTitle("TIOBE Index");
```

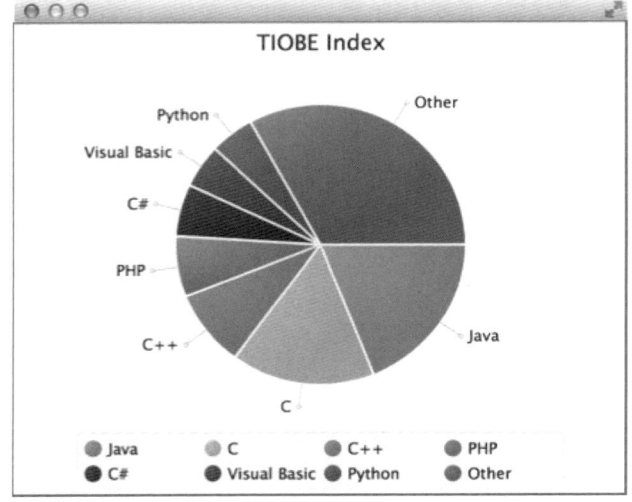

Abb. 8–5   *Tortendiagramme werden zur Anzeige eindimensionaler Daten verwendet.*

Statt der `XYChart.Data` für zweidimensionale Daten werden `PieChart.Data` verwendet, um jeweils Name und Wert eines Datensatzes festzulegen.

8.3.3   BarChart

Balken- und Säulendiagramme werden mithilfe der Klasse `BarChart` erstellt. Sie werden verwendet, um Daten verschiedener Kategorien zu vergleichen. Die Klasse erwartet eine `Number` oder `ValueAxis` kombiniert mit einer `CategoryAxis`. Übergibt man im Konstruktor zum Beispiel zwei `NumberAxis`, so bekommt man zur Laufzeit eine Exception. `BarCharts` eignen sich am besten dann, wenn nur wenige Datenpunkte von eindimensionalen oder zweidimensionalen Werten dargestellt werden sollen.

Für die Erstellung eines eindimensionalen `BarChart` übergeben wir einfach der `CategoryAxis` nur einen einzigen Wert:

```
CategoryAxis xAxis = new CategoryAxis();
NumberAxis yAxis = new NumberAxis();
BarChart<String,Number> bc = new BarChart<String,Number>(xAxis,yAxis);
xAxis.setCategories(FXCollections.<String>observableArrayList(""));
xAxis.setTickMarkVisible(false);
yAxis.setLabel("Performance");
XYChart.Series<String,Number> series1 = new XYChart
    .Series<String,Number>("JavaFX",FXCollections.
      observableArrayList(new XYChart.Data<String,Number>("",
        956)));
XYChart.Series<String,Number> series2 = new XYChart
    .Series<String,Number>("Swing",
      FXCollections.observableArrayList(new XYChart
        .Data<String,Number>("", 789)));
XYChart.Series<String,Number> series3 = new
XYChart.Series<String,Number>("JavaScript",
    FXCollections.observableArrayList(new XYChart
      .Data<String,Number>("", 312)));
```

Die Darstellung der Tickmarke ergibt an dieser Stelle wenig Sinn, deshalb stellen wir sie mit setTickMarksVisible(false) ab.

Zweidimensionale BarCharts sind vor allem dann gefragt, wenn die Daten der einzelnen Erhebungspunkte keine Zeitreihe darstellen und die Verbindung der Datenpunkte wie etwa in einem LineChart keinen Sinn ergeben würde. So werden sie zum Beispiel gerne bei Performance-Vergleichen verwendet, wenn die Ergebnisse mehrerer unabhängiger Tests in einem einzelnen Diagramm dargestellt werden sollen. Wir können unsere fiktiven Performance-Testdaten ganz einfach erweitern, indem wir der CategoryAxis mehrere Kategorien übergeben und dafür jeweils Datenpunkte erzeugen:

```
final CategoryAxis xAxis = new CategoryAxis();
final NumberAxis yAxis = new NumberAxis();
final BarChart<String, Number> bc = new BarChart<String, Number>
    (xAxis, yAxis);
yAxis.setTickLabelFormatter(new NumberAxis.DefaultFormatter(yAxis,
    null, " parsecs"));
xAxis.setCategories(FXCollections.<String>observableArrayList(
    "BubbleTrouble", "Kessel-Run"));
xAxis.setTickMarkVisible(false);
yAxis.setLabel("Performance (less is better)");
ObservableList<XYChart.Series<String, Number>> data =
    FXCollections.observableArrayList(
      new XYChart.Series<String, Number>("JavaFX",
        FXCollections.observableArrayList(
          new XYChart.Data<String, Number>("BubbleTrouble", 17, 9),
          new XYChart.Data<String, Number>("Kessel-Run", 11, 87))),
      new XYChart.Series<String, Number>("Swing",
        FXCollections.observableArrayList(
          new XYChart.Data<String, Number>("BubbleTrouble", 29, 1),
          new XYChart.Data<String, Number>("Kessel-Run', 33, 2))),
```

```
    new XYChart.Series<String, Number>("JavaScript",
      FXCollections.observableArrayList(
        new XYChart.Data<String, Number>("BubbleTrouble", 100),
        new XYChart.Data<String, Number>("Kessel-Run", 112)))));
bc.setData(data);
```

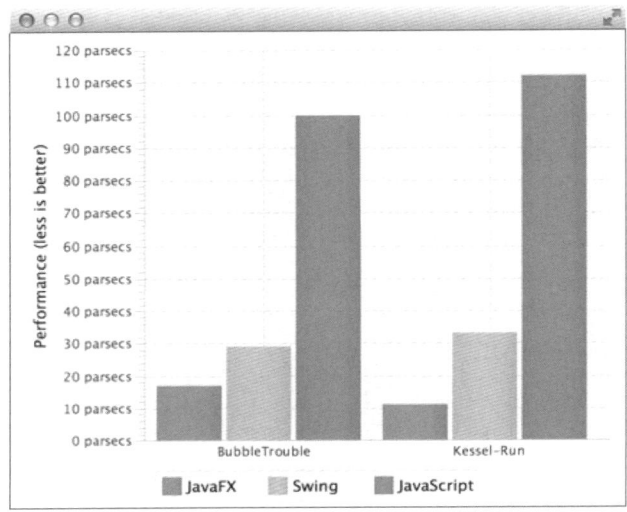

Abb. 8–6   *Ein BarChart mit zwei Kategorien*

8.3.4   ScatterChart

Streudiagramme oder `ScatterCharts` stellen Datenpunkte einer `XYChart.Series` in einer Punktwolke an der angegebenen xy-Position dar. Jeder Serie wird dabei zusätzlich ein Symbol zugewiesen, sodass die Zugehörigkeit eines Datenpunkts zu einer Serie leichter zu erkennen ist. Dieser Diagrammtyp lässt sich zur Korrelationsanalyse nutzen, um zum Beispiel Cluster zu erkennen.

```
NumberAxis xAxis = new NumberAxis();
NumberAxis yAxis = new NumberAxis();
ScatterChart<Number, Number> sc =
    new ScatterChart<Number, Number>(xAxis, yAxis);
xAxis.setLabel("X Axis");
yAxis.setLabel("Y Axis");
for (int s = 1; s < 5; s++) {
  XYChart.Series<Number, Number> series =
    new XYChart.Series<Number, Number>();
  series.setName("Data Series " + s);
  for (int i = 0; i < 30; i++) {
    series.getData().add(
      new XYChart.Data<Number, Number>(
        s % 2 == 0 ? 50 +(Math.random() * 98) / s :
          (Math.random() * 98)/ s,
```

```
              s % 2 == 0 ? 50 +(Math.random() * 98) / s :
                 (Math.random() * 98)/ s));
    }
    sc.getData().add(series);
```

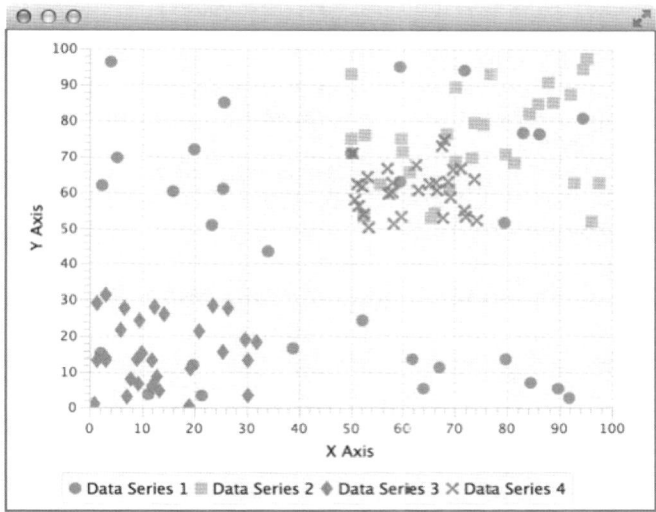

Abb. 8-7   In ScatterCharts lassen sich gut Cluster erkennen.

8.3.5   BubbleChart

Mithilfe von Blasendiagrammen lassen sich in einem zweidimensionalen Diagramm drei abhängige Merkmale darstellen. Die dritte Dimension wird dabei durch die Größe des Datenpunktes abgebildet. Der Wert wird als »extraValue« einfach dem XYData-Objekt im Konstruktor übergeben:

```
double SCALING_FACTOR = 2.5;
final NumberAxis xAxis = new NumberAxis("Entfernug zur Sonne",0, 5000, 500);
final NumberAxis yAxis = new NumberAxis("Einwohnerzahl (Millionen)",
  -500, 7000, 1000);

final BubbleChart<Number, Number> blc = new BubbleChart<Number, Number>(xAxis,
yAxis);

XYChart.Series merkur = new XYChart.Series("Merkur',
   FXCollections.observableArrayList(new XYChart.Data(58, 0,
    4.8*SCALING_FACTOR)));
XYChart.Series venus = new XYChart.Series("Venus",
   FXCollections.observableArrayList(new XYChart.Data(108 , 0,
    12.4*SCALING_FACTOR)));
XYChart.Series erde = new XYChart.Series("Erde",
   FXCollections.observableArrayList(new XYChart.Data(150, 6800,
    12.7*SCALING_FACTOR)));
XYChart.Series mars = new XYChart.Series("Mars",
```

```
        FXCollections.observableArrayList(new XYChart.Data(280, 0,
          6.8*SCALING_FACTOR)));
XYChart.Series jupiter = new XYChart.Series("Jupiter",
        FXCollections.observableArrayList(new XYChart.Data(775, 0,
          142.8*SCALING_FACTOR)));
XYChart.Series saturn = new XYChart.Series("Saturn",
        FXCollections.observableArrayList(new XYChart.Data(1440, 0,
          120.8*SCALING_FACTOR)));
XYChart.Series uranus = new XYChart.Series("Uranus",
        FXCollections.observableArrayList(new XYChart.Data(2870, 0,
          47.6*SCALING_FACTOR)));
XYChart.Series neptun = new XYChart.Series("Neptun",
        FXCollections.observableArrayList(new XYChart.Data(4500, 0,
          44.6*SCALING_FACTOR)));
```

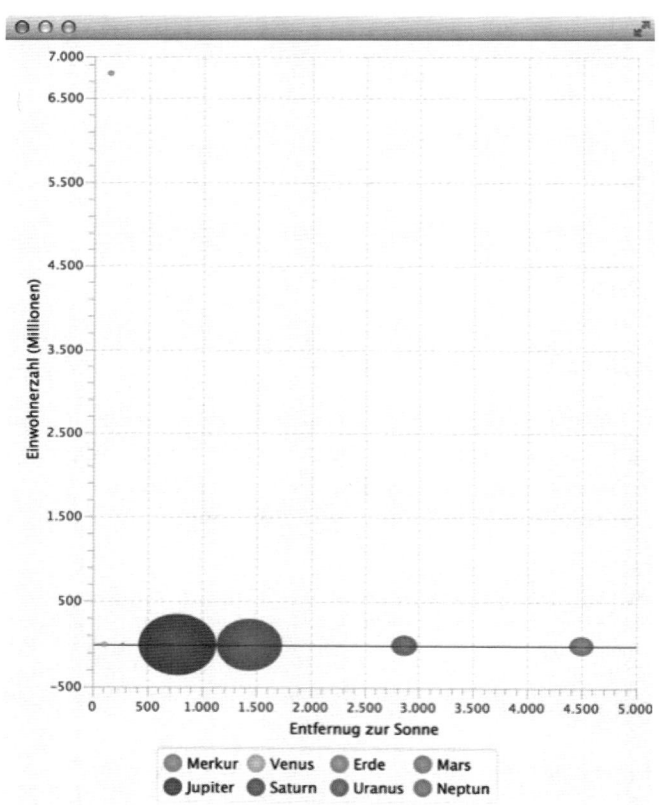

Abb. 8–8   *BubbleCharts haben die Blasengröße als dritte Dimension.*

8.4   Dynamische Charts

So wie wir die Charts bis jetzt verwendet haben, können wir sie gut für das Erstellen von Reports einsetzen. Sie sind aber genauso gut für die Darstellung veränderlicher Livedaten geeignet. Nehmen wir zum Beispiel einen fiktiven Aktienkurs:

```
NumberAxis xAxis = new NumberAxis();
final NumberAxis yAxis = new NumberAxis();
final LineChart<Number, Number> lineChart = new LireChart<Number,
Number>(xAxis, yAxis);
lineChart.setCreateSymbols(false);
lineChart.setAnimated(false);
xAxis.setForceZeroInRange(false);
XYChart.Series<Number, Number> dataSeries = new XYChart.Series<Number,
Number>();
lineChart.getData().add(dataSeries);
Timeline animation = new Timeline();
animation.getKeyFrames()
   .add(new KeyFrame(Duration.millis(100),
     new EventHandler<ActionEvent>() {
       @Override
       public void handle(ActionEvent actionEvent) {
          dataSeries.getData().add(new XYChart
            .Data<Number, Number>(i++, Math.random() * 100));
          if (dataSeries.getData().size() > 30) {
             dataSeries.getData().remove(0);
          }
       }

     }
   ));
animation.setCycleCount(Animation.INDEFINITE);
animation.play();
```

Als Datenquelle verwenden wir einen Zufallsgenerator, der über eine Timeline-Animation jede Zehntelsekunde einen neuen Wert einfügt. Es werden jeweils maximal gleichzeitig 30 Werte angezeigt. Sobald diese Zahl erreicht ist, werden vom Anfang der Liste in gleicher Frequenz Werte gelöscht, sodass wir einen durchlaufenden Kurs erhalten, wie wir das von Aktienkursdarstellungen kennen. Da sich das Werteintervall der x-Achse kontinuierlich ändern soll, müssen wir mit xAxis.setForceZeroInRange(false) dafür sorgen, dass der Nullwert nicht mit angezeigt wird. Bei Aktienkursen ist es auch unüblich, dass ein Symbol am Datenpunkt dargestellt wird. Das schalten wir im Beispiel mit lineChart.setCreateSymbols(false); ab. Es ist vielleicht nicht sofort verständlich, weshalb wir die Animation abschalten mussten (lineChart.setAnimated(false)). Probieren Sie einfach mal aus, wie sich die Darstellung ändert, wenn Sie diese Zeile auskommentieren.

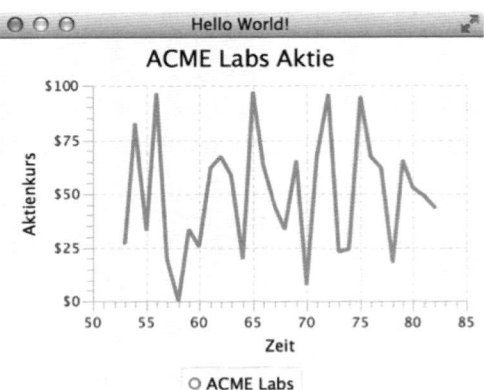

Abb. 8–9   *Ein Chart mit ständig aktualisierten Daten*

9 Nebenläufigkeit und Fortschrittsanzeige

Eine der Grundregeln bei der Entwicklung von Desktop-Anwendungen ist, dass die Anwendung jederzeit lebendig erscheinen muss. Das gilt selbst dann, wenn sie im Moment schwer beschäftigt ist. Der Benutzer sollte zu keinem Moment den Eindruck bekommen, dass die Anwendung »hängen geblieben« ist. Die Anwendung sollte also immer auf Benutzereingaben reagieren oder zumindest anzeigen, dass und – nach Möglichkeit – wie lange sie mit einer Aufgabe beschäftigt ist, und uns über deren Fortschritt informieren. Erreichen können wir das, indem wir langlaufende Aufgaben in einen Hintergrund-Thread verlagern und Fortschrittsanzeigen verwenden. In diesem Kapitel sehen wir uns an, wie das in JavaFX gemacht wird.

9.1 JavaFX und die gefühlte Performance

Vor einigen Jahren hatte ich ein Aha-Erlebnis beim Tunen einer Swing-Anwendung. Man hatte mich als Berater zu einem Softwareprojekt hinzugezogen, dessen Endbenutzer sich immer wieder über die mangelnde Performance beschwert hatten. Das Feedback nach den Optimierungen, die wir mit dem Team in kürzester Zeit umgesetzt hatten, war extrem positiv. Das System sei endlich benutzbar und performant, gar kein Vergleich zu früher. Tatsächlich hatten wir das System praktisch an keiner Stelle beschleunigt. Stattdessen hatten wir uns darauf beschränkt, überall und ausnahmslos alle längeren Tasks in den Hintergrund zu stellen und eine Fortschrittsanzeige einzubauen. Der Zugewinn in Sachen Benutzbarkeit war so viel höher als das, was wir mit der Optimierung von Algorithmen und Datenstrukturen erreichen hätten können. Einerseits ist das ein wenig frustrierend für den Informatiker in uns. Andererseits bietet diese Einsicht – richtig eingesetzt – eine sehr schnell und einfach umzusetzende Maßnahme, um die gefühlte Leistungsfähigkeit unserer Software zu erhöhen. Denn letztlich kommt es bei einer Benutzerschnittstelle darauf an, dass der Benutzer damit zufrieden ist.

9.2   Die Klassen der javafx.concurrent-API

In JavaFX kommen alle Benutzereingaben über die EventQueue im Programm-code an. Wie in allen UI-Toolkits ist es wichtig, diesen Thread nicht zu blockie-ren. Alles, was nicht in wenigen Millisekunden vom System erledigt werden kann, muss in den Hintergrund gelegt werden. Wir können das natürlich selbst erledigen, indem wir Threads erzeugen und uns darum kümmern, dass alle Updates des UI immer im richtigen Thread vorgenommen werden.

JavaFX liefert uns aber die Grundbausteine für diese Synchronisation in dem Package javafx.concurrent mit den Klassen Worker, Task und Service. Diese bauen auf den Klassen und Diensten von java.util.concurrent auf und machen es uns einfach, Hintergrund-Tasks zu verwalten.

9.2.1   Worker

Die Basis aller weiteren Klassen bildet das Interface Worker. Ein Worker ist ein Objekt, das in einem oder mehreren Hintergrund-Threads Arbeit erledigt und dessen Zustand observierbar ist. Der Worker stellt dazu die Property state zur Verfügung, die wir wie üblich mit der Methode worker.stateProperty() erhalten können. Die Eigenschaft ist vom Typ Worker.State.

Jeder Worker beginnt seinen Lebenszyklus im Zustand Worker.State.READY. Sobald er zur Ausführung festgelegt wird, etwa durch Aufruf der start-Methode der Klasse Service, wechselt er in den Zustand Worker.State.SCHEDULED. Sobald der Worker tatsächlich beginnt, Arbeit zu verrichten, wechselt er in den Zustand Worker.State.RUNNING. Wird auf dem Worker aus irgendeinem Grund die Methode cancel() aufgerufen, so wechselt er in den Zustand Worker.State.CAN-CELLED. Ist der Worker hingegen in der Lage, seine Aufgaben erfolgreich abzu-schließen, wechselt er in den Zustand Worker.State.SUCCEEDED. Geht etwas schief und eine Exception wurde während der Ausführung geworfen, lautet der Zustand Worker.State.FAILED.

Der Worker stellt drei Properties zur Verfügung, um den Fortschritt der Auf-gabe zu beobachten: totalWork, eine DoubleProperty, die den Maximalwert der zu erledigenden Aufgabe verwaltet, workDone, eine DoubleProperty, die den Anteil daran repräsentiert, der bereits erledigt ist, und progress, ein Wert zwischen null und eins, der den prozentualen Anteil der erledigten Arbeit darstellt. Ein Wert von -1 bedeutet, dass der Fortschritt im Moment nicht ermittelt werden kann. Mithilfe eines Labels und einem Binding können wir so bereits eine einfache Fort-schrittsanzeige bauen:

```
Worker worker = ...
label.textProperty().bind(Bindings.concat("Progress ",
worker.progressProperty().multiply(100),"%"));
```

Natürlich ist das noch keine besonders beeindruckende Fortschrittsanzeige, und JavaFX bietet uns einige Controls, die dafür besser geeignet sind. Dazu kommen wir etwas später. Jetzt sehen wir uns zunächst an, welche Implementierungen von Worker uns für die verschiedenen Aufgaben zur Verfügung stehen.

9.2.2   Task

Die Klasse Task ist die erste Implementierung des Worker-Interface, die wir uns ansehen wollen. Diese Klasse macht sich die Standard-Java-API für Nebenläufigkeit zunutze, die im Package java.util.concurrent organisiert ist. Task ist von java.util.concurrent.FutureTask abgeleitet. FutureTask implementiert das Interface Future und repräsentiert damit das Ergebnis einer Hintergrundberechnung. Das Ergebnis dieser Berechnung bekommt man mit der Methode get(), wenn die Berechnung zu Ende ist. Ansonsten blockiert dieser Aufruf so lange den Aufruf-Thread, bis das Ergebnis zur Verfügung steht. FutureTask implementiert auch das Runnable-Interface und kann deshalb von einem Executor gestartet werden. Die abgeleitete Klasse Task fügt nun die Methoden des Interface Worker hinzu, sodass Zustand und Fortschritt überwacht werden können.

Die wichtigste Methode eines Tasks ist für uns die call-Methode. Hier können wir unsere Arbeit verrichten, und von hier aus können wir die Properties aktualisieren. Sehen wir uns einen einfachen Task an:

```
Button btn = new Button();
btn.setText("Run");
final Task<Integer> task = new Task<Integer>() {
  @Override
  protected Integer call() throws Exception {
    int iterationen;
    for (iterationen = 0; iterationen < 100000; iterationen++) {
      Thread.sleep(100);
      updateProgress(iterationen, 100000);
    }
    return iterationen;
  }
};
btn.setOnAction(new EventHandler<ActionEvent>() {

  @Override
  public void handle(ActionEvent event) {
    btn.textProperty().bind(
      Bindings.concat("Progress ",
        task.progressProperty().multiply(100),"%"));
    Thread thread = new Thread(task);
    thread.start();
  }
});
```

Der Task wird durch den Klick auf den Button in einem neuen Thread gestartet. Wir simulieren in der call-Methode etwas Arbeit, indem wir den Thread schlafen schicken, und aktualisieren dann mit updateProgress die Fortschritts-Property. Diese Methode führt ihre Arbeit auf dem FX Application Thread aus, sodass alle Listener und Bindings ebenfalls von der EventQueue aus aktualisiert werden. Das Gleiche gilt auch für die Methoden updateMessage, updateTitle und updateValue, die es erleichtern, mit dem UI zu kommunizieren.

Alle Änderungen der Properties werden in der JavaFX EventQueue vorgenommen, sodass als Reaktion auf Änderungen gefahrlos das UI aktualisiert werden kann. Wie man sieht, wird auch in unserem Beispiel der Text des Buttons mit jedem updateProgress verändert, ohne dass wir uns um das Threading kümmern müssen.

Tasks unterbrechen

Tasks können während ihrer Ausführung abgebrochen werden. Dafür ist aber unsere Mithilfe erforderlich. Damit das korrekt funktioniert ist es unerlässlich, dass wir in unserer call-Methode an kritischen Stellen immer wieder den Zustand des Tasks überprüfen. Ansonsten hat der Benutzer den Task zwar abgebrochen, er läuft aber dennoch ungehindert weiter. In unserem Beispiel fügen wir dazu in die Schleife diese Abfrage ein:

```
if (isCancelled()) {
    updateMessage("Task abgebrochen");
    break;
}
```

Brechen wir nun den Task mit cancel ab, zum Beispiel als Reaktion auf einen Buttonklick, dann wird in unserem Beispiel in den meisten Fällen nichts passieren. Das liegt daran, dass die Unterbrechung durch einen Interrupt erfolgt. Geschieht das während des Thread.sleep, so wird eine InterruptedException geworfen, die wir einfach über die call-Methode durchreichen. Damit der entsprechende Code ausgeführt und die Message aktualisiert wird, müssen wir stattdessen die Ausnahme behandeln:

```
@Override
protected Integer call() {
    // ...
    try {
        Thread.sleep(100);
    } catch (InterruptedException ex) {
        if (isCancelled()) {
            updateMessage("Task abgebrochen");
            break;
        }
    }
}
```

```
    updateProgress(iterationen, 100000);
    }
    return iterationen;
}
```

Tasks sind für die einmalige Ausführung ausgelegt. Wenn Sie eine Aufgabe mehrmals hintereinander ausführen möchten, benötigen Sie stattdessen einen `javafx.concurrent.Service`.

Mit EventHandlern arbeiten

Das Praktische an der `javafx.concurrent`-API ist die gute Integration mit der EventQueue. Wenn wir gegen Ende eines Tasks das UI aktualisieren wollen, können wir dafür ganz einfach einen EventHandler registrieren. Ist der Task erfolgreich durchgelaufen, dann wird der Handler ausgeführt, den wir mit `setOnSucceeded` registriert haben:

```
task.setOnSucceeded((WorkerStateEvent event) -> {
    Object result = refreshService.getValue();
    updateTheUI(value);
});
```

Es existieren aber auch EventHandler für alle anderen Zustände, die mit `setOn-Scheduled`, `setOnCancelled`, `setOnFailed` oder `setOnRunning` gesetzt werden können. Alternativ bietet Task auch die Methoden `succeeded`, `failed` und `cancelled`, die Sie überschreiben könnten. Ich persönlich setze EventHandler außerhalb des Tasks. Das gibt mehr Flexibilität und hält den Task selbst frei von UI-Referenzen.

9.2.3 Service

Die Aufgabe der `Service`-Klasse ist es, einen Task zu verwalten. Nach außen hin implementiert der `Service` das `Worker`-Interface, sodass wie bei einem Task Zustand und Fortschritt überwacht werden können. Intern bindet der Service dazu den Zustand der eigenen Properties an den Zustand des verwalteten Tasks und reicht diesen an den Beobachter durch.

Um einen Service einzurichten, brauchen wir nur die Methode `createTask` zu implementieren. Bei einem Restart des `Service` wird dann einfach ein neuer Task erzeugt. Der `Service` löst die alten Bindings, bindet seine Properties an den neuen Task und startet dessen Ausführung. Als Erstes benötigen wir also eine `Task`-Klasse. Hierzu verwenden wir diese `CounterTask`-Klasse, die mit einem Integerwert konstruiert wird:

```
public CounterTask extends Task<Integer>{
    public CounterTask(int max) {
        this.max = max;
        updateMessage("Ready to count...");
    }
```

```
    @Override
    protected Integer call() throws Exception {
      updateMessage("Counting...");
      for (int i = 0; i < max; i++) {
        Thread.sleep(10);
        updateProgress(i, max);
      }
      updateMessage("READY");
      return max;
    }
  }
```

Nun definieren wir den Service. Dieser wird ebenfalls mit einem Integer initialisiert. Bei Bedarf erzeugt er einfach einen neuen Task:

```
public class CounterService extends javafx.concurrent.Service<Integer>{

  private final int max;
  public CounterService(int max) {
    this.max = max;
  }

  @Override
  protected Task<Integer> createTask() {
    return new CounterTask(max);
  }
}
```

Nun können wir den Service ganz einfach verwenden. Hier legen wir seine Funktion zum Beispiel hinter einen Button. Dann binden wir den Text des Buttons an die Message des Service und die X- und Y-Skalierung sowie die Transparenz an die ProgressProperty:

```
CounterService counterService = new CounterService(100);
Button btn = new Button();
btn.setText("Restart Counting");
btn.setOnAction(new EventHandler<ActionEvent>() {

  @Override
  public void handle(ActionEvent event) {
    counterService.restart();
    }
});
counterService.start();

btn.opacityProperty().bind(counterService.progressProperty());
btn.scaleXProperty().bind(counterService.progressProperty());
btn.scaleYProperty().bind(counterService.progressProperty());
btn.textProperty().bind(counterService.messageProperty());
```

Der Unterschied zur direkten Verbindung des Tasks besteht nun darin, dass der Task jederzeit durch Klick auf den Button neu gestartet werden kann. Mithilfe der Bindings lassen sich ganz einfach visuelle Indikatoren bauen. Wir können sogar verhindern, dass der Button geklickt wird, bevor der Task beendet ist:

```
btn.disableProperty().bind(counterService.runningProperty());
```

Nun kann der Button nicht mehr geklickt werden, solange noch ein Task läuft.

9.2.4   ScheduledService

Seit JavaFX 8 gibt es auch noch den ScheduledService, der einen Task in vorbestimmten Intervallen ausführt. Legt man die Wartezeit nicht fest, so wird ein Defaultwert von 0 angenommen, der Task startet also nach der Durchführung automatisch immer wieder von selbst. Wir können das ganz einfach ausprobieren, indem wir im vorigen Beispiel aus dem Service einen ScheduledService machen:

```
public class CounterService extends javafx.concurrent.ScheduledService
```

Starten Sie nun das Programm, so können Sie am Verhalten des Buttons sehen, wie der Task immer wieder von selbst neu startet. Im Konstruktor können wir nun eine Verzögerung setzen, sodass der Task nach zwei Sekunden neu gestartet wird:

```
public CounterService(int max) {
    super();
    setPeriod(Duration.seconds(2));
    this.max = max;
}
```

Im Moment haben wir nicht viel davon, dass unser Service regelmäßig ausgeführt wird. Wo setzt man so etwas am besten sinnvoll ein? Ein typischer Anwendungsfall ist es, wenn ein Polling gewünscht wird, wenn wir also zum Beispiel immer wieder auf dem Webserver prüfen möchten, ob ein Update verfügbar ist. Das ist eine häufig wiederkehrende Anforderung in Desktop-Anwendungen und mittels des ScheduledService ist sie leicht umzusetzen. Dabei haben die Entwickler auch an die besonderen Anforderungen an solche regelmäßig auszuführenden Tasks gedacht.

Bei einem normalen Task oder Service kann ich einen Wert an die valueProperty binden. So ist mein Wert immer aktuell. Bei einem ScheduledService ist die valueProperty jedoch fast immer null, denn der Service wird ja immer wieder neu ausgeführt und der Wert damit zurückgesetzt. Sie können das leicht ausprobieren, indem Sie unserem Beispiel ein Label hinzufügen und dessen textProperty an den Value des Service binden:

```
Label label = new Label();
label.textProperty().bind(Bindings.corcat("Value: ",
    counterService.valueProperty()));
```

Deshalb bietet der ScheduledService die Property lastValue an. Diese Property speichert den bei der letzten erfolgreichen Durchführung ermittelten Wert. Binden Sie den Text nun an diese Property und starten Sie die Anwendung:

```
label.textProperty().bind(Bindings.concat("Value: ",
    counterService.lastValueProperty())));
```

Bei einer Anfrage an den Server muss man auch immer damit rechnen, dass etwas
schiefgeht. Im ScheduledService wird das ebenfalls berücksichtigt. Sorgen wir
zunächst dafür, dass in unserem Task etwas schiefläuft. Wir können zum Beispiel
festlegen, dass unser CounterTask nur bis drei zählen kann. Ändern Sie dazu die
call-Methode wie folgt:

```
protected Integer call() throws Exception {
    updateMessage("Counting...");
    for (int i = 0; i < max; i++) {
      Thread.sleep(10);
      updateProgress(i, max);
    }
    if (max>=3) throw new Exception("Das ist zu kompliziert!");
    updateMessage("READY");
    return max;
}
```

Wenn wir die Anwendung nun starten, sehen wir, dass der Task trotz des Misser-
folges immer wieder neu gestartet wird. Der lastValue bleibt jedoch null, da nie
erfolgreich ein Wert ermittelt wurde. Wenn wir jedoch nach einem Misserfolg die
Flinte ins Korn werfen möchten, können wir das dem ScheduledService ganz einfach mitteilen. Wir müssen lediglich die restartOnFailureProperty auf false setzen:

```
counterService.setRestartOnFailure(false);
counterService.start();
```

Nun bleibt der Service gestoppt, bis wir ihn manuell wieder starten. Mithilfe des
ScheduledService lässt sich jedoch auch eine flexiblere Strategie verwirklichen.
Wenn die restartOnFailureProperty auf true steht, können wir zusätzlich die Property maximumFailureCount setzen. Damit legen wir fest, nach wie vielen Fehlern
der Service aufgibt.

```
counterService.setRestartOnFailure(true);
counterService.setMaximumFailureCount(3);
counterService.start();
```

Nun versucht es der Service also drei Mal, bevor er aufgibt. Nach einem Fehler ist
es sinnvoll, etwas länger zu warten, bevor man es wieder versucht. Daher verwendet der ScheduledService eine backoffStrategy, mit der man festlegen kann,
wann der Service es erneut versuchen soll. Ist diese maximale Anzahl an Fehlern
noch nicht erreicht, so wird der Service nach einem Fehler die backoffStrategy
konsultieren. Die call-Methode dieses Callbacks gibt eine Duration zurück. So
kann nach jedem erfolglosen Versuch ein wenig länger gewartet werden. Die voreingestellte Strategie ist die LOGARITHMIC_BACKOFF_STRATEGY, bei der die Wartezeit
logarithmisch ansteigt (period + (period * Math.log1p(currentFailureCount))).

Deshalb fällt es in unserem Beispiel auch nicht sofort auf, da sich die Wartezeiten nicht extrem verlängern. Aber setzen Sie die `backoffStrategy` einmal auf einen anderen Wert, und Sie werden feststellen, wie sich die Zeit verlängert:

```
counterService.setRestartOnFailure(true);
counterService.setMaximumFailureCount(3);
counterService.setBackoffStrategy( ScheduledService
.EXPONENTIAL_BACKOFF_STRATEGY );
counterService.start();
```

Bei der `EXPONENTIAL_BACKOFF_STRATEGY` steigt die Wartezeit exponentiell an (period + (period * Math.exp(currentFailureCount))).

Daneben gibt es noch die `LINEAR_BACKOFF_STRATEGY` (period + (period * currentFailureCount)), bei der sich die Wartezeit linear verlängert. Alternativ kann eine eigene `backoffStrategy` definiert werden. Mit dem `ScheduledService` lässt sich also sehr komfortabel eine periodische Suche nach Aktualisierungen auf dem Server realisieren.

9.3 Fortschritt anzeigen

Wir haben bereits gesehen, dass wir uns an die Properties von Task und Service binden können und dass wir damit neben kleinen Spielereien auch recht einfach auf den Zustand und Fortschritt des Tasks reagieren können. JavaFX verfügt aber auch über Controls, die als Fortschrittsindikatoren gedacht sind. Diese lassen sich ebenfalls an die Properties des Tasks oder Service binden und machen es leicht, den Fortschritt eines Tasks zu visualisieren.

9.3.1 ProgressBar

Der `ProgressBar` zeigt den Fortschritt mithilfe der Länge des Fortschrittsbalkens an. Ist nicht bekannt, wie lange ein Task dauert, so kann man den `ProgressBar` auch in den aus Swing bekannten »indeterminate«-Modus schalten, indem man den Wert der `progressProperty` auf -1 setzt. Dann bewegt sich der Balken hin und her, um wenigstens anzuzeigen, dass etwas passiert. Verwenden wir den `ProgressBar` nun, um unseren Service mit einem Fortschrittsbalken zu verknüpfen:

```
ProgressBar progressBar = new ProgressBar();
progressBar.progressProperty().bind(counterService.progressProperty());
root.getChildren().add(progressBar);
```

Starten wir nun den Service, dann kann man sehr gut sehen, wie der `ProgressBar` die verschiedenen Phasen abbildet. Um Messages anzuzeigen, bietet es sich an, den `ProgressBar` mit einem Label zu kombinieren.

9.3.2   ProgressIndicator

Alternativ zum Fortschrittsbalken gibt es den `ProgressIndicator`, der statt eines Balkens ein »Fortschrittsrad« anzeigt und bei unbestimmtem Fortschritt eine Animation darstellt.

```
ProgressIndicator progressIndicator = new ProgressIndicator();
progressIndicator.progressProperty()
   .bind(counterService.progressProperty());
root.getChildren().add(progressIndicator);
```

9.3.3   Fortschrittskomponenten anpassen

Wie alle Controls lassen sich auch die Fortschrittskomponenten mithilfe von CSS stylen und den eigenen Vorstellungen anpassen. Hier sehen sie einen Auszug aus dem aktuellen Modena-Stylesheet mit Einstellungen für den Balken des `ProgressBar`:

```
.progress-bar > .bar {
  -fx-background-color: linear-gradient(to bottom,
    derive(-fx-accent, -7%), derive(-fx-accent, 0%),
    derive(-fx-accent, -3%), derive(-fx-accent, -9%) );
  -fx-background-insets: 3 3 4 3;
  -fx-background-radius: 2;
  -fx-padding: 0.75em;
}
```

Möchten Sie den Balken zum Beispiel gestreift darstellen, so lässt sich das mithilfe des linearen Gradienten erledigen:

```
.progress-bar > .bar {
  -fx-background-color: linear-gradient(
    from .0em 0px to .5em .5em ,
    repeat,
    -fx-accent 49%,
    -fx-accent 0%,
      derive(-fx-accent, 30%) 50%,
      derive(-fx-accent, 30%) 99%
    );
}
```

Wollen wir die Streifen zusätzlich animieren, so lässt sich das ebenfalls mit einem Trick realisieren. Dazu benötigen wir allerdings auch etwas Java-Code:

```
Button btn = new Button();
btn.setText("Say 'Hello World'");
ProgressBar progressBar = new ProgressBar();
Timeline timeline = new Timeline(
   new KeyFrame(Duration.ZERO,
     new KeyValue(progressBar.progressProperty(), 0.0)),
   new KeyFrame(Duration.seconds(20),
     new KeyValue(progressBar.progressProperty(), 1.0)));
btn.setOnAction(new EventHandler<ActionEvent>() {
```

```
@Override
public void handle(ActionEvent event) {
  timeline.play();
  progressBar.setProgress(.01);
  ObservableList<Node> childrenUnmodifiable = progressBar
    .getChildrenUnmodifiable();
  Optional<Node> findFirst = childrenUnmodifiable.stream()
    .filter(b -> b.getStyleClass().contains("bar")).findFirst();
  findFirst.get().styleProperty().bind(
    new AnimationBinding());
  }
});

VBox root = new VBox(btn, progressBar);
```

In der handle-Methode des EventHandler suchen wir den ProgressBar anhand seiner Styleklasse »bar«. Dann binden wir dessen StyleProperty an ein AnimationBinding. Das AnimationBinding erzeugt in seiner computeValue-Methode dynamisch einen Gradienten-String:

```
private static class AnimationBinding extends StringBinding {

  private final DoubleProperty animationProperty;

  public AnimationBinding() {
    this.animationProperty = new SimpleDoubleProperty(0.0);
    Timeline timeline = new Timeline(
      new KeyFrame(Duration.ZERO,
        new KeyValue(animationProperty, 0.0)),
      new KeyFrame(Duration.seconds(4),
        new KeyValue(animationProperty, 1.0)));
    timeline.setCycleCount(Animation.INDEFINITE);
    super.bind(animationProperty);
    timeline.play();
  }

  @Override
  protected String computeValue() {
    double val = animationProperty.get();
    double x = -val * 100 % 20;
     return "      -fx-background-color: linear-gradient(\n"
    + "        from " + x + "px " + x + "px to " + (x + 10) + "px " + (x + 10)
    + "px ,\n"
    + "         repeat,\n"
    + "         -fx-accent 49%,\n"
    + "         -fx-accent 0%,\n"
    + "         \n"
    + "         derive(-fx-accent, 30%) 50%,\n"
    + "         derive(-fx-accent, 30%) 99%\n"
    + "     );\n";
  }
}
```

Auf diese Weise lässt sich das Fehlen von Animationen per CSS kompensieren.

Abb. 9–1   *Ein animierter ProgressBar*

9.4   Workshop: Automatische Updates für den Twitter-Client

Unser Twitter-Client hat zwar einen Refresh-Button, es ist aber lästig, jedes Mal manuell das Update anzufordern. Außerdem blockiert dann jedes Mal das UI. In diesem Kapitel haben wir gesehen, dass das auch anders geht, denn wir können den Refresh auch durch ein regelmäßiges Polling ersetzen. Die Aktualisierung soll nebenläufig erfolgen.

9.4.1   Wie erzeuge ich einen Refresh Task?

In Abschnitt 9.2.2 haben Sie gesehen, dass es dafür die Klasse Task gibt. Als Erstes bauen wir uns also einen RefreshTask:

```
public class RefreshTask extends Task<ObservableTimelineList> {

    @Override
    protected ObservableTimelineList call() throws Exception {
      Twitter twitter = TwitterFactory.getSingleton();
      ResponseList<Status> homeTimeline = twitter
                  .getHomeTimeline();
      ObservableTimelineList observableTimelineList =
        new ObservableTimelineList(homeTimeline);
      return observableTimelineList;
    }
}
```

9.4.2   Wie kann der Task wiederholt aufgerufen werden?

Der Task liefert eine ObservableTimelineList zurück, interagiert aber nicht mit dem UI. Das ist wichtig, da der Task im Hintergrund ausgeführt werden soll. Um einen Task immer wieder ausführen zu können, brauchen wir einen Service wie in Abschnitt 9.2.3 beschrieben:

```
public class RefreshService

    extends ScheduledService<ObservableTimelineList> {

    @Override
    protected Task<ObservableTimelineList> createTask() {
      return new RefreshTask();
    }
}
```

9.4.3   Wie rufe ich den Service periodisch auf?

Nun müssen wir noch dafür sorgen, dass der Service periodisch aufgerufen wird. Wie das geht, haben Sie in Abschnitt 9.2.4 gesehen. Wir verwenden hier einen ScheduledService, der unseren RefreshService periodisch aufruft. 20 Sekunden sollten als Update-Intervall genügen. Die erforderlichen Angaben schreiben wir in den Konstruktor der HomeTimeline:

```
RefreshService refreshService = new RefreshService();
refreshService.setPeriod(Duration.seconds(20));
refreshService.setRestartOnFailure(true);
refreshService.setMaximumFailureCount(3);
refreshService.setBackoffStrategy(
    ScheduledService.EXPONENTIAL_BACKOFF_STRATEGY);
refreshService.start();
```

9.4.4   Wie aktualisiere ich das UI?

Nun müssen wir die Daten nur noch verwenden. Dazu bietet uns der Task die Möglichkeit, einen EventHandler zu registrieren. Dieser wird automatisch wieder in der EventQueue ausgeführt. Wir sind also in Sicherheit und können das UI aktualisieren:

```
refreshService.setOnSucceeded((WorkerStateEvent event) -> {
    ObservableTimelineList value = refreshService.getValue();
    update(value);
});
```

Nun müssen wir lediglich noch die update-Methode implementieren. Dazu kopieren wir uns einfach etwas Code aus der refresh-Methode:

```
private void update(ObservableTimelineList value) {
    if (timelineView == null) {
      timelineView = new TimelineView(value);
      setContent(timelineView);
    } else {
      timelineView.setStatusList(value);
    }
}
```

9.5   Fazit

JavaFX liefert mit der Concurrent-API eine einfache Möglichkeit, Tasks asynchron auszuführen. Die Funktionalität baut auf den Java-Concurrency-APIs auf und bietet praktische Erweiterungen, um die Interaktion mit dem Event-Thread zu erleichtern, Dienste zu verwalten, periodisch auszuführen und Fortschrittsanzeigen zu implementieren.

10 Grafische Anwendungen mit Shapes gestalten

JavaFX basiert auf einer SceneGraph-API. Mit dem Root-Node übergeben wir der Scene die Wurzel eines Baums, der aus den Grafikobjekten von JavaFX, den Nodes, besteht. Das System errechnet dann während der Rendering-Phase die nötigen Grafikbefehle und setzt sie ab. Das hat viele Vorteile gegenüber dem klassischen »Immediate Mode Rendering«. Hier wurden die Grafikbefehle von den Komponenten noch selbst an das System übergeben. Dadurch, dass der Scene-Graph alle Grafikobjekte verwaltet, kann er viel einfacher Optimierungen vornehmen. Auch Effekte wie Schatten, die die eigentlichen Grenzen des Grafikobjekts überschreiten und mit anderen Objekten überlappen, lassen sich so viel leichter umsetzen, und Nodes können leicht skaliert oder verschoben werden. Der SceneGraph besitzt alle dafür erforderlichen Informationen. In diesem Kapitel machen wir einen Schritt zurück und sehen uns anhand von Shapes – der einfachsten Ausprägung von Nodes – die Grundlagen des SceneGraph an.

10.1 Den SceneGraph verstehen – Unterschiede zu Swing

Am einfachsten ist das Konzept eines SceneGraph zu verstehen, wenn man sich die Unterschiede zu einer Immediate-Mode-API wie Swing vor Augen führt.

Wird die Oberfläche gerendert, so ruft Swing auf jeder JComponent die Methode paint auf und übergibt ein Graphics-Objekt. Auf dem Graphics-Objekt werden dann direkt die Grafikbefehle aufgerufen, die nötig sind, um unsere JComponent darzustellen. Swing selbst interessiert sich überhaupt nicht dafür, was da genau gezeichnet wird, und reicht die Grafikbefehle mehr oder weniger einfach an das darunterliegende System durch.

In JavaFX hingegen weiß das System ganz genau, was gezeichnet werden soll, da wir dem SceneGraph Nodes übergeben, die aus Grafikobjekten wie Kreisen, Rechtecken oder Pfaden aufgebaut sind. Der SceneGraph kennt jedes einzelne Objekt und weiß, wie sie auf dem darunterliegenden System dargestellt werden können. Während der Rendering-Phase verwendet JavaFX diese Informationen, um das Rendering zu optimieren, und kann Effekte und Transformationen einrechnen. Dann ermittelt es selbstständig die Grafikbefehle, die nötig sind, um das UI auf der jeweiligen Plattform darzustellen, und setzt sie ans System ab.

10.2 Nodes für Grundformen

In dem Package `javafx.scene.shape` sind Nodes für die Darstellung von einfachen geometrischer Formen, Pfaden und Texten organisiert. Die wichtigste Superklasse ist `Shape`. Die `Shape`-Klasse erlaubt es, Füllung (`Fill`) und Außenlinie (`Stroke`) zu definieren und die Vereinigung, Schnittmenge oder Subtraktion zweier Formen zu bilden. Von `Shape` abgeleitet sind `Arc`, `Circle`, `CubicCurve`, `Ellipse`, `Line`, `Path`, `Polygon`, `Polyline`, `QuadCurve`, `Rectangle`, `SVGPath` und `Text`. Wir sehen uns zunächst in einfachen Beispielen die geometrischen Formen an.

10.2.1   Rectangle

Beginnen wir mit einem Rechteck. Im Konstruktor können wir Position, Höhe und Breite angeben. Für Formen, die wir frei positionieren möchten, bietet sich eine `Group` als Container an:

```
Rectangle rectangle = new Rectangle(20, 20, 260, 210);
rectangle.setFill(Color.LIGHTGREY);
Group root = new Group();
root.getChildren().add(rectangle);
```

Abb. 10–1   *Die Grundform Rectangle*

10.2.2   Circle

Als Nächstes fügen wir einen einfachen Kreis hinzu. Der Kreis wird durch sein Zentrum und den Radius definiert und mit einer Füllfarbe versehen:

```
Circle circle = new Circle();
circle.setCenterX(100);
circle.setCenterY(125);
circle.setRadius(75);
circle.setFill(Color.BLUE);
root.getChildren().add(circle);
```

Abb. 10–2   *Einen Kreis können wir mit der Klasse Circle erstellen.*

10.2.3 Ellipse

Ellipsen haben anders als der Kreis die Möglichkeit, zwei Radien anzugeben, einen in x- (radiusX) und einen in y-Richtung (radiusY). Wir können nun einen zweiten Kreis hinzufügen, der mit dem ersten überlappt, indem wir eine Ellipse definieren, bei der beide Radien gleich sind:

```
Ellipse circle2 = new Ellipse();
circle2.setCenterX(200);
circle2.setCenterY(125);
circle2.setFill(Color.RED);
circle2.setRadiusX(75);
circle2.setRadiusY(75);
root.getChildren().add(circle2);
```

Abb. 10–3   *Einen Kreis mithilfe der Klasse Ellipse erstellen.*

10.2.4   Schnittmengen bilden

Nun können wir mithilfe der statischen Methode auch die Schnittmenge bilden und anders einfärben:

```
Shape union = Shape.intersect(circle, circle2);
union.setFill(Color.PURPLE);
root.getChildren().add(union);
```

Ebenso gibt es Methoden, um die Vereinigung (union) und Differenz (subtract) zu bilden.

Abb. 10–4   *Mit Union können Schnittmengen erzeugt werden.*

10.2.5   Line

Wir haben nun ein einfaches Venn-Diagramm gezeichnet. Als Nächstes wollen wir die einzelnen Teilmengen beschriften. Dazu verwenden wir Linien, die einfach durch ihren Anfangs- und Endpunkt definiert werden:

```
Line line = new Line(100, 85, 100, 40);
line.setStroke(Color.WHITE);
Line line2 = new Line(200, 85, 200, 40);
line2.setStroke(Color.WHITE);
Line line3 = new Line(150, 165, 150, 210);
line3.setStroke(Color.WHITE);
root.getChildren().addAll(line, line2, line3);
```

10.2.6   Eigenschaften des Linienstrichs verändern

Den Linienstrich können wir nun anpassen. Machen wir ihn etwas breiter, mit abgerundetem Ende, und wandeln wir ihn zu einer gestrichelten Linie:

```
line.setStrokeWidth(3);
line.setStrokeLineCap(StrokeLineCap.ROUND);
line.getStrokeDashArray().addAll(5d);
```

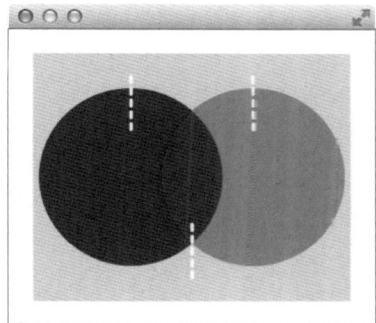

Abb. 10–5   *Mit der Klasse Line können wir Linien erzeugen.*

10.2.7   Polyline und Polygon

Fügen wir unseren Linien noch eine Pfeilspitze hinzu. Dazu können wir zum Beispiel eine Polyline verwenden, der wir einfach ein Array von Punkten übergeben:

```
Polyline polyline = new Polyline(95,85,105,85,100,90,95,85);
polyline.setStroke(Color.WHITE);
polyline.setStrokeWidth(3);
polyline.setStrokeLineCap(StrokeLineCap.ROUND);
```

Das Ergebnis lässt noch ein wenig zu wünschen übrig. Eine der Ecken ist abgerundet, die anderen beiden nicht. Das liegt daran, dass wir mit StrokeLineCap nur Anfang und Ende der Linie gestalten. Für die anderen Ecken müssen wir StrokeLineJoin verwenden:

```
polyline.setStrokeLineJoin(StrokeLineJoin.ROUND);
```

Alternativ zur Polyline geht das auch mit einem Polygon. Der Unterschied ist, dass wir die Polyline schließen müssen. Das Polygon macht das automatisch. Da eine geschlossene Form auch keinen Anfang und kein Ende hat, müssen wir StrokeLineCap nicht setzen:

```
Polygon polygon = new Polygon(195, 85, 205, 85, 200, 90);
polygon.setStroke(Color.WHITE);
polygon.setStrokeWidth(3);
polygon.setStrokeLineJoin(StrokeLineJoin.ROUND);
Polygon polygon2 = new Polygon(145, 155, 155, 165, 150, 160);
//...
root.getChildren().addAll(polyline, polygon, polygon2);
```

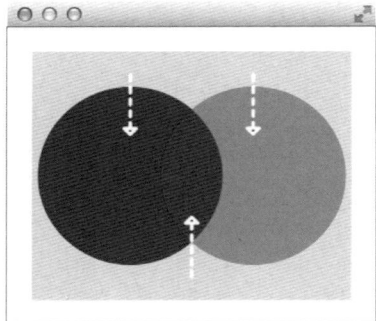

Abb. 10–6   *Mit Polyline und Polygon können wir komplexere Formen gestalten.*

10.2.8   Arc, CubicCurve und QuadCurve

Nun verwenden wir die Klasse Arc, um mehrere Bögen zu zeichnen. Ein Arc in JavaFX ist ein Ausschnitt aus einer Ellipse, besitzt also ein Zentrum (centerX, centerY) und jeweils einen Radius in x- und y-Richtung (radiusX, radiusY). Aus der so definierten Ellipse bestimmen wir einen Ausschnitt, indem wir einen Winkel definieren, bei dem der Ausschnitt beginnt (startAngle), und den Winkel, um den wir der Ellipse folgen möchten (length).

```
Arc arc = new Arc(100, 125, 50, 50,  180, 180);
arc.setFill(Color.TRANSPARENT);
arc.setStroke(Color.BLACK);
arc.setStrokeWidth(3);
```

Für die Darstellung können wir wählen, ob Start- und Endpunkt des Bogens durch eine Linie verbunden werden soll (ArcType.CHORD), ob Start- und Endpunkt mit dem Zentrum verbunden werden sollen (ArcType.ROUND) oder ob nur der Bogen dargestellt wird (ArcType.OPEN). Mit ArcType.ROUND entsteht so ein Ellipsensegment:

```
Arc arc1 = new Arc(100, 110, 30, 30, 240, 60);
arc1.setType(ArcType.ROUND);
```

Mit ArcType.CHORD entstehen hingegen Randsegmente. Man sieht das allerdings nur, wenn ein Stroke gesetzt wird. Standardmäßig ist er nämlich transparent, sodass nur die Füllung (Fill) zu sehen wäre:

```
Arc arc2 = new Arc(80, 80, 30, 30, 240, 60);
arc2.setType(ArcType.CHORD);
arc2.setFill(Color.TRANSPARENT);
arc2.setStroke(Color.BLACK);
arc2.setStrokeWidth(3);
Arc arc3 = new Arc(120, 80, 30, 30, 240, 60);
//...
```

Mit QuadCurve können wir quadratische Bézierkurven erzeugen. Das sind Kurven, die häufig in Vektorgrafikprogrammen verwendet werden. Sie sind durch einen Startpunkt (startX, startY), einen Endpunkt (endX, endY) und einen Kontrollpunkt (controlX, controlY) definiert. Einfach erklärt beginnt eine solche Kurve im Startpunkt, nähert sich unterwegs dem Kontrollpunkt und endet schließlich im Endpunkt. Eine mathematische Erklärung ist unter Wikipedia zu finden: *http://de.wikipedia.org/wiki/B%C3%A9zierkurve.* Im Beispielcode setzen wir für die erste Kurve alle Parameter explizit, für die zweite Kurve setzen wir alle Eigenschaften gleich im Konstruktor:

```
QuadCurve quad = new QuadCurve();
quad.setStartX(185);
quad.setStartY(105);
quad.setEndX(195);
quad.setEndY(105);
quad.setControlX(190);
quad.setControlY(140);
QuadCurve quad2 = new QuadCurve(215, 105, 220, 140, 225, 105);
root.getChildren().addAll(quad,quad2);
```

Eine kubische Bézierkurve besitzt noch einen zusätzlichen Kontrollpunkt, dem sie sich auf dem Weg zum Endpunkt annähert:

```
CubicCurve cubicCurve = new CubicCurve(185, 155, 195, 140, 205, 170, 215, 155);
root.getChildren().add(cubicCurve);
```

Abb. 10–7   *Kurvenformen in JavaFX: CubicCurve, QuadCurve und Arc*

10.2.9   Text

Als Nächstes fügen wir noch etwas Text hinzu. Hier müssen wir nur die Position und den zu zeichnenden Text angeben:

```
Text text = new Text(55, 35, "Music I like");
text.setFill(Color.WHITE);
Text text2 = new Text(155, 35, "Music you like");
text2.setFill(Color.WHITE);
Text text3 = new Text(105, 225, "Music I used to like");
text3.setFill(Color.WHITE);
```

Für den Text lässt sich auch eine wrappingWidth festlegen; das entspricht der Anzahl an Pixeln, nach denen umbrochen werden soll. Das lineSpacing bestimmt dann den Abstand der Zeilen. Dazu lässt sich noch ein TextAlignment setzen, um die Zeilen zum Beispiel zu zentrieren. Und natürlich lässt sich der Font festlegen:

```
text.setWrappingWidth(50);
text.setTextAlignment(TextAlignment.CENTER);
text2.setFont(new Font(8));
text3.setStrikethrough(true);
```

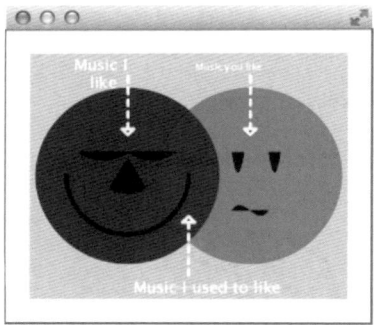

Abb. 10–8   *Einfache Beschriftungen mit dem Text-Node*

10.3   Pfade und SVG

Etwas komplexer sind die Pfade. Diese können wir entweder mit der Klasse Path erstellen, indem wir einzelne Pfadelemente kombinieren, oder mit der Klasse SVG-Path, die SVG-Strings parsen kann. Die Pfadelemente, die in der Klasse Path verwendet werden, entsprechen in vielen Punkten den vorher besprochenen Shapes Arc, QuadCurve, CubicCurve und Line. Der Startpunkt muss hier jedoch nicht angegeben werden, da dieser vom Pfad vorgegeben ist. Tabelle 10–1 zeigt eine Übersicht der verfügbaren Pfadelemente:

Pfadelement	Erklärung
ArcTo	Bogen, ähnlich einem Arc
ClosePath	Schließt den Pfad
CubicCurveTo	Bézierkurve, entspricht CubicCurve
HLineTo	Horizontale Linie bestimmter Länge von der aktuellen Position aus
LineTo	Gerade Linie zu einem Zielpunkt, entspricht Line
MoveTo	Setzt die aktuelle Position für Pfade mit Unterbrechungen
QuadraticCurveTo	Bézierkurve mit einem Kontrollpunkt, entspricht QuadCurve
VLineTo	Vertikale Linie bestimmter Länge

Tab. 10–1   *Pfadelemente für Pfad-Shapes*

Auf diese Weise lassen sich komplexe Pfade erstellen. Hier ein kleines Beispiel:

```
Path path = new Path();
path.getElements().add(new MoveTo(100f, 50f));
path.getElements().add(new CubicCurveTo(140f, 10f, 390f, 240f, 404, 10f));
path.getElements().add(new ClosePath());
```

Manuell komplexe Pfade zu erstellen ist jedoch aufwendig. In den meisten Fällen ist es deshalb sinnvoller, SVGPath zu verwenden, da es viele Grafiktools gibt, mit denen man SVG erzeugen kann. So können die Pfade einfach in einem Grafikprogramm wie Inkscape gezeichnet und dann direkt in JavaFX verwendet werden. Als Beispiel wollen wir hier den Umriss des Java-Maskottchens Duke zeichnen:

```
SVGPath svgPath = new SVGPath();
svgPath.setContent(
"M48.859,43.518c8.424,17.64,2.736,140.832-7.128,184.032\n" +
"c-9.864,43.272-19.728,98.28-22.032,144.576c-1.008, " +
+"19.728,2.016,27.504,14.904,27.504c22.752,0,51.624-47.952, " +
+"87.84-46.872\n" +
"c36.288,1.08,47.808,55.008,64.8,54.648c16.992-0.36, " +
+"30.672-6.264,30.816-58.752C218.563,191.981,87.235, " +
+"64.973,48.859,43.518\n" +
"L48.859,43.518L48.859,43.518L48.859,43.518z");
SVGPath svgPath1 = new SVGPath();
svgPath1.setContent("M162.763,168.726c7.992,13.464,28.368,3.096,29.232-
12.096\n"
+"c0.864-15.192-1.368-34.344-11.232-35.064c-9.864-0.72"
+"-16.92-10.584-26.784-11.304c-9.864-0.72-20.448, "
+"9.144-25.056-3.96\n"
+"s12.384-18.648,25.056-20.736c-11.304-11.304-17.928"
+"-23.832-22.896-36.864c-4.968-13.032-8.64-24.984, "
+"5.256-30.096\n" +
"c13.896-5.112,12.744,21.168,28.656,33.192c-4.68-17.712"
```

```
      +"-6.408-25.056-6.048-35.352s-0.36-18.144,14.256-16.128\n"
      +"c14.616,2.016,8.28,32.4,19.656,44.784c3.456-11.736"
      +",5.544-26.64,13.896-32.76s27.36-6.264,15.264,18.864\n"
      +"c-12.096,25.128,3.528,38.736-0.144,58.536c-3.672, "
      +"19.8-15.048,16.2-19.944,28.944c-4.896,12.744,2.88, "
      +"41.76-6.336,54.792\n"
      +"c-9.216,13.032-10.872,33.048-4.896,49.032C172.339,205.374, "
      +"162.763,168.726,162.763,168.726L162.763,168.726L162.763, "
      +"168.726L162.763,168.726z");
   SVGPath svgPath2 = new SVGPath();
   svgPath2.setContent(
      "M48.355,185.646c-7.416,50.832-33.192,56.88-34.488,77.976\n"
      +"c-1.296,21.096,6.84,23.112,6.336,42.624c-0.504, "
      +"19.512-17.856,27.432-19.944,38.016s8.928,13.968,15.336, "
      +"13.968c6.408,0,12.816-28.08,15.408-45.936"
      +"s-8.496-28.368-8.496-40.608c0-12.24,16.056-34.632, "
      +"13.104-14.976C48.931,235.686,55.268,208.901,48.355, "
      +"185.646L48.355,185.646L48.355,185.646L48.355,185.646z");
```

Meinen Respekt, wenn Sie es schaffen, das fehlerfrei abzutippen! Für die Erstellung solch komplexer Pfade braucht man ohnehin ein Zeichenprogramm. Da ist es praktisch, dass Vektorzeichenprogramme in der Regel SVG als Exportformat anbieten. Der einzige Vorteil von Path gegenüber SVGPath liegt in der Typsicherheit. Bei SVGPath wird der Pfad durch einen String repräsentiert, der erst zur Laufzeit interpretiert wird. Bei Path hingegen werden Syntaxfehler im Pfad bereits während der Kompilierung erkannt.

10.4   Grafiken mit Effekten versehen

Alle Nodes können in JavaFX auch mit Effekten versehen werden. Diese sind in dem Package javafx.scene.effect organisiert.

Als ein erstes Beispiel wollen wir unter unser Venn-Diagramm mithilfe von DropShadow einen Schatten legen. Damit der Effekt schön sichtbar wird, empfiehlt es sich, das Rectangle im Hintergrund zu entfernen:

```
//root.getChildren().add(rectangle);
root.setEffect(new DropShadow(BlurType.GAUSSIAN, Color.BLACK, 20, 0, 0, 0));
```

Sie können den Effekt auf jeder Hierarchieebene des SceneGraph einsetzen. Er wird dann auf alle Child-Nodes angewendet. Wenn Sie also wie hier die Nodes in einer Group organisieren, so wird der DropShadow auf alle Mitglieder der Group angewendet. Das ist auch deutlich performanter, als einen DropShadow für jeden Node zu erstellen.

10.4.1 Wie erzeuge ich einen Schlagschatten?

Im obigen Beispiel haben Sie bereits gesehen, dass der Konstruktor sechs Parameter unterstützt. Der erste Parameter ist der BlurType. Er legt fest, wie der Schatten ausläuft. Sie können dabei zwischen vier Berechnungsmethoden wählen, GAUSSIAN, ONE_PASS_BOX, TWO_PASS_BOX und THREE_PASS_BOX. Die glattesten Übergänge erzeugt dabei der GAUSSIAN-Filter, der auf der Gauß'schen Normalverteilung beruht. Alternativ kann ein Box-Filter verwendet werden. Hier berechnet sich der Wert eines Pixels als Durchschnittswert seiner umgebenden Pixel. Das erlaubt eine performantere Berechnung. Je mehr Durchgänge gemacht werden, desto besser wird das Ergebnis. Ein THREE_PASS_BOX-Blur ist von einem GAUSSIAN-Blur kaum zu unterscheiden.

Danach legen Sie die Basisfarbe des Schattens fest, gefolgt von vier Zahlenwerten. Der erste bestimmt den Radius des Filters. Der Defaultwert ist 10.0 Pixel. Der zweite Wert ist der Spread. Er bestimmt den Anteil des Schattens, in dem die unveränderte Grundfarbe vorherrscht. Erst außerhalb dieses Bereichs beginnt das Auslaufen des Schattens. Es werden Werte zwischen 0.0 und 1.0 erwartet. Setzen Sie in unserem Beispiel den Wert auf 0.5 und betrachten Sie den Unterschied. Ich habe zur Verdeutlichung den Radius auf 50 erweitert:

```
root.setEffect(new DropShadow(BlurType.GAUSSIAN, Color.BLACK, 50, 0.5, 0, 0));
```

 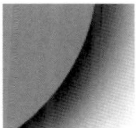

Abb. 10–9   *Auswirkung des Spread-Parameters eines Schattens: Links ist der Wert 0.0, rechts 0.5.*

Die übrigen beiden Werte geben an, wie weit der Schatten in x- und y-Richtung verschoben werden soll. Positive Werte verschieben den Schatten um die angegebene Pixelzahl nach rechts bzw. nach unten. Negative Werte verschieben den Schatten nach links bzw. nach oben.

10.4.2 Wie verwende ich den InnerShadow?

Ein ganz ähnlicher Effekt ist der InnerShadow. Der Konstruktor sieht genauso aus wie beim DropShadow, nur ist hier der Schattenwurf nach innen gerichtet:

```
InnerShadow innerShadow = new InnerShadow(
    BlurType.GAUSSIAN,
    Color.GRAY,
    10, 0 , 4, 1);
Text text = new Text("Inner\nShadow");
text.setEffect(innerShadow);
text.setFill(Color.WHITE);
text.setFont(Font.font(null, FontWeight.BOLD, 100));
```

10.4.3   Wie verwende ich Reflection?

Die Reflection ist einer der Effekte, der eine zeitlang inflationär eingesetzt wurde und inzwischen nur noch ganz selten zu sehen ist. Ich zeige ihn hier gerne der Vollständigkeit halber:

```
Reflection reflection = new Reflection();
reflection.setFraction(0.7);
Text text = new Text();
text.setText("Effekt bitte nicht mehr verwenden!");
text.setFill(Color.GREY);
text.setFont(new Font(30));
text.setEffect(reflection);
```

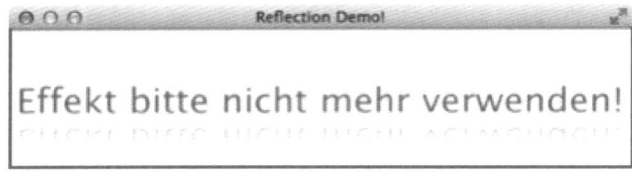

Abb. 10–10   *Der Reflection-Effekt*

10.4.4   Der Blend-Effekt

Mithilfe des Blend-Effekts können überlappende Bereiche zweier Nodes miteinander »gemischt« werden. So etwas wird häufig in der Bildverarbeitung eingesetzt. Die Farbwerte der beiden Pixel, die an derselben Stelle liegen, werden verwendet, um den resultierenden Farbwert an dieser Stelle zu berechnen. Standardmäßig würde der Farbwert des oben liegenden Nodes verwendet werden. In Grafikprogrammen kennt man jedoch zahlreiche Effekte, um die Farbwerte der einzelnen Layers zu mischen. Der Blend-Effekt ist ganz genauso gedacht.

Wie in Photoshop und ähnlichen Programmen gibt es zahlreiche BlendModes die Sie für die Berechnung verwenden können. Diese hier alle im Detail zu erklären, würde den Rahmen dieses Buches sprengen. Eine gute Übersicht über die wichtigsten Modi finden Sie unter *http://en.wikipedia.org/wiki/Blend_modes*.

Hier ein kleines Beispiel, das verschiedene Blend-Effekte demonstriert:

```
public class BlendEffect extends Application {

  @Override
  public void start(Stage primaryStage) {
    VBox add = createWithBlendMode(BlendMode.ADD, "ADD");
    VBox multiply = createWithBlendMode(BlendMode.MULTIPLY, "MULTIPLY");
    VBox difference = createWithBlendMode(
      BlendMode.DIFFERENCE, "DIFFERENCE");
    VBox screen = createWithBlendMode(BlendMode.SCREEN, "SCREEN");
    VBox colorburn = createWithBlendMode(
      BlendMode.COLOR_BURN, "COLOR_BURN");
    VBox sourceover = createWithBlendMode(BlendMode.SRC_OVER, "SRC_OVER");
    VBox softlight = createWithBlendMode(BlendMode.SOFT_LIGHT, "SOFT_LIGHT");
    VBox overlay = createWithBlendMode(BlendMode.OVERLAY, "OVERLAY");
    TilePane tilePane = new TilePane(add,multiply,difference,
      colorburn, screen, sourceover, softlight, overlay);
    Scene scene = new Scene(tilePane, 300, 250);
    primaryStage.setTitle("Blend Effects Demo");
    primaryStage.setScene(scene);
    primaryStage.show();
  }

  private VBox createWithBlendMode(BlendMode mode, String title) {
    ImageView i1 = new ImageView(getClass().
      getResource("javaduke_html5.png").toExternalForm());
    LinearGradient linearGradient = new LinearGradient(0, 0, 1, 1,
        true, CycleMethod.NO_CYCLE,new Stop(0, Color.BLACK),
        new Stop(1, Color.AQUA) );
    Blend blend = new Blend(mode);
    blend.setBottomInput(new ColorInput(0,0,250,250, linearGradient));
    Group g = new Group( i1);
    g.setEffect(blend);
    VBox result = new VBox(10, g, new Text(title));
    result.setAlignment(Pos.CENTER);

    return result;
  }

  public static void main(String[] args) {
    launch(args);
  }

}
```

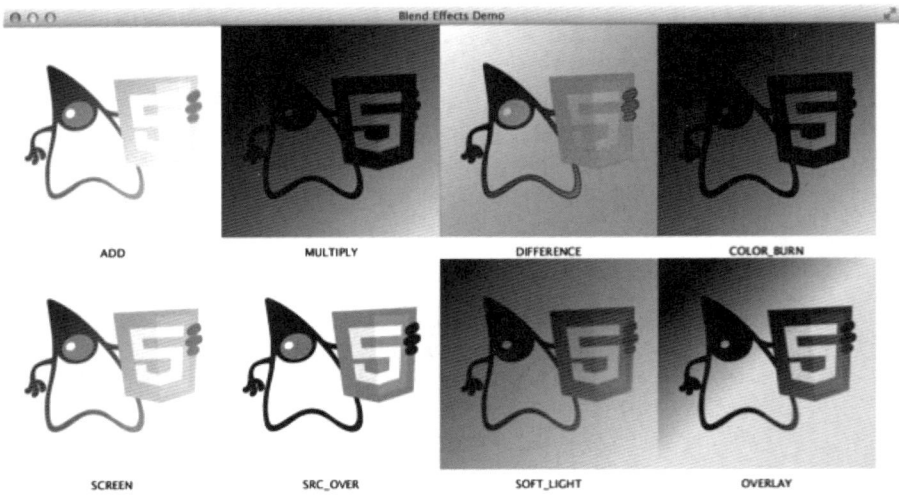

Abb. 10–11 *Verschiedene Blend-Effekte in der Übersicht*

10.4.5 Der Bloom-Effekt

Ein weiterer Effekt, der häufig Anwendung findet, ist der Bloom-Effekt. Mit seiner Hilfe kann ein Node mit einem Leuchten umgeben werden. Hier ein kleines Beispiel:

```
Bloom bloom = new Bloom();
    bloom.setThreshold(0.1);
    Text text = new Text();
    text.setText("Bloom!");
    text.setFill(Color.GREENYELLOW);

    text.setFont(Font.font(null, FontWeight.BOLD, 100));
    text.setEffect(bloom);
    StackPane stackPane = new StackPane(text);
    stackPane.setBackground(new Background(new BackgroundFill(
        Color.BROWN, CornerRadii.EMPTY, Insets.EMPTY)));
```

Abb. 10–12 *Der Bloom-Effekt bringt jeden Node zum Leuchten.*

10.4.6   Wie kann ich Effekte verknüpfen?

Auf jedem Node kann nur ein Effekt gesetzt werden. Was ist aber, wenn ich zum Beispiel einen `InnerShadow` und einen `DropShadow` verknüpfen möchte? In diesem Fall verwendet man die Methode `setInput` des Interface `Effect`. Hier sehen Sie das an einem Beispiel:

```
InnerShadow innerShadow = new InnerShadow(
    BlurType.GAUSSIAN,
    Color.GRAY,
    10, 0 , 4, 1);
DropShadow dropShadow = new DropShadow(
    BlurType.GAUSSIAN,
    Color.GRAY,
    10, 0 , -4, 0);
innerShadow.setInput(dropShadow);

Text text = new Text("Effect\nChaining");
text.setEffect(innerShadow);
text.setFill(Color.WHITE);
text.setFont(Font.font(null, FontWeight.BOLD, 100));
```

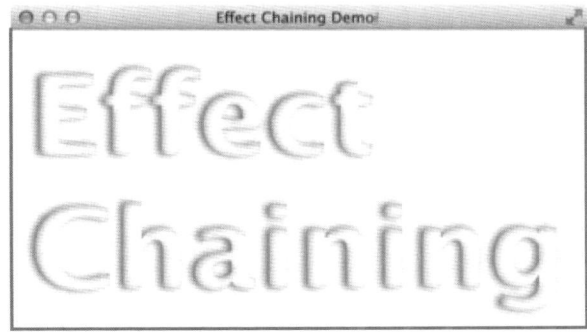

Abb. 10–13   *Effekte lassen sich auch verketten: hier ein InnerShadow kombiniert mit einem DropShadow.*

11 Animationen erstellen

Die JavaFX Runtime bietet verschiedene Ansätze, um Animationen zu erstellen. Spezifische Animationen, etwa die graduelle Änderung der Transparenz eines Nodes, können mithilfe von vorgefertigten Transitionen auf einfache Weise definiert werden. Transitionen werden in Abschnitt 11.1 erläutert. Einfache Animationen können zu komplexeren Animationen zusammengefügt werden, wie in Abschnitt 11.2 gezeigt wird. Mit Timelines können Animationen erstellt werden, die auf KeyFrames basieren. Was KeyFrames-basierte Animationen sind und wie sie verwendet werden können, wird in Abschnitt 11.3 dargestellt. Animationen werden üblicherweise über ihre Endpunkte definiert. Das Verhalten zwischen den Endpunkten kann über Interpolatoren beeinflusst werden, die in Abschnitt 11.4 behandelt werden. Manchmal sind die bisher genannten Möglichkeiten immer noch nicht flexibel genug. In diesen Fällen können benutzerdefinierte Transitionen erstellt werden, die in Abschnitt 11.5 vorgestellt werden.

11.1 Vorgefertigte Transitionen verwenden

Die einfachste Methode, Animationen zu erstellen, ist die Verwendung von vorgefertigten Transitionen. Die JavaFX Runtime bietet Transitionen zum Verschieben, Skalieren, Rotieren, zur Änderung der Transparenz und zur Änderung der Farbe. Tabelle 11–1 zeigt sämtliche vorgefertigte Transitionen und die Node-Eigenschaft, die sie animieren.

---

* Dieses Kapitel wurde beigesteuert von Michael Heinrichs

Transition	Animierte Eigenschaft
FadeTransition	Transparenz
FillTransition	Farbe der Füllung (nur für Shapes)
PathTransition	Bewegung entlang eines beliebigen Pfades
RotateTransition	Rotation
ScaleTransition	Skalierung
StrokeTransition	Farbe der Außenlinie (nur für Shapes)
TranslateTransition	Translation

Tab. 11–1   *Vorgefertigte Transitionen*

Die Definition einer Transition ist denkbar einfach. Um etwa ein Rechteck in einer Sekunde einmal im Kreis zu drehen, können wir eine RotateTransition verwenden:

```
Rectangle rect = new Rectangle(100, 100);
RotateTransition transition = new RotateTransition();
transition.setNode(rect);
transition.setDuration(Duration.seconds(1));
transition.setFromAngle(0);
transition.setToAngle(360);
transition.play();
```

Listing 11–1   *Definition einer vorgefertigten Transition*

Zunächst erstellen wir eine neue RotateTransition und geben den zu animierenden Node sowie die Dauer der Transition (Duration.seconds(1)) an. Jeder beliebige Node im SceneGraph kann animiert werden, also z.B. auch Groups und Controls. Mit dem Setzen von Start- und Endwert ist die Transition vollständig und kann über play() gestartet werden.

11.1.1   Eine Transition steuern

Sobald eine Transition definiert ist, kann sie mit play() gestartet werden. Ein Aufruf von pause() hält die Animation an der momentanen Position an. Beim nächsten Aufruf von play() wird die Animation an der aktuellen Position fortgesetzt. Ein Aufruf von stop() dagegen setzt die aktuelle Position zurück an den Anfang ähnlich der Stopptaste eines DVD-Players.

Durch den Aufruf von jumpTo() kann die Position einer Animation direkt gesetzt werden. Das funktioniert sogar, während die Animation läuft. Die Methoden playFrom() und playFromStart() kombinieren die Funktionalität von jumpTo() und play(). Die Position wird an die angegebene Position bzw. den Start der Animation gesetzt und die Animation gestart.

Die Geschwindigkeit einer Transition kann über die Eigenschaft rate beeinflusst werden. Falls rate auf einen negativen Wert gesetzt wird, läuft die Transition rückwärts ab.

11.1.2   Start- und Endwert setzen

Das Setzen des Startwertes ist optional. Wird kein Startwert angegeben, wird der aktuelle Wert als Startwert übernommen. Der Endwert kann entweder absolut oder relativ definiert werden. Die Eigenschaften zum Setzen des absoluten Wertes haben das Präfix to, also z.B. toX und toY, während die Eigenschaften zum Setzen des relativen Wertes das Präfix by haben, also z.B. byX und byY. Das folgende Listing zeigt die möglichen Kombinationen einer TranslateTransition. Bitte beachten Sie, dass die Werte für x und y unabhängig definiert werden, es ist also durchaus möglich, die Änderung einer Koordinate absolut und die der anderen relativ festzulegen.

```
// Bewege den Node von der aktuellen Position nach (100, 100)
transition.setToX(100);
transition.setToY(100);

// Bewege den Node von (100, 100) nach (200, 300)
transition.setFromX(100);
transition.setFromY(100);
transition.setToX(200);
transition.setToY(300);

// Bewege den Node von der aktuellen Position, um (100, 200)
transition.setByX(100);
transition.setByY(200);

// Bewege den Node von (100, 100), um (100, 200)
transition.setFromX(100);
transition.setFromY(100);
transition.setByX(100);
transition.setByY(200);
```

Listing 11–2   *Kombinationen zum Setzen des Start- und Endwertes*

11.1.3   Eine Transition in Schleifen abspielen

Sämtliche Transitionen können in Schleifen abgespielt werden. Die Anzahl der Schleifendurchläufe kann über die Eigenschaft cylceCount gesetzt werden. Durch Setzen von cylceCount auf die Konstante Animation.INDEFINITE wird eine Transition in einer Endlosschleife gespielt.

Per Voreinstellung wird eine Animation von Anfang bis Ende abgespielt, springt wieder an den Anfang, um anschließend wieder bis zum Ende abzuspielen. Mit der Eigenschaft autoReverse kann dieses Verhalten geändert werden.

Wenn autoReverse auf true gesetzt ist, läuft eine Animation zunächst von Anfang bis Ende, um dann wiederum rückwärts vom Ende bis zum Anfang zu laufen.

Bitte beachten Sie, wenn autoReverse auf true gesetzt ist, zählt jeweils das Abspielen von Anfang bis Ende sowie das Abspielen von Ende bis Anfang als ein Schleifendurchlauf. Wenn also cycleCount beispielsweise drei ist und autoReverse true, dann wird die Transition vorwärts–rückwärts–vorwärts abgespielt, bevor sie endet.

11.1.4   PathTransition

Die PathTransition nimmt eine Sonderstellung unter den vorgefertigten Transitionen ein, da ihr Verhalten nicht über Start- und Endwerte definiert wird. Stattdessen muss ein Pfad angegeben werden, entlang dessen der Node animiert werden soll. Der Pfad wird als Shape übergeben, d.h., es stehen uns sämtliche Möglichkeiten zur Verfügung, die wir bereits in Kapitel 10 über Shapes kennengelernt haben. Insbesondere können beliebige Pfade mithilfe der Klasse Path definiert werden. Der Pfad muss nicht geschlossen sein und kann sogar Sprünge enthalten.

Das folgende Listing zeigt, wie ein Rechteck entlang eines Kreises bewegt werden kann:

```
final Rectangle rect = new Rectangle(100, 100);
final Circle circle = new Circle(200, 200, 100);
final PathTransition transition = new PathTransition();
transition.setNode(rect);
transition.setDuration(Duration.seconds(5));
transition.setPath(circle);
transition.setOrientation(
   OrientationType.ORTHOGONAL_TO_TANGENT);
transition.play();
```

Listing 11–3   *Bewegung eines Nodes entlang eines Kreises*

Wenn Sie das obige Beispiel starten, wird Ihnen auffallen, dass sich das Rechteck dreht, während es dem Verlauf des Kreises folgt. Dies wird über die Eigenschaft orientation gesteuert. Voreingestellt dreht sich der animierte Node nicht; durch Setzen von orientation auf OrientationType.ORTHOGONAL_TO_TANGENT ändert sich die Rotation passend zur Tangente des Pfades.

11.2   Animationen in parallelen und sequenziellen Transitionen organisieren

Die JavaFX Runtime ermöglicht es auf einfache Weise, komplexe Animationen aus mehreren Animationen zusammenzusetzen. Dafür sind zwei Klassen gedacht: ParallelTransition und SequentialTransition. Beide Transitionen sind ein Container für Transitionen, die sie entweder gleichzeitig (ParallelTransition) oder nacheinander abspielen (SequentialTransition).

Im Folgenden werden wir eine einfache Animation eines Kreises, der sich von links nach rechts bewegt, verbessern. Das folgende Listing zeigt die ursprüngliche Animation in Form einer einfachen TranslateTransition.

```
TranslateTransition translate = new TranslateTransition();
translate.setNode(circle);
translate.setDuration(Duration.seconds(2));
translate.setByX(1000);
translate.setCycleCount(Animation.INDEFINITE);
translate.setAutoReverse(true);
translate.play();
```

Listing 11–4   *Eine einfache Animation*

Diese Animation wirkt statisch und langweilig. Um sie etwas interessanter zu gestalten, werden wir eins der »Zwölf Prinzipien der Animation« anwenden: Squash & Stretch.

Die zwölf Prinzipien der Animation erläutern Grundprinzipien, wie lebendige und realistische Animationen erzeugt werden können. Das Prinzip »Squash & Stretch« (Quetschen & Strecken) bedeutet, dass ein Körper durch äußere Einflüsse gestaucht oder in die Länge gezogen werden kann, dabei aber immer das gleiche Volumen behalten muss. Wenn also ein Körper in der horizontalen Achse zusammengepresst wird, muss er sich in die Vertikale ausdehnen. Ein typischer Anwendungsfall ist die Bewegung eines Balls. Während der Bewegung streckt sich der Ball in Richtung der Bewegung, beim Bremsen wird er zusammengedrückt. Diese zusätzlichen Animationen wollen wir nun auf den Kreis in unserem Beispiel anwenden.

Wir implementieren diese Animation mit der ursprünglichen TranslateTransition und zwei ScaleTransitions, die wir am Anfang und am Ende parallel ablaufen lassen.

Im ersten Schritt werden wir die TranslateTransition in eine ParallelTransition einbetten, wie im folgenden Listing ersichtlich.

```
TranslateTransition translate = new TranslateTransition();
translate.setDuration(Duration.seconds(2));
translate.setByX(1000);

ParallelTransition parallel = new ParallelTransition();
parallel.getChildren().addAll(translate);
parallel.setNode(circle);
parallel.setCycleCount(Animation.INDEFINITE);
parallel.setAutoReverse(true);
parallel.play();
```

Listing 11–5   *Transition eingebettet in einer ParallelTransition*

Als Erstes fällt auf, dass wir viel weniger Eigenschaften der `TranslateTransition` definieren, weil wir ja nun die `ParallelTransition` in einer Schleife ausführen möchten. Daher müssen `cycleCount` und `autoReverse` der `ParallelTransition` gesetzt werden, und es wird auch die `ParallelTransition` und nicht die `Translate-Transition` durch Aufruf von `play()` gestartet.

In den meisten Fällen manipulieren sämtliche Transitionen innerhalb einer `ParallelTransition` oder `SequentialTransition` den gleichen Node. Beide Klassen bieten daher die Möglichkeit, einen Node zu setzen, der dann von sämtlichen untergeordneten Transitionen übernommen wird, die selbst keinen Node definiert haben. In unserem Beispiel wird `circle` in der `ParallelTransition` gesetzt und von der `TranslateTransition` übernommen.

Nun können wir die Animationen zum Stauchen und Strecken des Kreises hinzufügen. Das folgende Listing zeigt den vollständigen Code.

```
TranslateTransition translate = new TranslateTransition();
translate.setDuration(Duration.seconds(2));
translate.setByX(1000);

ScaleTransition scale1 = new ScaleTransition();
scale1.setDuration(Duration.millis(300));
scale1.setFromX(0.95);
scale1.setToX(1.05);
scale1.setFromY(1.05);
scale1.setToY(0.95);

ScaleTransition scale2 = new ScaleTransition();
scale2.setDuration(Duration.millis(300));
scale2.setFromX(1.05);
scale2.setToX(0.95);
scale2.setFromY(0.95);
scale2.setToY(1.05);

PauseTransition pause = new PauseTransition();
pause.setDuration(Duration.millis(1400));

SequentialTransition sequential
        = new SequentialTransition(scale1, pause, scale2);

ParallelTransition parallel
        = new ParallelTransition(circle, translate, sequential);
parallel.setCycleCount(Animation.INDEFINITE);
parallel.setAutoReverse(true);
parallel.play();
```

Listing 11–6   *Animation mit Squash & Stretch*

Der größte Teil des Codes ist selbsterklärend. Wir definieren zwei `ScaleTransi-tions` für den Anfang und das Ende, die den Kreis stauchen und dann strecken bzw. am Ende gestreckt starten und zusammenstauchen. Es ist wichtig, dass der Kreis vertikal in entgegengesetzter Richtung gestaucht und gestreckt wird, damit er seine Fläche behält und das Prinzip Squash & Stretch befolgt wird.

Beide ScaleTransitions werden an eine SequentialTransition übergeben, die sie nacheinander ausführt. Die SequentialTransition wird der ParallelTransition untergeordnet, um sie parallel zur ursprünglichen TranslateTransition auszuführen.

Die einzige Unbekannte an dieser Stelle ist die PauseTransition, die ebenfalls an die SequentialTransition übergeben wird. Die Hauptaufgabe einer PauseTransition ist, wie der Name vermuten lässt, eine Pause in eine SequentialTransition einzuführen. Ohne die PauseTransition würde die zweite ScaleTransition direkt nach der ersten ausgeführt werden, was einen sonderbaren Effekt hätte und nicht dem entspricht, was wir uns vorgestellt hatten. Aber mithilfe der PauseTransition kann die zweite ScaleTransition zum Ende der TranslateTransition verschoben werden.

11.3   Timeline und KeyFrames

Transitionen sind einfach zu nutzen und reichen in vielen Fällen bereits aus. Allerdings haben sie einen entscheidenden Nachteil: Sie können nur vorgegebene Eigenschaften verändern. Aus diesem Grund bietet die JavaFX Runtime mit Timelines eine weitere Möglichkeit an, Animationen zu definieren. Mit einer Timeline können beliebige JavaFX Properties animiert werden. Das heißt, neben sämtlichen Properties der JavaFX-Klassen können auch Properties eigener Klassen animiert werden, falls sie als JavaFX Properties implementiert werden.

Bei einer auf KeyFrames basierenden Animation werden spezifische Zeitpunkte mit den Werten definiert, die eine Variable zu diesem Zeitpunkt haben soll. Diese Zeitpunkte werden als KeyFrames bezeichnet. Beispielsweise kann definiert werden, dass die Variable x am Beginn der Animation den Wert 100, nach 1 Sekunde den Wert 200 und nach weiteren 3 Sekunden den Wert 0 haben soll. Sobald die Animation gestartet wird, stellt die JavaFX Runtime sicher, dass diese Werte exakt zu den angegebenen Zeitpunkten erreicht werden, während die Werte dazwischen interpoliert werden. (Die Interpolation kann über Interpolatoren beeinflusst werden, die wir im nächsten Abschnitt betrachten.)

Die Klassen Timeline, KeyFrame und KeyValue

Die Klasse Timeline ist die Basis einer auf KeyFrames basierenden Animation. Sie enthält mehrere KeyFrames und kann ähnlich einer Transition über Befehle wie play(), pause() und stop() gesteuert werden. Es ist übrigens ebenfalls möglich, eine Timeline innerhalb einer SequentialTransition oder einer ParallelTransition zu verwenden, die wir im vorherigen Abschnitt kennengelernt haben, um die Timeline mit weiteren Animationen zu kombinieren.

Die Klasse KeyFrame definiert einen konkreten Zeitpunkt innerhalb einer Timeline. Sie kann einen oder mehrere KeyValues enthalten. Ein KeyValue ist ein

Tupel, bestehend aus der Variablen, die animiert werden soll, und dem Wert, den die Variable zum angegebenen Zeitpunkt erreichen soll.

Definition eines Beispiels

Im Folgenden wollen wir die Properties arcHeight und arcWidth eines Rechtecks animieren. Es gibt keine Transition für diese Properties, also greifen wir auf eine Timeline zurück. Das folgende Diagramm illustriert die Konzepte Timeline, Key-Frames und KeyValues für dieses Beispiel.

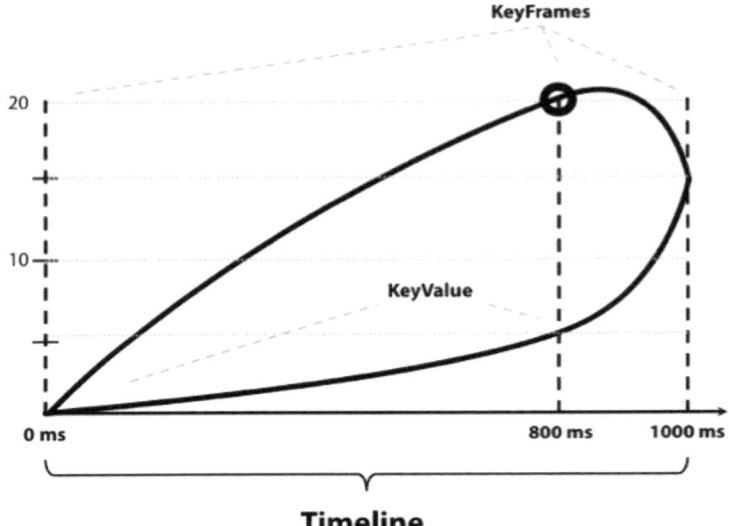

Abb. 11–1   *Timeline, KeyFrames und KeyValues*

Eine Timeline entspricht der gesamten horizontalen Zeitachse. Im obigen Beispiel enthält sie drei KeyFrames an den Positionen 0 ms, 800 ms und 1000 ms. Ein Key-Frame entspricht somit im Diagramm einer vertikalen Linie zu einem spezifischen Zeitpunkt. Alle KeyFrames haben zwei KeyValues, jeweils einen für arcWidth und einen für arcHeight. Ein KeyValue entspricht im Diagramm einem Endpunkt einer Linie für arcWidth oder arcHeight. Ein KeyValue setzt sich aus der Variablen (arcWidth oder arcHeight) und dem angestrebten Wert zusammen, etwa der Wert 20 bei 800 ms für arcHeight.

Das folgende Listing zeigt den Code, der zum Erzeugen des Beispiels nötig ist.

```
final Rectangle rect = new Rectangle(100, 100, 100, 100);

final KeyFrame keyFrame0 = new KeyFrame(
   Duration.millis(0),
   new KeyValue(rect.arcWidthProperty(), 0),
   new KeyValue(rect.arcHeightProperty(), 0)
);
```

```
final KeyFrame keyFrame1 = new KeyFrame(
  Duration.millis(800),
  new KeyValue(rect.arcWidthProperty(), 5),
  new KeyValue(rect.arcHeightProperty(), 20)
);
final KeyFrame keyFrame2 = new KeyFrame(
  Duration.millis(1000),
  new KeyValue(rect.arcWidthProperty(), 15),
  new KeyValue(rect.arcHeightProperty(), 15)
);

new Timeline(
  keyFrame0, keyFrame1, keyFrame2
).play();
```

Listing 11–7   *Animation von arcWidth und arcHeight*

Zunächst erstellen wir die drei KeyFrames. Der erste Parameter des Konstruktors gibt den Zeitpunkt des KeyFrame innerhalb der Timeline an. Es folgen die Key-Values. Wir definieren jeweils einen KeyValue für arcWidth und arcHeight. Ein Key-Value erwartet zwei Parameter im Konstruktor: die zu animierende Property und den Wert.

Anschließend erzeugen wir die Timeline, die aus den drei KeyFrames besteht. Die Timeline wird direkt gestartet.

11.3.1   Besonderheit des ersten KeyFrame

Der erste KeyFrame einer Timeline ist optional. Falls der erste KeyFrame, also der KeyFrame zum Zeitpunkt 0 s, nicht angegeben wird, erzeugt ihn die JavaFX Runtime automatisch. Als Zielwerte werden die aktuellen Werte der animierten Variablen übernommen.

Im obigen Beispiel setzt keyFrame0 die Zielwerte von arcWidth und arcHeight auf 0. Da wir das Rechteck gerade definieren, arcWidth und arcHeight also noch auf den Standardwert von 0 gesetzt sind, könnte in dem obigen Beispiel keyFrame0 weggelassen werden.

11.3.2   Interpolierbare Typen und das Interface Interpolatable

Welche Typen von Variablen können in einer Timeline interpoliert werden? Offensichtlich sämtliche numerische Typen, sogar Variablen vom Typ Integer. Es können auch Booleanwerte animiert werden, wobei sie eher wie Schalter funktionieren, die über einen Zeitraum an- und ausgeschaltet werden.

Weniger offensichtlich und vielleicht sogar etwas überraschend können aber auch Variablen vom Typ Color interpoliert werden. Dies wird beispielsweise in den Klassen FillTransition und StrokeTransition genutzt. Aber mehr noch, es

können sogar beliebige eigene Klassen animiert werden, falls sie das Interface
Interpolatable implementieren.

Interpolatable definiert eine einzige Methode interpolate, die zwei Parameter erwartet: einen Endwert und einen Wert t zwischen 0 und 1. Wenn t = 0 ist,
sollte das aktuelle Objekt zurückgegeben werden, und wenn t = 1 ist, der Endwert. Bei Werten zwischen 0 und 1 muss der interpolierte Wert zurückgegeben
werden.

Nehmen wir im folgenden Beispiel an, dass wir den Viewport eines Bildes
animieren wollen. Mit dem Viewport wird der Ausschnitt eines Bildes definiert,
der angezeigt werden soll. Die Property viewport erwartet eine Instanz der Klasse
Rectangle2D. Diese Klasse implementiert nicht das Interpolatable-Interface, aber
wir können sie erweitern und die fehlende Funktionalität hinzufügen, wie im folgenden Listing gezeigt.

```
public static class InterpolatableRectangle2D
   extends Rectangle2D
   implements Interpolatable<InterpolatableRectangle2D> {

   public InterpolatableRectangle2D(
     double minX, double minY,
     double width, double height) {
     super(minX, minY, width, height);
   }

   @Override
   public InterpolatableRectangle2D interpolate
     (InterpolatableRectangle2D endValue, double t) {
     return new InterpolatableRectangle2D(
       getMinX()   + t * (endValue.getMinX()   - getMinX()),
       getMinY()   + t * (endValue.getMinY()   - getMinY()),
       getWidth()  + t * (endValue.getWidth()  - getWidth()),
       getHeight() + t * (endValue.getHeight() - getHeight())
     );
   }
}
```

Listing 11–8   *Ein interpolierbares Rectangle2D*

Die Klasse InterpolatableRectangle2D erweitert Rectangle2D und implementiert
das Interface Interpolatable. Die Methode interpolate() berechnet die Interpolation zwischen dem aktuellen Rectangle2D und dem übergebenen Endwert, indem
die Position und die Größe der beiden Rechtecke interpoliert wird.

Jetzt können wir den Viewport eines Bildes animieren, wie im folgenden Listing gezeigt wird.

```
final ImageView imageView = new ImageView(image);

final KeyValue keyValue0 = new KeyValue(
    imageView.viewportProperty(),
    new InterpolatableRectangle2D(0, 150, 100, 100)
);
final KeyFrame keyFrame0 = new KeyFrame(
    Duration.seconds(0),
    keyValue0
);

final KeyValue keyValue1 = new KeyValue(
    imageView.viewportProperty(),
    new InterpolatableRectangle2D(400, 150, 100, 100)
);
final KeyFrame keyFrame1 = new KeyFrame(
    Duration.seconds(2),
    keyValue1
);

new Timeline(keyFrame0, keyFrame1).play();
```

Listing 11–9   *Animation eines Viewports*

Das einzige wirklich Neue an diesem Listing ist die Instanziierung der KeyValues. Der erste Parameter gibt die zu animierende Property an, in unserem Fall den Viewport. Der zweite Parameter definiert den Start- bzw. Endwert der Animation. An dieser Stelle benutzen wir unsere neue Klasse. Wenn wir die Animation starten, sehen wir, wie der Ausschnitt flüssig von der Startposition an die Endposition bewegt wird.

11.4   Interpolatoren

Bisher haben wir Animationen nur über ihre Anfangs- und Endwerte definiert, bzw. im Fall von Timelines können wir auch konkrete Zwischenwerte angeben. Oft möchte man aber auch das Verhalten zwischen diesen Werten beeinflussen. Dazu dient in der JavaFX Runtime die Klasse Interpolator.

11.4.1   Vordefinierte Interpolatoren

Die JavaFX Runtime stellt eine Reihe vordefinierter Interpolatoren zur Verfügung. Beispielsweise definiert Interpolator.LINEAR eine lineare Interpolation, die Endwerte werden also durch eine gerade Linie verbunden. Wird dagegen der Interpolator.EASE_IN verwendet, startet die Animation langsam und wird dann schneller, sodass sich eine natürlich wirkende Animation ergibt, weil das Objekt erst beschleunigt werden muss. In der nachfolgenden Tabelle sind die vordefinierten Interpolatoren mit einer grafischen Repräsentation und einer Erläuterung des Verhaltens aufgeführt.

LINEAR		Eine lineare Interpolation, d.h., die Animation findet immer mit der gleichen Geschwindigkeit statt.
EASE_IN		Die Animation startet langsam und beschleunigt dann langsam.
EASE_OUT		Die Animation startet schnell und bremst zum Ende hin ab.
EASE_BOTH		Die Animation startet langsam, beschleunigt und bremst zum Ende hin wieder ab.
DISCRETE		Der animierte Wert bleibt auf dem Startwert stehen und erst im letzten Augenblick springt er auf den Endwert.

Tab. 11–2   *Die vordefinierten Interpolatoren*

11.4.2   Einen eigenen Interpolator erstellen

Sollten die vordefinierten Interpolatoren nicht ausreichen, so ist es möglich, einen eigenen zu erstellen. Dazu muss eine Instanz der abstrakten Klasse Interpolator definiert werden. Sie hat nur eine abstrakte Methode: die Methode curve().

Die Methode curve() erwartet einen Parameter t, ein double im Bereich zwischen 0 und 1. Dieser Wert muss wieder auf das Intervall zwischen 0 und 1 abgebildet werden, wobei die Intervallgrenzen 0 und 1 auf sich selbst abgebildet werden sollten und die Kurve kontinuierlich sein sollte, um Sprünge in der Animation zu vermeiden. Eine Abbildung auf sich selbst resultiert in einer linearen Interpolation. An Stellen mit einer geringeren Steigung verläuft die Animation langsamer, an Stellen mit einer größeren Steigung verläuft sie schneller.

Im folgenden Listing werden ein quadratischer und ein kubischer Interpolator erstellt:

```
Interpolator SQUARE_INTERPOLATOR = new Interpolator() {
    @Override
    protected double curve(double t) {
        return t * t;
    }
};
```

```
Interpolator CUBIC_INTERPOLATOR = new Interpolator() {
  @Override
  protected double curve(double t) {
    return t * t * t;
  }
};
```

Listing 11–10 *Zwei benutzerdefinierte Interpolatoren*

Die quadratische und die kubische Funktion erfüllen alle Bedingungen einer flüssigen Animation: Null und eins werden auf sich selbst abgebildet und die Funktion verläuft kontinuierlich. Beide Funktionen steigen zunächst langsamer als eine lineare Abbildung, um dann erheblich zu beschleunigen. Das folgende Listing vergleicht unsere Interpolatoren mit dem EASE_IN-Interpolator, der Teil der JavaFX Runtime ist.

```
Circle circle0 = new Circle(100, 100, 50, Color.RED);
Circle circle1 = new Circle(100, 300, 50, Color.RED);
Circle circle2 = new Circle(100, 500, 50, Color.RED);

Duration sec3 = Duration.seconds(3);

TranslateTransition t0 = new TranslateTransition(sec3, circle0);
t0.setByX(800);
t0.setInterpolator(Interpolator.EASE_IN);
t0.play();

TranslateTransition t1 = new TranslateTransition(sec3, circle1);
t1.setByX(800);
t1.setInterpolator(SQUARE_INTERPOLATOR);
t1.play();

TranslateTransition t2 = new TranslateTransition(sec3, circle2);
t2.setByX(800);
t2.setInterpolator(CUBIC_INTERPOLATOR);
t2.play();
```

Listing 11–11 *Vergleich der eigenen Interpolatoren mit dem EASE_IN-Interpolator.*

Wir definieren drei TranslateTransitions, die jeweils einen Kreis von links nach rechts bewegen. Durch Setzen der Property interpolator können wir einen Interpolator wählen.

11.5 Eigene Transitionen erstellen

Eine weitere Möglichkeit, eine Animation zu definieren, ist die Erstellung einer eigenen Transition. Dies ist vor allen Dingen dann sinnvoll, wenn eine benutzerdefinierte Animation erzeugt werden soll und die Definition über ein eigenes Interpolatable und mehrere KeyFrames zu umständlich erscheint.

Um eine eigene Transition zu erstellen, wird die Klasse Transition abgeleitet und ihre abstrakte Methode interpolate() implementiert. Zusätzlich muss die

Dauer der Transition durch Aufruf der Methode setCycleDuration vor dem Start
angegeben werden. Üblicherweise wird diese Eigenschaft dem Anwender in Form
einer Property duration überlassen. Es ist aber auch möglich, eine konstante
Dauer zu definieren oder die Dauer zu berechnen (wie im Fall der SequentialTransition und ParallelTransition).

Im Folgenden werden wir die Animation aus dem Beispiel über Interpolatab-
les umsetzen, diesmal allerdings mithilfe einer eigenen Transition. In dem Beispiel
hatten wir den Viewport einer ImageView animiert. Das folgende Listing zeigt die
Umsetzung als eigene Transition. Sie ist konfigurierbar, die Eigenschaften können
aber der Einfachheit halber in diesem Beispiel nur im Konstruktor gesetzt werden. Bei der Verwendung in einem realen Programm spricht natürlich nichts
dagegen, die Werte auch nach der Objekterzeugung über Properties änderbar zu
gestalten.

```
public class ViewportTransition extends Transition {

    private final ImageView imageView;
    private final Rectangle2D start;
    private final Rectangle2D end;

    public ViewportTransition(
      ImageView imageView,
      Rectangle2D start,
      Rectangle2D end,
      Duration duration) {
        this.imageView = imageView;
        this.start = start;
        this.end = end;
        setCycleDuration(duration);
    }

    @Override
    protected void interpolate(double t) {
      final Rectangle2D viewport = new Rectangle2D(
        start.getMinX()
        + t * (end.getMinX()   - start.getMinX()),
        start.getMinY()
        + t * (end.getMinY()   - start.getMinY()),
        start.getWidth()
        + t * (end.getWidth()  - start.getWidth()),
        start.getHeight()
        + t * (end.getHeight() - start.getHeight())
      );
    imageView.setViewport(viewport);
    }
}
```

Listing 11–12 *Definition der ViewportTransition*

Im Konstruktor erwarten wir die zu animierende ImageView, Start- und Endwert
sowie die Dauer der Animation. Die Werte werden gespeichert, wobei es aus-

reicht, dass die Dauer durch Aufruf der Methode `setCycleDuration()` an die Superklasse übergeben wird.

Die zu implementierende Methode `interpolate()` bekommt einen Wert zwischen 0.0 und 1.0 übergeben. Dieser Wert gibt die Position innerhalb der Animation an. Der Anfang der Animation entspricht dem Wert 0.0, das Ende dem Wert 1.0. Werte dazwischen geben die relative Position innerhalb der Animation an.

In der Methode `interpolate()` berechnen wir die Interpolation des Viewports und setzen ihn direkt.

Das folgende Listing zeigt die Verwendung der Klasse `ViewportTransition`:

```
final ImageView imageView = new ImageView(image);

new ViewportTransition(
    imageView,
    new Rectangle2D(0, 150, 100, 100),
    new Rectangle2D(400, 150, 100, 100),
    Duration.seconds(2)
    ).play();
```

Listing 11–13 *Verwendung der ViewportTransition*

12 Auf systemnahen Input reagieren

In unseren Beispielprojekten haben wir bereits auf Benutzereingaben reagiert, wenn etwa ein Formular ausgewertet wurde. Nun wollen wir uns die Abläufe bei der Ereignisverarbeitung und die zugehörigen APIs ganz genau ansehen. JavaFX unterstützt die üblichen Maus- und Tastaturevents. Besonders spannend für Swing-Entwickler ist jedoch, dass JavaFX als modernes UI-Toolkit auch Multitouch-Events und Gestensteuerung unterstützt. Auch hierzu werden wir im Folgenden einige Beispiele sehen.

In diesem Kapitel geht es darum, welche Arten von Events von JavaFX unterstützt werden und wie diese Events bei der richtigen Komponente ankommen. Ein grundlegendes Verständnis dieser Abläufe ist wichtig, wenn wir korrigierend eingreifen wollen, zum Beispiel, um zu verhindern, dass das Event vom falschen Node konsumiert wird.

12.1 Welche sind die wichtigsten Klassen?

Unter Ereignissen oder Events versteht man in JavaFX für die Anwendung interessante Aktionen wie Mausbewegungen oder etwa einen Tastendruck. Diese werden durch die Basisklasse `javafx.event.Event` repräsentiert. Jedes Event kapselt einen Event-Typ (Type), eine Quelle (Source) und ein Event-Ziel (Target). Spezifische Subklassen enthalten zusätzliche Informationen. Ein `MouseEvent` enthält zusätzlich zum Beispiel die x- und y-Koordinaten des Mauszeigers, und ein `KeyEvent` enthält auch den `KeyCode`.

12.1.1 Target

Das Ziel oder Target eines Events ist immer ein Objekt, dessen Klasse das Interface `javafx.event.EventTarget` implementiert. Meistens ist das ein Node. Gleich zu Beginn der Event-Verarbeitung legt das System fest, was das Ziel eines Events ist.

12.1.2   Source

Als Quelle oder Source eines Events wird das Objekt betrachtet, das ein Event an einen EventHandler sendet. Das ist typischerweise der Node, auf dem sich ein EventHandler für ein Ereignis registriert hat. Da ein Event, bis es konsumiert wird, eine ganze Reihe von EventHandlern durchlaufen kann, ändert sich die Quelle eines Events im Verlauf der Verarbeitung.

12.1.3   EventType

Der Event-Typ (`javafx.event.EventType`) erlaubt es schließlich, die einzelnen Ereignisse bei der Verarbeitung genauer zu unterscheiden. So lassen sich Event-Handler und -Filter für einen ganz spezifischen `EventType` oder für eine ganze Gruppe von verwandten EventTypes registrieren. Jeder `EventType` hat einen Namen und einen Supertyp. Mithilfe des Supertyp lässt sich eine Hierarchie von Events aufbauen. Wird bei der Konstruktion des EventType-Objekts kein super-Type angegeben, wird `javafx.event.EventType.ROOT` als Default verwendet. `javafx.event.EventType.ROOT` (oder `javafx.event.Event.ANY`) ist die Wurzel jeder EventType-Hierarchie. Der `EventType<MouseEvent>.MOUSE_CLICKED` hat zum Beispiel als Supertyp den `EventType<MouseEvent>.ANY`. Dieser hat wiederum den Supertyp `EventType<InputEvent>.ANY` und der hat als SuperTyp `Event-Type<Event>.ANY`. Bei der Registrierung eines Handlers oder Filters kann man so unterscheiden, wie spezifisch das überwachte Ereignis sein soll. Ich kann also festlegen, dass ich nur Mausklicks überwachen möchte. Ich kann aber auch auf alle Mausereignisse reagieren, oder auf jedes `InputEvent`, was zum Beispiel auch Tastatureingaben und TouchEvents einschliesst. Oder ich reagiere ganz einfach auf jedes Event, indem ich den `EventType<Event>.ANY` verwende.

12.1.4   EventHandler

Für die Verarbeitung der verschiedenen Events sind `javafx.event.EventHandler` zuständig. `EventHandler` ist ein generisches Interface mit nur einer Methode `handle()`. Innerhalb dieser Methode kann der Handler auf das Event reagieren und eventuell die `consume`-Methode des Events aufrufen. Dadurch wird die Event-Verarbeitung abgeschlossen und weitere EventHandler werden ignoriert.

12.2   Wie werden Events verteilt?

Beim Start einer Applikation wird der für die Event-Verarbeitung zuständige Application Thread erzeugt. Auf diesem Thread findet auch die ganze Eventverarbeitung statt. Wird ein Event vom System registriert, erfolgt die Event-Verarbeitung in vier Phasen.

12.2.1   Event Target Selection

Die erste Phase ist die Auswahl des Event-Ziels. Diese Auswahl hängt von der Art des Events ab. Für ein MouseEvent wird der oberste Node, über dem sich gerade der Mauszeiger befindet, gewählt. Bei einem KeyEvent ist es die Komponente, die gerade den Eingabefokus hat.

12.2.2   Event Route Construction

Nun ist das gewählte Event-Ziel dafür verantwortlich, die Route (dispatch chain) zu bestimmen, die das Event während des Event Dispatching entlangreist. Dafür wird auf dem Event-Ziel die Methode buildEventDispatchChain aufgerufen. Die DispatchChain setzt sich dann aus den einzelnen EventDispatchern zusammen, die anschließend nacheinander aufgerufen werden.

12.2.3   Event Capturing Phase

Dieses Ausliefern des Events (Event Dispatching) beginnt mit der Event-Capturing-Phase. Während dieser Phase wird das Event ausgehend von der Stage die vorgegebene Route entlang zum Event-Ziel gesendet. Auf diesem Weg werden entlang der Route nacheinander alle EventFilter aufgerufen, die auf einer der Event-Quelle entlang der Route registriert wurden. Damit kann ein Event zum Beispiel konsumiert werden, bevor es das Event-Ziel erreicht.

12.2.4   Event Bubbling Phase

Hat das Event sein Ziel erreicht, reist es dieselbe Route wieder zurück zur Stage. In dieser Phase werden nun nacheinander alle EventHandler aufgerufen, die entlang der Route auf das Event warten. Durch diesen zweiphasigen Dispatching-Prozess kann sehr feingranular auf ein Event reagiert werden.

12.3   Wie reagiert man auf Events?

Nachdem wir uns jetzt angesehen haben, wie ein Event aufgebaut ist und wie es den verschiedenen Event-Quellen zur Verarbeitung angeboten wird, geht es nun im praxisrelevantesten Teil darum, wie man auf Events reagiert. Die API bietet da drei verschiedene Möglichkeiten: die Verwendung der von einem Node angebotenen EventHandler Properties, eine generische Methode zum Registrieren von EventHandlern und die Verwendung eines eigenen EventDispatchers.

12.3.1   EventHandler Properties

Um Anfängern den Einstieg zu erleichtern, gibt es »Convenience«-Methoden, die
den Einstieg sehr leicht machen. Es handelt sich dabei um Properties, die auf den
einzelnen Nodes gesetzt werden können. Name und Typ der Property sorgen
dafür, dass nicht viel schiefgehen kann, auch wenn der Benutzer die API noch
nicht so genau kennt und sich auf die automatische Codevervollständigung ver-
lässt. Die onMouseClicked-Property enthält einen EventHandler, der auf einen
Mausklick reagiert, onKeyTyped enthält einen Handler, der auf Tastendruck
reagiert usw.

Gesetzt werden diese Properties wie üblich mit dem entsprechenden Setter:

```
StackPane root = new StackPane();
root.setOnMouseClicked(new EventHandler<MouseEvent>() {

  @Override
  public void handle(MouseEvent event) {
    System.out.println("Mausklick an Position "
      +event.getX()+", "+event.getY());
  }
});
```

Der Vorteil dieser Methode besteht ganz klar darin, dass sich die API hier selbst
dokumentiert: Der Methodenname sagt uns ziemlich genau und detailliert, was
die Methode tut, und ersetzt so die Notwendigkeit, sich genauer zu informieren,
welche Art von Events denn unterstützt werden und auf was für Arten von Input
man reagieren kann.

Leider gehen mit der Bequemlichkeit auch einige Einschränkungen einher. So
können wir zum Beispiel für jedes Ereignis nur einen einzigen EventHandler
registrieren. Ein erneuter Aufruf der Setter-Methode deregistriert heimlich, still
und leise den aktuellen EventHandler. Das kann zu überraschenden Effekten führen und erschwert unter Umständen das Debugging. Deshalb empfehle ich, lieber
von Anfang an die generische Methode zu verwenden.

12.3.2   EventHandler- und EventFilter-Registrierung

Im Unterschied zur Properties-basierten Methode müssen wir hier zwar anfangs
ein bisschen recherchieren, was für einen EventHandler wir registrieren müssen,
um auf ein bestimmtes Event zu reagieren, aber dafür erhalten wir die Möglichkeit, beliebig viele EventHandler etwa für einen Mausklick zu registrieren.

```
root.addEventHandler(MouseEvent.MOUSE_CLICKED, new EventHandler<MouseEvent>()
{

    @Override
    public void handle(MouseEvent event) {
      System.out.println("Mausklick an Position "+event.getX()+",
        "+event.getY());
    }
});
```

Wir können auf diese Weise auch einen Handler registrieren, der nicht nur auf ein spezifisches Ereignis, sondern auf eine ganze Gruppe ähnlicher Ereignisse reagiert. Zum Beispiel sieht ein Handler, der sich für alle MouseEvents interessiert, folgendermaßen aus:

```
root.addEventHandler(MouseEvent.ANY, new EventHandler<MouseEvent>() {

    @Override
    public void handle(MouseEvent event) {
      System.out.println("Maus-Event an Position "+event.getX()+",
        "+event.getY());
    }
});
```

Außerdem haben wir den weiteren Vorteil, dass wir auf diese Weise auch Event-Filter registrieren und so in einer früheren Phase des EventDispatching zugreifen können, wenn uns ein Event interessiert.

Nehmen wir ein Beispiel aus der Praxis. Ich habe vor einiger Zeit eine Präsentationssoftware in JavaFX erstellt, da ich so sehr gut Demos in die Präsentation einbetten kann. Das Umschalten zwischen den Slides erfolgt dabei über die Pfeiltasten. Wenn ich nun als Demo auf der Seite ein Formular zeige, kann ich direkt mit dem Formular arbeiten. Hier beginnt aber auch schon das Problem. Klicke ich in eine TextArea und gebe ihr damit den Fokus, so ist sie, wie zuvor beschrieben, das Event-Ziel für alle KeyEvents. Die Tastendrücke auf die Pfeiltasten werden für das Verschieben des Cursors verwendet und danach konsumiert. Damit funktioniert das Umschalten nicht mehr. Mithilfe eines Filters kann ich jedoch das Event bereits vor dem Erreichen des Ziels abgreifen, direkt darauf reagieren und das gewünschte Verhalten wieder herstellen.

Das folgende Codebeispiel zeigt den entsprechenden Democode. Wir haben einen EventFilter registriert, der dafür sorgt, dass das Event sein eigentliches Ziel gar nicht erreicht:

```
slideNode.addEventFilter( KeyEvent.KEY_PRESSED,
  new EventHandler<KeyEvent>() {
    @Override
    public void handle(final KeyEvent keyEvent) {
      if (keyEvent.getCode() == KeyCode.LEFT) {
        previousSlidePlease();
      } else if (keyEvent.getCode() == KeyCode.RIGHT) {
        nextSlidePlease();
      }
    }
  }
);
```

Aufrufreihenfolge

Wenn mehrere EventHandler für ein Event registriert sind, ist die Reihenfolge ihres
Aufrufs nicht definiert. Sie können sich also nicht darauf verlassen, dass ein
bestimmter EventHandler nach einem anderen ausgeführt wird. Sollte das jedoch
notwendig sein, können wir uns mit einem kleinen Trick behelfen. Der EventHandler, der als Property über setOn<EventType> gesetzt wurde, wird immer als letzter
Handler nach den über addEventHandler registrierten ausgeführt. Außerdem werden
immer zuerst die spezifischeren Handler oder Filter ausgeführt, erst danach werden
die generischen Handler aufgerufen. Im folgenden Codebeispiel ist der zuerst zuge-
fügte Handler allgemeiner definiert (MouseEvent.ANY) und wird daher erst nach dem
spezifischeren Handler (MouseEvent.MOUSE_PRESSED) ausgeführt.

```
StackPane root = new StackPane();
root.setOnMouseClicked(new EventHandler<MouseEvent>() {

  @Override
  public void handle(MouseEvent event) {
    System.out.println("Zweiter!");
  }
});
root.addEventHandler(MouseEvent.ANY, new EventHandler<MouseEvent>() {

  @Override
  public void handle(MouseEvent event) {
    if (event.getEventType()== MouseEvent.MOUSE_CLICKED)
      System.out.println("Dritter!");
  }
});
root.addEventHandler(MouseEvent.MOUSE_CLICKED,
  new EventHandler<MouseEvent>() {

    @Override
    public void handle(MouseEvent event) {
      System.out.println("Erster!");
    }
});
```

12.3.3   EventDispatcher

Die letzte und mächtigste Möglichkeit ist das Registrieren eines eigenen Event-Dispatcher. Der EventDispatcher erhält alle Events und kann sie gegebenenfalls verändern, ersetzen oder umleiten. Dazu muss die Methode dispatchEvent aufgerufen werden. Zu Beginn des Aufrufs befinden wir uns noch in der Event-Capturing-Phase. Hier werden normalerweise die EventFilter aufgerufen. Danach können die weiteren EventDispatcher aufgerufen werden. Wenn wir hier als Rückgabewert null erhalten, wurde der Event bereits abschließend behandelt. Wenn ein Event zurückkommt, befinden wir uns in der Bubbling-Phase. Jetzt haben wir erneut Gelegenheit, das Event zu verändern, zu ersetzen oder umzuleiten. Zudem sollten wir die registrierten EventHandler aufrufen. Rückgabewert der Methode ist dann das Event oder null, falls das Event bereits abschließend behandelt wurde.

13 Die WebView nutzen

Mithilfe der WebView-Komponente kann man in JavaFX HTML5-Inhalte anzeigen. Das kann eine lokale HTML-Datei sein oder auch eine Webseite. Die Komponente basiert auf Webkit und ist sehr mächtig. Die Einsatzmöglichkeiten gehen von der Anzeige von Dokumentation bis zur Integration von kompletten Webanwendungen. Sehr praktisch ist dabei, dass es einfach ist, über eine JavaScript-Bridge mit dem Inhalt der WebView-Komponente zu interagieren. So können wir von JavaFX aus die Seite modifizieren und auf Benutzeraktionen reagieren.

13.1 Wie zeige ich eine Webseite an?

Die Basis-API ist sehr einfach, wir erzeugen einen WebView-Node. Von diesem bekommen wir eine WebEngine, der wir eine URL zum Laden übergeben:

```
public class WebViewDemo extends Application {

    @Override
    public void start(Stage primaryStage) {
      WebView webView = new WebView();
      WebEngine engine = webView.getEngine();
      engine.load("http://dukescript.com");
      Scene scene = new Scene(webView, 300, 250);
      primaryStage.setTitle("JavaFX WebView Demo");
      primaryStage.setScene(scene);
      primaryStage.show();
    }
}
```

Diese drei Zeilen reichen, um die Webseite zu laden. Mit einem Rechtsklick können Sie auf der Seite ein Kontextmenü aufrufen und von diesem aus je nach aktuellem Status das Laden der Seite stoppen oder neu anstoßen. Standardmäßig steht dieses Menü zur Verfügung. Es lässt sich aber mit dem Befehl webView.setContextMenuEnabled(false); auch verstecken.

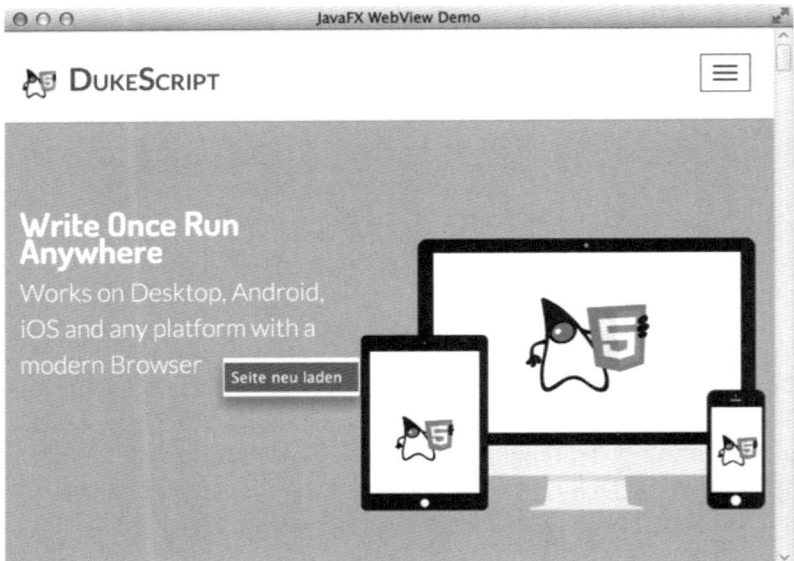

Abb. 13–1   *Das optionale Kontextmenü der WebView*

Sie können Ihrer JavaFX-Anwendung nun Buttons oder Menüs hinzufügen, die bei einem Klick eine bestimmte Seite anzeigen. Dazu genügt ein Aufruf von engine.load(„http://meineurl.com"). Fügen wir als Beispiel eine Menüleiste ein. Dazu stecken wir zunächst die WebView in eine BorderPane und setzen oberhalb eine MenuBar ein. Ändern Sie die start-Methode wie folgt:

```
public void start(Stage primaryStage) {
    WebView webView = new WebView();
    webView.setContextMenuEnabled(false);
    WebEngine engine = webView.getEngine();
    engine.load("http://dukescript.com");
    BorderPane borderPane= new BorderPane(webView);
    MenuBar menuBar = new MenuBar();
    final Menu navigateMenu = new Menu("Navigate");
    MenuItem home = new MenuItem("Home");
    navigateMenu.getItems().addAll(home);
    home.setOnAction(e -> engine.load("http://eppleton.de"));
    menuBar.getMenus().add(navigateMenu);
    borderPane.setTop(menuBar);
    Scene scene = new Scene(borderPane, 640, 400);
    primaryStage.setTitle("JavaFX WebView Demo");
    primaryStage.setScene(scene);
    primaryStage.show();
}
```

Abb. 13–2   *Eine MenuBar mit Home-MenuItem*

Das funktioniert, ist aber noch nicht sehr schön, weil der Benutzer kein direktes
Feedback bekommt. Ein Fortschrittsbalken wäre hier sehr hilfreich. Wir könnten
diesen zum Beispiel über die Seite legen, während eine neue Seite geladen wird.
Die WebEngine gibt uns auch gleich eine Property, die wir dafür überwachen
können. Stecken wir also unsere BorderPane in eine StackPane und zeigen den Fortschritt als obersten Node an (siehe auch Abb. 13–3):

```
ProgressBar progressBar = new ProgressBar();
progressBar.progressProperty().bind(
    engine.getLoadWorker().progressProperty());

engine.getLoadWorker().stateProperty().addListener(
    (e, o, n) -> {
    if (n == State.SUCCEEDED) {
      progressBar.setVisible(false);
    } else if (n == State.RUNNING) {
      progressBar.setVisible(true);
    }
  }
);
StackPane root = new StackPane(borderPane, progressBar);
Scene scene = new Scene(root, 640, 400);
```

Die WebEngine stellt uns auch den Verlauf zur Verfügung. Wir können ihn zum
Beispiel verwenden, um das Menü zu befüllen (siehe auch Abb. 13–4):

```
Menu historyMenu = new Menu("History");
engine.getHistory().getEntries().addListener(
    (ListChangeListener.Change<? extends Entry> c) -> {
    c.next();
    for (Entry e: c.getAddedSubList()) {
      for(MenuItem i: historyMenu.getItems()){
        if (i.getId().equals(e.getUrl())){
          historyMenu.getItems().remove(i);
```

```
      }
    }
  }
  for (Entry e: c.getAddedSubList()) {
    final MenuItem menuItem = new MenuItem(e.getUrl());
    menuItem.setId(e.getUrl());
    menuItem.setOnAction(a->engine.load(e.getUrl()));
    historyMenu.getItems().add(menuItem);
  }
});
menuBar.getMenus().addAll(navigateMenu, historyMenu);
```

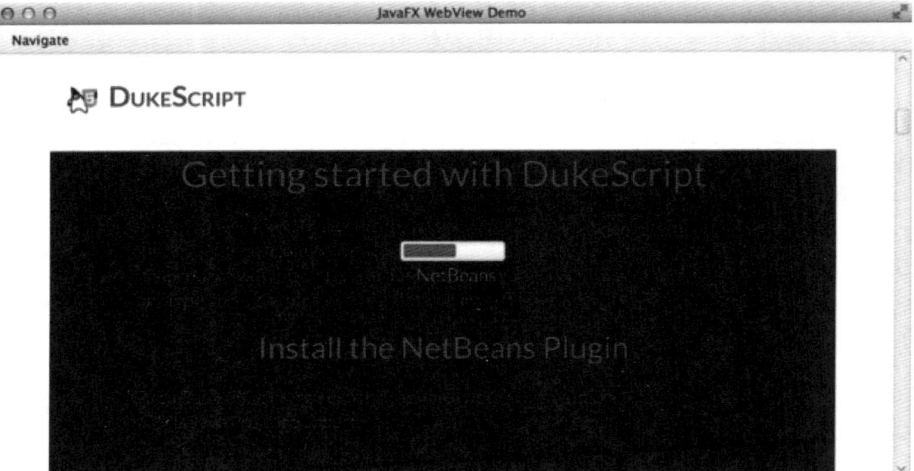

Abb. 13–3   Anzeige eines Fortschrittsbalkens, während die Seite geladen wird

Abb. 13–4   Die WebEngine stellt auch den Verlauf zur Verfügung.

13.2   Wie kann ich JavaScript ausführen?

Die Tatsache, dass man in der Anwendung HTML5-Webseiten anzeigen kann, ist für einen Swing-Anwender alleine bereits eine großartige Sache. Wir können mit der Seite jedoch noch viel mehr anfangen, zum Beispiel von Java aus JavaScript-Befehle aufrufen. Das klingt zunächst nicht besonders aufregend, vor allem, wenn man es mit einer normalen Webseite zu tun hat. Wirklich interessant wird das, wenn wir eine der zahlreichen JavaScript-Bibliotheken wiederverwenden. Davon gibt es inzwischen eine ganze Menge, und viele davon enthalten Komponenten, die uns auch in einer JavaFX-Anwendung gute Dienste leisten könnten. Für das folgende Beispiel verwenden wir die Highcharts-Bibliothek und jQuery. Sie können diese unter *http://www.highcharts.com/* und *http://jquery.com* herunterladen. Erstellen Sie nun ein neues JavaFX-Projekt und laden Sie in der Application-Klasse eine lokale HTML-Datei aus dem JAR-Archiv:

```java
public class WebViewCharts extends Application {

  @Override
  public void start(Stage primaryStage) {
    WebView webView = new WebView();
    final WebEngine engine = webView.getEngine();
    engine.load(WebViewCharts.class
            .getResource("charts.html").toExternalForm());
    Scene scene = new Scene(webView, 300, 250);
    primaryStage.setTitle("JavaFX WebView Chart Demo");
    primaryStage.setScene(scene);
    primaryStage.show();
  }
}
```

Die URL der HTML-Seite bekommen wir über den Aufruf getClass().getResource("charts.html"). Die Datei muss daher im selben Package wie die Hauptklasse liegen. Erzeugen Sie nun also die Datei charts.html mit folgendem Inhalt:

```html
<!DOCTYPE html>
<html>
  <head>
    <title>TODO supply a title</title>
    <meta charset="UTF-8">
    <meta name="viewport" content="width=device-width, initial-scale=1.0">
    <script type="text/javascript" src="jquery-1.11.0.min.js"></script>
    <script type="text/javascript" src='highcharts.js'></script>
  </head>
  <body>
    <div id="container" style=
       "min-width: 310px; height: 400px; margin: 0 auto"></div>
  </body>
</html>
```

Die beiden JavaScript-Dateien für Highcharts und jQuery müssen Sie als Ressource ebenfalls in dasselbe Package legen, damit wir sie relativ zur Seite laden können. Die zur Drucklegung aktuelle Version von jQuery war jquery-1.11.0.min.js. Falls Sie eine andere Version von Highcharts oder jQuery verwenden möchten, müssen Sie die entsprechenden Verweise in der HTML-Datei anpassen.

Highcharts ist eine Chart-Bibliothek, mit der wir Graphen erstellen können, die von JavaFX noch nicht unterstützt werden. Für unser Beispiel basteln wir uns eine rudimentäre Java-API, die uns hilft, den benötigten JavaScript-Code zu bauen. Aus Gründen der Lesbarkeit halte ich die API hier bewusst einfach. Zumindest die Daten wollen wir in einem Java-Objekt verwalten. Erstellen Sie dazu die Klasse Series:

```
class Series {
   private final String title;
   private final float[] seriesData;

   public Series(String title, float[] seriesData) {
     this.title = title;
     this.seriesData = seriesData;
   }

   public String getTitle() {
     return title;
   }

   public String getSeriesDataAsString(){
     return Arrays.toString(seriesData);
   }
}
```

Sobald die Seite geladen ist, führen wir den entsprechenden JavaScript-Code aus, um ein Chart anzuzeigen. Dazu registrieren wir einen Listener auf den State des LoadWorker:

```
engine.getLoadWorker().stateProperty().addListener(
   (e, o, n) -> {
     if (n == State.SUCCEEDED) {
     String js = constructJavaScript("Beispiel-Tabelle",
       new String[]{"Jan", "Feb", "Mar", "Apr", "May", "Jun",
       "Jul", "Aug", "Sep", "Oct", "Nov", "Dec"}, "Temperature",
       new Series("Tokyo", new float[]{7.0f, 6.9f, 9.5f, 14.5f, 18.2f,
           21.5f, 25.2f, 26.5f, 23.3f, 18.3f, 13.9f, 9.6f}),
       new Series("Munich", new float[]{-0.2f, 0.8f, 5.7f, 11.3f, 17.0f,
           22.0f, 24.8f, 24.1f, 20.1f, 14.1f, 8.6f, 2.5f}),
       new Series("London", new float[]{3.9f, 4.2f, 5.7f, 8.5f, 11.9f,
           15.2f, 17.0f, 16.6f, 14.2f, 10.3f, 6.6f, 4.8f})
     );
     System.out.println(js);
     engine.executeScript(js);
   }
});
```

Bis hierhin sieht der Code noch einigermaßen seriös aus, die schmutzigen
Geheimnisse liegen in der Methode constructJavaScript versteckt. Diese und eine
weitere Hilfsmethode fügen wir nun noch hinzu:

```java
public String constructJavaScript(String title, String[] categories, String
xAxis, Series... series) {
   String result = "$(function () {\n"
      + "          $('#container').highcharts({\n'
      + "              title: {\n"
      + "                  text: '" + title + "',\n"
      + "                  x: -20 //center\n"
      + "              },\n"
      + "              xAxis: {\n"
      + "                  categories: "
      + convertToCommaDelimited(categories)
      + "\n"
      + "              },\n"
      + "              yAxis: {\n"
      + "                  title: {\n"
      + "                      text: '" + xAxis - "'\n"
      + "                  },\n"
      + "                  plotLines: [{\n"
      + "                      value: 0,\n"
      + "                      width: 1,\n"
      + "                      color: '#808080'\n"
      + "                  }]\n"
      + "              },\n"
      + "              tooltip: {\n"
      + "                  valueSuffix: '°C'\n"
      + "              },\n"
      + "              legend: {\n"
      + "                  layout: 'vertical',\n"
      + "                  align: 'right',\n"
      + "                  verticalAlign: 'middle',\n"
      + "                  borderWidth: 0\n"
      + "              },\n"
      + "              series: [{\n";
   for (Series serie : series) {
      result += "                  name: '" + serie.getTitle() + "',\n"
         + "                  data: " + serie.getSeriesDataAsString() + "\n"
         + "              }, {\n";
   }
   result = result.substring(0, result.lastIndexOf(','));
   result += "]\n"
      + "          });\n"
      + "      });\n"
      + "   \n"
      + "\n"
      + "\n"
      + "";
   return result;

}
```

```
public static String convertToCommaDelimited(String[] list) {
  StringBuilder ret = new StringBuilder("[");
  for (int i = 0; list != null && i < list.length; i++) {
    ret.append("'");
    ret.append(list[i]);
    ret.append("'");
    if (i < list.length - 1) {
      ret.append(',');
    }
  }
  ret.append(']');
  return ret.toString();
}
```

Wir basteln uns also ganz einfach einen JavaScript-String aus unseren Daten. Dieser Teil der Arbeit macht nicht wirklich viel Spaß und ist schwierig zu debuggen. Hat man aber erst mal eine ordentliche Java-API für den Aufruf gebaut, so wird man mit neuen JavaFX-Komponenten belohnt, die neue Funktionen zur Verfügung stellen. Mit executeScript können wir dieses Skript dann ausführen und unsere Daten werden dargestellt. Der Vorteil dieses Ansatzes ist, dass damit praktisch alles umgesetzt werden kann, was auch in einer Webanwendung möglich ist. So kann JavaScript-Code sogar zwischen Webanwendungen und Desktop-Anwendungen eines Unternehmens geteilt werden.

13.2.1   Geht das auch einfacher?

Zugegeben, das Erstellen einer Java-API für eine JavaScript-Bibliothek ist nicht die schönste Aufgabe der Welt. Mit DukeScript (*http://dukescript.com*) gibt es jedoch ein Framework, das diese Aufgabe erleichtert. Damit habe ich zum Beispiel eine JavaFX-Map-Komponente auf Basis von Leaflet (*http://leafletjs.com*) erstellt. Eine Einführung in DukeScript wäre allerdings Gegenstand eines eigenen Buches, deshalb sei an dieser Stelle auf das Demoprojekt verwiesen, das gut kommentierten Beispielcode enthält (*https://github.com/jtulach/leaflet4j*).

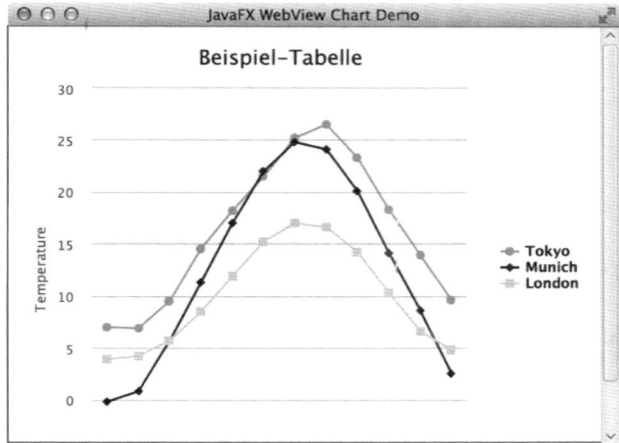

Abb. 13–5   *Praktisch jede JavaScript-Chart-Bibliothek kann in JavaFX wiederverwendet werden.*

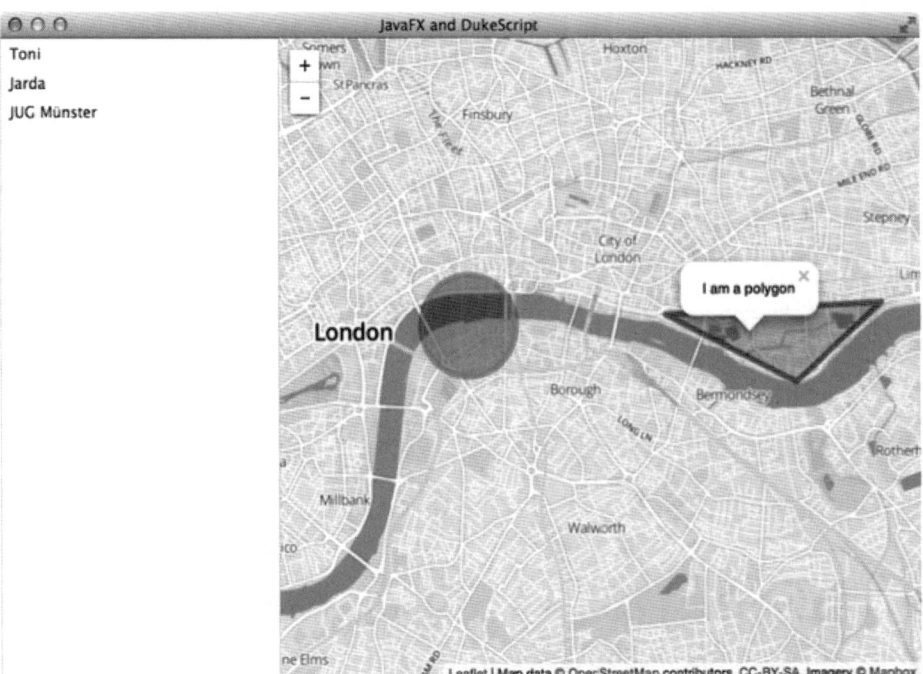

Abb. 13–6   *DukeScript – hier das Beispiel einer damit erstellten Map-Komponente – erleichtert das Erstellen von Java-APIs für JavaScript-Bibliotheken.*

13.3   Wie funktionieren Callbacks von JavaScript nach Java?

Nun haben wir gesehen, wie wir mithilfe von JavaScript dynamisch Inhalte erzeugen und in der WebView darstellen können. Richtig interaktiv wird das Ganze
allerdings erst, wenn die Kommunikation auch in der anderen Richtung funktioniert. Tatsächlich können wir mit JavaFX auch von JavaScript aus Java-Funktio-
nen aufrufen.

Bauen wir dazu ein kleines Beispiel. Zunächst erstellen wir ein kleines Formular in HTML. In diesem Formular legen wir ein Feld an, in dem der Benutzer seinen Namen eintragen kann. Wir wollen später von JavaScript aus eine Java-
Methode aufrufen, die diesen Namen ausgibt:

```
<!DOCTYPE html>
<html>
  <body>
   <form>
     Last name: <input id="lastname" type="text"
            name="lastname">
   <input id="clickMe" type="button" value="clickme"
     onclick="val = document.getElementById('lastname') "
            +".value;formValues.print(val);"
   />
   </form>
  </body>
</html>
```

Nun erstellen wir die Java-Klasse `ValuePrinter`, deren `print`-Methode von Java-
Script aus aufgerufen werden soll:

```
public class ValuePrinter {

   public  void print(String name){
     System.out.println("value "+name);
   }
}
```

In der `Application`-Klasse wird nun der `WebEngine` ein Java-Objekt als Member
übergeben:

```
public class WebViewForms extends Application {

   @Override
   public void start(Stage primaryStage) {
     WebView webView = new WebView();
     final WebEngine engine = webView.getEngine();
     engine.load(WebViewForms.class
       .getResource("form.html").toExternalForm());
     engine.getLoadWorker().stateProperty()
       .addListener(new ChangeListener<Worker.State>() {

           @Override
          public void changed(
```

```
                ObservableValue<? extends Worker.State> observable,
                Worker.State oldValue, Worker.State newValue) {
                JSObject script = (JSObject) engine.executeScript("window");
                script.setMember("formValues", new ValuePrinter());
              }
            });
        Scene scene = new Scene(webView, 600, 250);
        primaryStage.setTitle( "JavaFX WebView Callback Demo");
        primaryStage.setScene(scene);
        primaryStage.show();
      }
    }
```

Wenn Sie nun die Anwendung starten, so wird bei einem Klick auf den HTML-Button per javaScript auf eben dieses Java-Objekt zugegriffen und der print-Methode wird der Inhalt des Formularfeldes als String übergeben. Diese vereinfacht dargestellte Technik kann tatsächlich hilfreich sein, wenn Sie zahlreiche HTML-Formulare etwa aus einer Legacy-Webanwendung in Ihre Anwendung einbinden müssen.

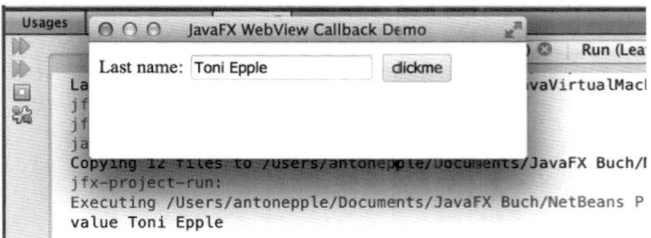

Abb. 13–7   *Ein Callback von JavaScript nach Java. Das Ergebnis wird hier in der NetBeans-Konsole ausgegeben.*

13.4 Workshop: Twitter-Authentifizierung einbauen

Bislang stehen die Möglichkeiten unserer Twitter-Anwendung nur uns selbst zur Verfügung. Wenn wir die App aber nun zum Beispiel vermarkten möchten, muss es auch eine Möglichkeit geben, dass sich andere Benutzer einloggen. Damit wir auf die Timeline des Benutzers zugreifen können, muss dieser die Anwendung erst autorisieren. Dazu müssen wir eine Autorisierungs-URL von Twitter anfordern, die der Benutzer öffnet. Auf der Webseite erscheint eine PIN, die der Benutzer unserem Programm übergeben muss.

Mithilfe der WebView packen wir diese Webseite nun ganz einfach in unsere Applikation, sodass der Benutzer die Anwendung gar nicht erst verlassen muss:

```
private BorderPane root;
@Override
```

```java
public void start(Stage stage) throws Exception {
    Twitter twitter = TwitterFactory.getSingleton();
    Preferences prefs = Preferences.userNodeForPackage(MainApp.class);
    RequestToken requestToken = twitter.getOAuthRequestToken();
    Font.loadFont(getClass()
        .getResource("fontawesome-webfont.ttf")
        .toExternalForm(), 12);
    root = new BorderPane();
    StackPane stackPane = new StackPane(root);
    final WebView webView = new WebView();
    final WebEngine engine = webView.getEngine();
    engine.load(requestToken.getAuthorizationURL());
    stackPane.getChildren().add(webView);
    Scene scene = new Scene(stackPane, 400, 640);
    scene.getStylesheets().add(getClass()
        .getResource("style.css").toExternalForm());
    stage.setScene(scene);
    stage.setTitle("Tweetalot");
    stage.show();
}
```

Anschließend holen wir uns die PIN automatisch aus der Seite, sodass sich der Benutzer auch darum nicht kümmern muss. Dazu registrieren wir wie üblich einen Listener auf den Zustand der WebEngine. Ist die Seite geladen, versuchen wir das »code«-Tag zu bekommen. Haben wir es gefunden, können wir die Twitter-API verwenden, um ein AccessToken zu erhalten. Und wenn das schließlich geklappt hat, entfernen wir die WebView ganz einfach wieder und rufen eine Methode auf, um die Timeline zu laden :

```java
webView.getEngine().getLoadWorker().stateProperty().addListener(new
ChangeListener<Worker.State>() {

    @Override
    public void changed(ObservableValue<? extends Worker.State>
        observable, Worker.State oldValue, Worker.State newValue) {
      if (newValue == State.SUCCEEDED) {
        Document document = engine.getDocument();
        NodeList codeEls = document.getElementsByTagName("code");
        for (int i = 0; i < codeEls.getLength(); i++) {
            Node item = codeEls.item(i);
            String pin = item.getTextContent();
            AccessToken accessToken = null;
            try {
                if (pin.length() > 0) {
                accessToken = twitter.getOAuthAccessToken(requestToken, pin);
                } else {
                accessToken = twitter.getOAuthAccessToken();
                }
            } catch (TwitterException ex) {
```

```
            Logger.getLogger(MainApp
             .class.getName()).log(Level.SEVERE, null, ex);
          }
          if (pin != null) {
            Platform.runLater(() -> {
            stackPane.getChildren().remove(webView);
            activateTimeline();
            } );
          }
        }
      }
    }
  }
});
```

Nun müssen wir nur noch die Methode activateTimeline anlegen, sodass bei
Erfolg die Timeline angezeigt wird:

```
private void activateTimeline() {
    try {
      Button button = new Button("\uf015");
      button.setFont(Font.font("FontAwesome", 40));
      button.getStyleClass().add("view-button");

     ToolBar toolBar = new ToolBar();
     toolBar.setOrientation(Orientation.VERTICAL);
     toolBar.getItems().add(button);
     root.setLeft(toolBar);
     final HomeTimeline homeTimeline = new HomeTimeline();
     homeTimeline.refresh();
     root.setCenter(homeTimeline);
     button.setOnAction(e -> {
        try {
           homeTimeline.refresh();
        } catch (TwitterException ex) {
           Logger.getLogger(MainApp.class.getName())
              .log(Level.SEVERE, null, ex);
        }
     });
    } catch (TwitterException ex) {
     Logger.getLogger(MainApp.class.getName())
          .log(Level.SEVERE, null, ex);
    }
}
```

13.4.1   Erweiterungsmöglichkeiten

- Speichern Sie das `AccessToken`, sodass der Benutzer sich nicht jedes Mal einloggen muss.
- Bauen Sie einen Logout-Button ein.
- Fügen Sie eine `TextArea` hinzu, mit der Benutzer Tweets versenden können.
- Fügen Sie weitere Views und Queries hinzu, die zum Beispiel das Ergebnis einer Hashtag-Suche zeigen.

14 Audio und Video einbinden

Einer der Vorteile von JavaFX gegenüber Swing ist die einfache Einbindung von Audio- und Videomaterial. Zu diesem Zweck gibt es MediaPlayer-Komponenten, um den Inhalt abzuspielen, und MediaView-Komponenten, um ihn darzustellen. Die Inhalte können dabei aus lokalen Dateien, JAR-Files oder aus per HTTP herunterladbaren Dateien stammen. Zusätzlich wird auch HTTP-Live-Streaming (HLS) unterstützt. Auf diese Weise lassen sich Anwendungen sehr leicht multimedial anreichern.

14.1 Wie kann ich Audio abspielen?

Das einfachste Beispiel für die Verwendung der Media-APIs ist das Abspielen einer Audiodatei. Dazu erzeugen wir uns ein Media-Objekt, das die gewünschte Audioquelle repräsentiert, und einen MediaPlayer zum Abspielen. Für unser erstes Beispiel verwenden wir als Audioquelle den Livestream von Bayern 5 aktuell:

```
Media media = new Media("http://www.surfmusik.de/m3u/b5-aktuell,926.m3u");
MediaPlayer mediaPlayer = new MediaPlayer(media);
mediaPlayer.play();
```

Natürlich kann man das Abspielen unterbrechen:

```
mediaPlayer.pause();
```

Die stop-Methode setzt den Zähler zurück. Bei unserem Stream ist ein Zurücksetzen allerdings nicht möglich. Das funktioniert nur bei »richtigen« Dateien wie erwartet. Wir können uns nun eine Oberfläche für einen Mini-MediaPlayer basteln, indem wir einige Buttons mit den entsprechenden Funktionen belegen:

```
public class Mini extends Application {

    private double initialX;
    private double initialY;

    @Override
    public void start(Stage primaryStage) {
        Media media = new Media(getClass().getResource(
```

```
    "CodeHard.mp3").toString());
  Button play = new Button();
  play.getStyleClass().addAll("player-button","play");
  MediaPlayer mediaPlayer = new MediaPlayer(media);
  mediaPlayer.statusProperty().addListener(
    (e,o,n)->{
        if(n.equals(Status.PLAYING)){
            play.getStyleClass().remove("play");
            play.getStyleClass().add("pause");
        }
        else {
            play.getStyleClass().add("play");
            play.getStyleClass().remove("pause");
        }
  });
  play.setOnAction(e -> {
    if (mediaPlayer.getStatus().equals(Status.PLAYING)) {
        mediaPlayer.pause();
    }else {
        mediaPlayer.play();
    }
  });
  Button stop = new Button();
  stop.getStyleClass().add("player-button");
  stop.setId("stop");
  stop.setOnAction(e -> mediaPlayer.stop());
  Button quit = new Button();
  quit.getStyleClass().add("player-button");
  quit.setId("quit");
  quit.setOnAction(e -> Platform.exit());
  HBox root = new HBox();
  root.getStyleClass().add("background-region");
  root.getChildren().addAll(play, stop, quit);
  Scene scene = new Scene(root);

    scene.setOnMousePressed(me -> {
    initialX = me.getSceneX();
    initialY = me.getSceneY();
  });
  scene.setOnMouseDragged(me -> {
    primaryStage.setX(me.getScreenX() - initialX);
    primaryStage.setY(me.getScreenY() - initialY);
  });
  scene.setFill(Color.TRANSPARENT);
  scene.getStylesheets().add(JavaFXApplication2.class
    .getResource("audioplayer.css").toString());
  primaryStage.setScene(scene);
  primaryStage.initStyle(StageStyle.TRANSPARENT);
  primaryStage.show();
  }
}
```

Die Applikation erwartet eine Datei mit Namen `CodeHard.mp3` im gleichen Package wie die Applikationsklasse. Sie können natürlich den Namen anpassen und eine beliebige eigene Datei verwenden. Mit dem entsprechenden CSS-File können wir den Player dann stylen, sodass er nicht im Weg ist. Erzeugen Sie dazu die Datei `audioplayer.css` im selben Package wie die Hauptklasse mit folgendem Inhalt:

```
.root{
  -fx-fill: transparent;
  -fx-shape: "M 20 0 L 100 00 A 20 20 0 0 1 120 20 L 120
    100 A 20 20 0 0 1 100 120 L 20 120 A 20 20 0 0 1 0
    100 L 0 20  A 20 20 0 0 1 20 0 z";
}

.background-region{
  -fx-padding: 10;
  -fx-background-color: #333333;
  -fx-opacity: .5
}

.player-button {
  -fx-background-color: #aaaaaa;
  -fx-background-insets: 3
}

.player-button:hover {
  -fx-background-color: #ffffff;
}

.player-button.play{
  -fx-shape: "M 0 0 L 10 5 L 0 10 z";
}

.player-button.pause{
  -fx-shape:
    "M 0 0 L 10 0 L 10 30 L 0 30 z M 40 0 L 50 0 L 50 30 L 40 30 z";
}

.player-button#stop{
  -fx-shape: "M 0 0 L 0 10 L 10 10 L 10 0 z";
}

.player-button#quit{
  -fx-shape:
    "M 0 4 L 4 0 L 20 16 L 16 20 z M 0 16 L 4 20 L 20 4 L 16 0  z";
}
```

Abb. 14–1   *Ein Miniplayer für Audiodateien*

Der MediaPlayer hat noch weitere Properties, die Sie verwenden können, um das Abspielen zu kontrollieren. Wenn Sie nur einen bestimmten Ausschnitt abspielen möchten, können Sie mit setStartTime den Anfang und mit SetStopTime das Ende festlegen. Unabhängig von der tatsächlichen Länge des Mediums wird der Player dann nur den gewählten Abschnitt abspielen.

```
// Die ersten 5 Sekunden überspringen:
mediaPlayer.setStartTime(Duration.millis(5000));
```

Mit setRate kann die Abspielgeschwindigkeit festgelegt werden. Erlaubt sind Werte zwischen 0 und 8, wobei 1 die Normalgeschwindigkeit ist und 2 der doppelten Abspielgeschwindigkeit entspricht.

```
// mit halber Geschwindigkeit abspielen
mediaPlayer.setRate(0.5);
```

Mit seek können Sie gezielt eine Abspielposition anspringen, wenn diese zwischen startTime und stopTime liegt. Der Aufruf hat nur dann einen Effekt, wenn das Medium gerade angespielt wird oder der Player pausiert. Diese Methode wird häufig zusammen mit einem Slider verwendet, um den Benutzer gezielt eine Stelle anspringen zu lassen.

14.1.1   Wie überwache ich den Zustand des Players?

Wenn Sie auf Zustandsänderungen reagieren möchten und zum Beispiel eine Aktion ausführen, sobald der Player das Ende erreicht, so können Sie dazu einen Listener auf die StatusProperty setzen. Im Beispiel haben wir das gemacht, um den Style unseres Play/Pause-Buttons entsprechend zu aktualisieren:

```
mediaPlayer.statusProperty().addListener((e, o, n) -> {
    if (n.equals(Status.PLAYING)) {
        play.getStyleClass().remove("play");
        play.getStyleClass().add("pause");
    } else {
        play.getStyleClass().add("play");
        play.getStyleClass().remove("pause");
    }
});
```

Es ist aber auch möglich, direkt Runnables für ein bestimmtes Ereignis zu registrieren. So könnten Sie zum Beispiel einen Indikator einblenden, wenn das Abspielen des Films pausiert wird:

```
Text text = new Text("||");
text.setOpacity(0);
text.setScaleX(10);
text.setScaleY(10);
mediaPlayer.setOnPaused(new Runnable() {
```

```
    @Override
    public void run() {
      text.setOpacity(1);
    }
});

mediaPlayer.setOnPlaying(new Runnable() {

    @Override
    public void run() {
      text.setOpacity(0);
    }
});
root.getChildren().addAll(new MediaView(mediaPlayer), controls, text);
```

Abb. 14–2   *Mit Runnables lässt sich auf bestimmte Zustandsänderungen reagieren. Wir blenden hier zum Beispiel einen Text ein, wenn der Film pausiert wird.*

14.1.2   Wie kontrolliere ich den Sound?

Für einfache Soundeinstellungen gibt es die Properties volume und balance. Die Lautstärke (volume) darf dabei Werte zwischen 0 und 1 annehmen. Für die balance sind Werte zwischen -1.0 (nur links) und 1.0 (nur rechts) erlaubt. Beim Defaultwert von 0.0 ist der Sound gleichverteilt. Für eine feinere Kontrolle der Soundausgabe können Sie sich vom MediaPlayer einen AudioEqualizer holen, der bis zu 64 EqualizerBands verwalten kann. Jedes EqualizerBand hat eine Basisfrequenz und eine Bandbreite. Mit setGain lässt sich der Verstärkungsfaktor für dieses Band festsetzen.

14.1.3　Welche Audioformate werden unterstützt?

Anstatt des Livestreams können Sie eine URI angeben, die eines der unterstützten Protokolle (FILE, JAR, HTTP, HTTP Live Streaming) verwendet und auf eine Audiodatei verweist, deren Format erkannt wird. Bei Mediadateien unterscheidet man zwischen Container und Encoding. Gegenwärtig werden als Audio-Encodings AAC, MP3 und PCM unterstützt. Als reine Audioquellen kommen AIFF(PCM), HLS(MP3), MP3 und WAV(PCM) zum Einsatz.

14.2　Wie kann ich eine Videodatei abspielen?

Um eine Videodatei abzuspielen, verwenden wir zusätzlich die Klasse MediaView. Wir können unseren Miniplayer dazu ein wenig anpassen. Zunächst brauchen wir eine Videodatei dafür. Ich habe mir aus dem Internet das »Big Buck Bunny«-Video heruntergeladen, es im selben Package wie die Applikationsklasse platziert und den Konstruktor des Media-Objekts angepasst. Sie können aber auch jede beliebige unterstützte Videodatei verwenden:

```
Media media = new Media(getClass().getResource(
    "vid_bigbuckbunny.mp4").toString());
```

Wir wollen unsere Buttons weiterhin verwenden und benennen daher deren Container um in »controls«. Als Root-Node kommt aber jetzt eine StackPane zum Einsatz, die die MediaView enthält. Damit die Controls nicht im Weg sind, verwenden wir noch eine FadeTransition, die diese nur einblendet, wenn wir die Maus über den Player bewegen:

```
HBox controls = new HBox();
controls.getStyleClass().add("background-region");
controls.getChildren().addAll(play, stop, quit);
StackPane root = new StackPane();
root.getChildren().addAll(new MediaView(mediaPlayer),controls);
Scene scene = new Scene(root, 640, 360);
FadeTransition fade = new FadeTransition(Duration.millis(500),
                                controls);
fade.setFromValue(0);
fade.setToValue(.5);
scene.setOnMouseEntered(e -> {fade.setRate(1);fade.play();});
scene.setOnMouseExited(e -> {fade.setRate(-1); fade.play();});
```

In der CSS-Datei setzen wir die initiale Opazität der Controls noch auf 0, damit die Controls tatsächlich erst erscheinen, wenn wir die Maus über die MediaView bewegen:

```
.background-region{
    -fx-padding: 10;
    -fx-background-color: #333333;
    -fx-opacity: 0
}
```

Abb. 14–3   *Der minimale Videoplayer im Einsatz*

14.2.1   Welche Videoformate werden unterstützt?

Der MediaPlayer kennt die Formate H.264/AVC (H.264/MPEG-4 Part 10 / AVC (Advanced Video Coding) video compression) und VP6 (On2 VP6 video compression) und unterstützt Dateien vom Typ FX Media (FXM), Flash Video (FLV), HLS (Video Stream), und MP4.

14.3   Wie kann ich damit auch YouTube-Videos abspielen?

Die bisherigen Ansätze sind nur geeignet, um Audio- und Videodateien abzuspielen, die lokal oder als Stream zur Verfügung stehen. Häufig sind solche Dateien jedoch gar nicht im gewünschten Format verfügbar und werden stattdessen zum Beispiel bei YouTube gehostet. Deshalb wäre es natürlich schön, wenn wir einen YouTube-Player in unsere Anwendung einbauen könnten. Das geht aber leider mit der Media-API nicht. Dennoch können wir in einer Anwendung ganz einfach einen YouTube-Film abspielen, und zwar dank der WebView-Komponente, die wir im letzten Kapitel kennengelernt haben:

```
public class YoutubePlayer extends Application {

  @Override
  public void start(Stage primaryStage) {
    WebView embeddeWV = new WebView();
    embeddeWV.getEngine().load(
    "http://www.youtube.com/embed/Mk3ckQROb_k?autoplay=1"
    );
    embeddeWV.setPrefSize(640, 400);
    primaryStage.setScene(new Scene(embeddeWV));
    primaryStage.show();
  }
}
```

Abb. 14–4　　*Ein JavaFX-YouTube-Player dank WebView*

15 Canvas-API

Die Canvas-API erlaubt die pixelweise Ansteuerung der Bildschirmoberfläche und erweitert die Möglichkeiten der JavaFX Runtime um einen sogenannten Immediate Mode. Somit erlaubt die Canvas-API, Szenarien abzubilden, die nur schwer oder überhaupt nicht mit einem SceneGraph dargestellt werden können. Typische Beispiele sind die Bearbeitung von Bildern, wenn die eingebauten Effekte nicht ausreichen, oder die Umsetzung einer Partikel-Engine.

Das folgende Listing zeigt ein einfaches Beispiel zur Verwendung der Canvas-API. Der Bildschirm ist zunächst schwarz. Sobald der Benutzer mit der Maus über die schwarze Fläche fährt, werden die entsprechenden Pixel weiß gefärbt.

```java
public class Example extends Application {
    private static final int WIDTH = 1280;
    private static final int HEIGHT = 720;

    @Override
    public void start(Stage stage) {

        final Canvas canvas = new Canvas(WIDTH, HEIGHT);
        final GraphicsContext gc = canvas.getGraphicsContext2D();

        canvas.addEventHandler(MouseEvent.MOUSE_DRAGGED,
        event -> gc.fillOval(event.getX(), event.getY(), 5, 5)
      );

        final Group root = new Group(canvas);
        final Scene scene = new Scene(root);
        stage.setScene(scene);
        stage.show();
    }

    public static void main(String[] args) {
        Application.launch(args);
    }
}
```

Listing 15–1   *Ein einfaches Beispiel der Canvas-API*

---

* Dieses Kapitel wurde beigesteuert von Michael Heinrichs.

Die Scene wird mit nur einem Element gefüllt, einem Canvas. Der Canvas wird nicht direkt manipuliert, sondern über einen `GraphicsContext`, der mit `getGraphicsContext2D()` abgefragt werden kann. Der interessante Teil steckt im `MouseEvent-Handler`, denn hier werden die Kreise gezeichnet. Die Methode `fillOval()` zeichnet eine ausgefüllte Ellipse. Die ersten beiden Parameter geben die Position an. In unserem Fall ist es die Position der Maus, während das Mausevent ausgeführt wird. Der dritte und vierte Parameter definieren den Radius.

15.1   Retained Mode vs. Immediate Mode

In der Grafikprogrammierung werden, wenn man mal von einigen eher exotischen und selten anzutreffenden Ansätzen absieht, grundsätzlich zwei Modi unterschieden: Immediate Mode und Retained Mode. Wie das Beispiel der JavaFX-API zeigt, schließen sich beide Modi nicht grundsätzlich gegenseitig aus, sondern können durchaus in der gleichen Anwendung genutzt werden. Allerdings sind sie klar voneinander abgegrenzt, denn beide Modi folgen unterschiedlichen Philosophien.

Im Retained Mode arbeiten wir mit Objekten. Dabei kann es sich um relativ einfache Objekte, etwa eine geometrische Figur, aber auch komplexe Komponenten, wie einer Table, handeln. Den Aufbau des User-Interface legen wir fest, indem wir die verwendeten Objekte und ihre Anordnung deklarieren. Man sagt daher auch, dass der Retained Mode einem deklarativen Programmierstil entspricht. Das User-Interface wird also über eine Datenstruktur definiert, im Falle von JavaFX ist dies der SceneGraph. Alle Elemente der JavaFX-API, die wir bisher kennengelernt haben, sind dem Retained Mode zuzuordnen.

Der Immediate Mode folgt dem prozeduralen Programmierstil. Wir beschreiben nicht, WAS angezeigt werden soll, sondern wir implementieren, WIE etwas angezeigt werden soll – durch Code. Beispielsweise werden in dem Listing in der Einleitung keine »Circle-Objekte« erzeugt und in den SceneGraph eingehängt, sondern die Kreise werden direkt durch den Aufruf der Methode `fillOval()` gezeichnet.

Beide Modi haben ihre Stärken und Schwächen. Der Retained Mode ist meistens deutlich einfacher in der Handhabung. Möchte man beispielsweise ein Objekt verschieben, genügt es, im Retained Mode die Eigenschaften `translateX` und `translateY` zu verändern. Den Rest übernimmt die Runtime. Möchte man den gleichen Effekt im Immediate Mode umsetzen, muss zunächst der Bildschirm an der alten Position überschrieben und anschließend das Objekt an der neuen Position gezeichnet werden.

Dieser Komfort hat selbstverständlich seinen Preis, vor allem in Form von erhöhtem Speicherbedarf. Jeder Node im SceneGraph besteht aus mehreren Java-Objekten, die wiederum mehrere Datenfelder enthalten. Würde man also jedes

Pixel des Bildschirms durch einen eigenen Node im SceneGraph darstellen, würde man leicht an die Grenzen des Systems stoßen.

Des Weiteren gibt es durchaus Anwendungsfälle, wie das Beispiel aus der Einleitung, bei denen das direkte Setzen und Löschen von Pixeln einfacher ist, als ein Objekt zu erstellen und in den SceneGraph einzuhängen.

Grundsätzlich empfiehlt es sich, zunächst ausschließlich mit Nodes im Scene-Graph zu arbeiten, es sei denn, die Vorteile der Canvas-API sind klar erkennbar.

15.2 Elemente anzeigen

15.2.1 Einfache Formen

Bereits in der Einleitung zu diesem Kapitel haben wir gesehen, wie Kreise auf dem Canvas gezeichnet werden. Die API bietet weitere Methoden zur Anzeige der allgemein üblichen geometrischen Figuren an. Das folgende Listing zeigt, wie die verschiedenen Figuren, die in Abbildung 15–1 zu sehen sind, definiert werden können.

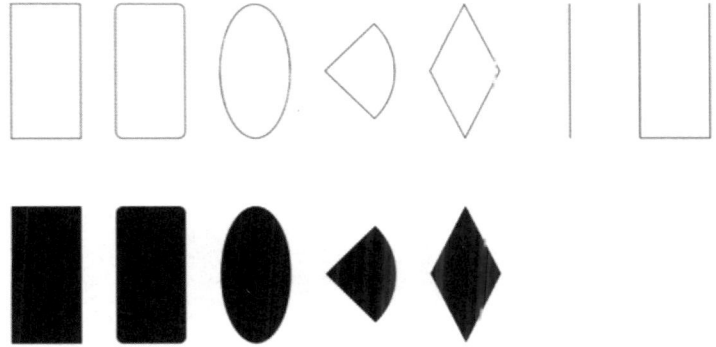

Abb. 15–1   *Vordefinierte Figuren*

```
final Canvas canvas = new Canvas(1280, 720);
final GraphicsContext gc = canvas.getGraphicsContext2D();

// Rechteck
gc.strokeRect(100, 100, 100, 200);

// Rechteck mit runden Ecken
gc.strokeRoundRect(250, 100, 100, 200, 20, 20);

// Ellipse
gc.strokeOval(400, 100, 100, 200);

// Kreisbogen
gc.strokeArc(450, 100, 200, 200, 315, 90, ArcType.ROUND);
```

```
// Polygon
gc.strokePolygon(
   new double[] {750, 800, 750, 700},
   new double[] {100, 200, 300, 200},
   4
);

// Strecke
gc.strokeLine(900, 100, 900, 300);

// Streckenzug
gc.strokePolyline(
   new double[] {1000, 1000, 1100, 1100},
   new double[] {100, 300, 300, 100},
   4
);

// Gefülltes Rechteck
gc.fillRect(100, 400, 100, 200);

// Gefülltes Rechteck mit runden Ecken
gc.fillRoundRect(250, 400, 100, 200, 20, 20);

// Gefüllte Ellipse
gc.fillOval(400, 400, 100, 200);

// Gefüllter Kreisbogen
gc.fillArc(450, 400, 200, 200, 315, 90, ArcType.ROUND);

// Gefülltes Polygon
gc.fillPolygon(
   new double[] {750, 800, 750, 700},
   new double[] {400, 500, 600, 500},
   4
);
```

Listing 15–2   *Anzeige verschiedener Figuren*

Zunächst wird der Canvas definiert und in den SceneGraph eingehängt. Nicht der Canvas selbst bietet Funktionen zum Zeichnen an, sondern ein GraphicsContext, der 1:1 mit dem Canvas assoziiert ist. Der Canvas stellt den GraphicsContext zur Verfügung, der zur Definition der Figuren genutzt wird.

15.2.2   Komplexe Formen (Path)

Für die gängisten einfachen Formen stellt die Canvas-API Methoden zur Verfügung. Auch komplexere Figuren können angezeigt werden, müssen aber manuell als Pfad definiert werden. Dies funktioniert ganz ähnlich der Definition von komplexen Shapes mithilfe der Path-API.

Abb. 15–2 *Zeichnen eines Zylinders*

Das folgende Listing zeigt, wie ein Zylinder mithilfe der Canvas-API gezeichnet wird.

```
final Canvas canvas = new Canvas(1280, 720);
final GraphicsContext gc = canvas.getGraphicsContext2D();

gc.beginPath();
gc.arc(300, 200, 150, 50, 0, 360);
gc.moveTo(150,200);
gc.lineTo(150, 500);
gc.arc(300, 500, 150, 50, 180, 180);
gc.lineTo(450, 200);
gc.stroke();
```

Listing 15–3 *Anzeige eines Zylinders*

Wie im vorherigen Beispiel legen wir zunächst einen Canvas an und holen uns eine Referenz auf seinen assoziierten GraphicsContext. Um einen Pfad anzulegen, rufen wir als Erstes die Methode beginPath auf. Es folgen Befehle, um einzelne Pfadelemente anzuhängen. Abgeschlossen wird die Folge mit dem Aufruf von closePath.

15.2.3 Den Stil ändern

Der Stil, mit dem Figuren gezeichnet werden, kann geändert werden. Die Funktionsweise ist dabei sehr ähnlich zu den Eigenschaften der Shapes im SceneGraph. Beispielsweise erlaubt der Befehl setFill(), die Füllfarbe einer Figur zu setzen. Der wesentliche Unterschied jedoch ist, dass bei dem Canvas der Stil gesetzt werden muss, bevor die eigentliche Figur definiert wird. Außerdem kann der Stil später nicht mehr geändert werden.

Abb. 15–3   *Stylen der Figuren*

Das folgende Listing zeigt, wie zwei Quadrate mit rotem und blauem Rand sowie ein grün gefülltes Quadrat und ein mit einem Gradienten gefülltes Quadrat gezeichnet werden können.

```
// Rotes Quadrat
gc.setStroke(Color.RED);
gc.strokeRect(100, 100, 100, 100);

// Blaues Quadrat mit breitem Rand
gc.setStroke(Color.BLUE);
gc.setLineWidth(20);
gc.strokeRect(300, 100, 100, 100);

// Grünes gefülltes Quadrat
gc.setFill(Color.GREEN);
gc.fillRect(100, 300, 100, 100);

// Quadrat mit Gradientfüllung
gc.setFill(
  new LinearGradient(
    0.0, 0.0, 0.0, 1.0, true,
    CycleMethod.NO_CYCLE,
    new Stop(0.0, Color.WHITE),
    new Stop(1.0, Color.BLACK)
  )
);
gc.fillRect(300, 300, 100, 100);
```

Listing 15–4   *Verschiedene Rechtecke*

15.2.4 Bilder

Zur Anzeige von Bildern stellt die Canvas-API drei Methoden zur Verfügung. Die einfachste Methode zeichnet das Bild in Originalgröße an eine beliebige Position. Mit der zweiten Methode kann das Bild gleich skaliert werden, indem Breite und Höhe angegeben werden. Die dritte Methode erlaubt nur, einen Ausschnitt des Bildes anzuzeigen und diesen Ausschnitt auch gleich zu skalieren.

Abb. 15–4   *Anzeigen von Bildern*

Das folgende Listing stellt das gleiche Bild drei Mal dar: in Originalgröße, skaliert und einen vergrößerten Ausschnitt.

```
final Canvas canvas = new Canvas(1280, 720);
final GraphicsContext gc = canvas.getGraphicsContext2D();

// Bild in Originalgröße
gc.drawImage(IMAGE, 100, 100);

// Bild skaliert
gc.drawImage(IMAGE, 600, 228, 256, 256);

// Bildausschnitt skaliert
gc.drawImage(IMAGE, 192, 128, 128, 128, 900, 228, 256, 256);
```

Listing 15–5   *Anzeige eines Bildes*

15.2.5 Text

Text kann mit der Methode fillText() angezeigt werden. Falls der übergebene String Newlines (\n) enthält, wird der Text in mehreren Zeilen angezeigt.

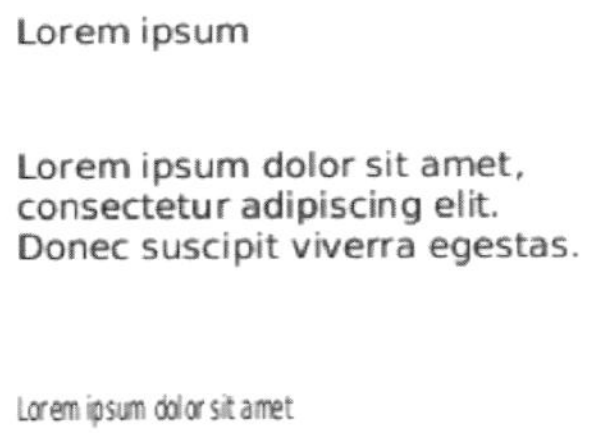

Lorem ipsum

Lorem ipsum dolor sit amet,
consectetur adipiscing elit.
Donec suscipit viverra egestas.

Lorem ipsum dolor sit amet

Abb. 15–5   *Es gibt eine überladene Variante von fillText(), bei der ein zusätzlicher Parameter für die*
                    maximale Breite angegeben werden kann.

Beachten Sie allerdings bitte, dass in diesem Fall nicht automatisch Zeilenumbrü-
che eingefügt werden, wie man vielleicht erwarten würde, sondern der Text auf
die maximale Breite zusammengestaucht wird.

Das folgende Listing zeigt, wie Text auf einen Canvas gezeichnet wird.

```
final Canvas canvas = new Canvas(500, 400);
final GraphicsContext gc = canvas.getGraphicsContext2D();

// Einfacher Text
gc.fillText("Lorem ipsum", 100, 100);

// Text über mehrere Zeilen
gc.fillText(
   "Lorem ipsum dolor sit amet,\n" +
   "consectetur adipiscing elit.\n" +
   "Donec suscipit viverra egestas.",
   100, 150
);

// Gestauchter Text
gc.fillText("Lorem ipsum dolor sit amet", 100, 240, 100);
```

Listing 15–6   *Anzeige von Text*

15.2.6   Einzelne Pixel

Der Umgang mit einzelnen Pixeln weicht von den bisherigen Methoden ab. GraphicsContext enthält keine Methoden, um einzelne Pixel zu manipulieren. Stattdessen stellt er einen PixelWriter bereit, ein Interface, das auch von einem
beschreibbaren Image (WritableImage) zur Verfügung gestellt wird.

Ein PixelWriter erlaubt es, einzelne Pixel entweder mit einem Integerwert im
ARGB-Format oder mit einer Farbe zu setzen. Dazu stehen die Methoden
setArgb() bzw. setColor() zur Verfügung. Weiterhin erlaubt es ein PixelWriter,
mehrere Pixel aus einem Byte-Array, einem Int-Array, einem Buffer oder einem
PixelReader zu setzen.

15.3   Fortgeschrittene Techniken

15.3.1   Transformationen

Die Canvas-API bietet die Möglichkeit, Transformationen festzulegen, die auf alle folgenden Befehle angewendet werden. Um beispielsweise ein um 45° gedrehtes Rechteck zu zeichnen, wird der folgende Code benötigt:

```
gc.rotate(-45);
gc.fillRect(0, 300, 100, 200);
```

Listing 15–7   *Rotieren eines Rechtecks*

Anders als bei den Nodes im SceneGraph, bei denen Rotation und Skalierung um den Mittelpunkt der Nodes erfolgen, sind Rotation und Skalierung des Canvas am Ursprung ausgerichtet.

Die Methode `setTransform()` setzt die Transformation direkt, während die Methode `transform()` die neue Transformation an die aktuelle anhängt. Außerdem gibt es noch die Methoden `rotate()`, `scale()` und `translate()`, die die aktuelle Transformation rotieren, skalieren bzw. verschieben.

Besonders mächtig werden die Transformationen, wenn sie mit dem State Stack kombiniert werden, wie wir im nächsten Abschnitt sehen werden.

15.3.2   State Stack

Der State Stack ermöglicht es, die aktuellen Einstellungen des `GraphicsContext` zu speichern, zu verändern und später die gespeicherten Einstellungen wieder abzurufen. Als Datenstruktur dient ein Stack, wodurch sich auf natürliche Weise Hierarchien und Subroutinen umsetzen lassen.

Der Befehl zum Speichern des aktuellen Zustands ist `save()`, der Befehl zum Wiederherstellen des zuletzt gespeicherten Zustands lautet `restore()`.

15.3.3   Global Alpha und Blend Mode

Bisher sind wir immer davon ausgegangen, dass, wenn wir etwas zu einem Canvas hinzufügen, der bisherige Inhalt an dieser Stelle komplett überschrieben wird. Es ist aber durchaus möglich, den bisherigen Inhalt mit dem neuen Inhalt zu vermischen. Um dies zu steuern, werden zwei Eigenschaften angeboten: `GlobalAlpha` und `GlobalBlendMode`.

`GlobalAlpha` setzt einen globalen Alphawert. Das heißt, wenn diese Eigenschaft auf einen Wert kleiner als eins gesetzt wird, dann wird anschließend alles zum Canvas Hinzugefügte transparent dargestellt.

Mit `GlobalBlend` kann der Blend Mode global gesetzt werden. Der Standardmodus ist `BlendMode.SRC_OVER`, aber die JavaFX-API stellt 16 weitere Modi zur

Verfügung, mit denen sich recht interessante Effekte erstellen lassen. Um die Wirkung der verschiedenen Modi zu verstehen, empfiehlt es sich, intensiv mit ihnen zu experimentieren.

15.3.4   Effekte

Sämtliche Effekte, die man auf einen Node im SceneGraph anwenden kann, können auch auf den Canvas angewandt werden. Dazu stehen zwei Möglichkeiten zur Verfügung.

Bei der ersten Möglichkeit wird der Effekt auf den gesamten Canvas angewandt. Dazu muss der Effekt mithilfe der Methode `applyEffect()` gesetzt werden.

Die Methode `setEffect()` dagegen setzt einen aktuellen Effekt, der auf alle nachfolgenden Zeichenoperationen angewendet wird. Die Methode `setEffect()` arbeitet also ähnlich wie `setFill()`, `setLineWidth()` und andere Methoden, die den Stil beeinflussen.

15.4   Unterschiede zum HTML Canvas

Das Design der Canvas-API ist stark an das des HTML Canvas angelehnt, und ein Benutzer, der bereits mit dem HTML Canvas vertraut ist, wird sich sogleich mit der API des JavaFX Canvas heimisch fühlen. Es gibt dennoch einige Unterschiede, auf die an dieser Stelle eingegangen werden soll.

15.4.1   Methoden zur Anzeige von Shapes

Vielleicht der offensichtlichste Unterschied, der bei einem Vergleich auffällt, ist die Anzahl der Methoden zur Anzeige von einfachen Shapes. Beide Plattformen erlauben dem Benutzer beliebige Pfade zu erstellen, sodass sich letztendlich sämtliche Formen darstellen lassen. Allerdings ist es praktisch, wenn einfache Formen nicht jedes Mal aus Pfadelementen zusammengesetzt werden müssen. Der CanvasRenderingContext eines HTML Canvas ist in dieser Hinsicht ziemlich spartanisch ausgestattet und bietet nur Hilfsmethoden zur Anzeige von Rechtecken. Die Canvas-API von JavaFX stellt dagegen Methoden für die gängigsten Figuren zur Verfügung. Die folgende Tabelle zeigt eine Übersicht der Methoden.

HTML Canvas	JavaFX Canvas

`fillRect() / strokeRect()`	`fillRect() / strokeRect()`
	`fillArc() / strokeArc()`
	`strokeLine()`
	`fillOval() / strokeOval()`
	`fillPolygon() / strokePolygon()`
	`strokePolyline()`
	`fillRoundRect() / strokeRoundRect()`

Tab. 15–1   *Vergleich zwischen HTML Canvas und JavaFX Canvas*

15.4.2 Typen der Properties

Die Properties zum Ändern des Stils eines HTML Canvas sind zumeist vom Typ `String`. Um beispielsweise die aktuelle Füllfarbe zu setzen, kann eins der folgenden Formate genutzt werden:

```
ctx.fillStyle = "orange";
ctx.fillStyle = "#FFA500";
ctx.fillStyle = "rgb(255,165,0)";
ctx.fillStyle = "rgba(255,165,0,1)";
```

Listing 15–8   *Setzen der Füllfarbe einer HTML Canvas*

Die JavaFX-Canvas-API erwartet eine Instanz der Klasse `Paint`. Die obigen Beispiele würden also folgendermaßen aussehen:

```
ctx.setFill(Color.ORANGE);
ctx.setFill(Color.web("#FFA500"));
ctx.setFill(Color.rgb(255, 165, 0));
ctx.setFill(Color.rgb(255, 165, 0, 1));
```

Listing 15–9   *Setzen der Füllfarbe einer JavaFX Canvas*

Zwar sind die Ausdrücke etwas länger und schwerer zu lesen, dafür sind sie aber typsicher. Mit anderen Worten: Kleinere Tippfehler werden oft schon bei der Kompilierung bemerkt und können sofort korrigiert werden.

15.4.3 Hitareas

Ein HTML Canvas erlaubt das Setzen von Hitareas, also von beliebigen Bereichen innerhalb eines Canvas, die auf Mausevents reagieren.

Hitareas sind in der JavaFX-Canvas-API nicht vorgesehen. Der gleiche Effekt kann aber einfach erreicht werden, indem durchsichtige SceneGraph-Elemente über den Canvas gelegt und die Mausevents abgefangen werden.

15.4.4 Effekte

Da es sich bei einem JavaFX Canvas um ein gewöhnliches Element im Scene-Graph handelt, können sämtliche Effekte der JavaFX-API genutzt werden.

Ein HTML Canvas bietet bislang nur einen Shadow-Effekt an. Ob weitere Effekte später hinzugefügt werden, ist unklar.

15.5 Aufgabe

Ein weiterer Anwendungsfall, für den der JavaFX Canvas gut verwendet werden kann, ist die Darstellung von Fraktalen. Fraktale werden erzeugt, indem (oft verblüffend einfache) mathematische Verfahren immer wieder rekursiv angewendet werden. In diesem Abschnitt wollen wir den JavaFX Canvas nutzen, um eine Koch'sche Schneeflocke darzustellen.

Ein Iterationsschritt zur Erstellung einer Koch-Kurve läuft folgendermaßen ab:

1. Man nehme eine gerade Strecke und teile sie in drei Teile
2. Der mittlere Teil wird gelöscht und durch zwei Seiten eines gleichseitigen Dreiecks ersetzt.
3. Das Verfahren wird rekursiv auf alle vier Teilstrecken angewandt.

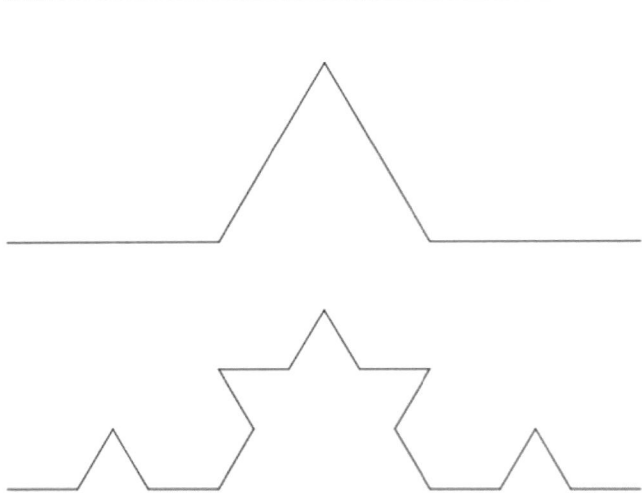

Abb. 15–6   *zeigt die Berechnung einer Koch-Kurve nach 0, 1 und 2 Rekursionsschritten. Werden drei Koch-Kurven auf die Seiten eines gleichseitigen Dreiecks abgebildet, erhält man eine Koch'sche Schneeflocke, wie in Abbildung 15–7 dargestellt.*

Abb. 15–7   *Eine Koch'sche-Schneeflocke.*

Das Rahmenprogramm für unsere Koch-Flocke zeigt den Rahmen unseres Programms zur Anzeige der Koch'schen Schneeflocke. In der Methode start() erzeugen wir einen Canvas, speichern seinen GraphicsContext in einem Field und rufen die Methode drawSnowflake() auf, in der die eigentliche Magie stattfindet.

```
public class KochFlocke extends Application {

    private static final int WIDTH = 1280;
    private static final int HEIGHT = 720;
    private static final int LINE_LENGTH = 500;

    private GraphicsContext gc;

    @Override
    public void start(Stage stage) {

      final Canvas canvas = new Canvas(WIDTH, HEIGHT);
      gc = canvas.getGraphicsContext2D();
      drawSnowflake();

      final Group root = new Group(canvas);
      final Scene scene = new Scene(root);
      stage.setScene(scene);
      stage.show();
    }
```

```
      public static void main(String[] args) {
        Application.launch(args);
      }
    }
```

Listing 15–10 *Das Rahmenprogramm für unsere Koch-Flocke*

Die Koch-Kurven werden nach einem Verfahren gezeichnet, das in den Anfangs-
tagen der Computergrafik weitverbreitet war, heute allerdings weitgehend ausge-
storben ist: Turtle-Graphic.

Um das Verfahren der Turtle-Graphic zu verstehen, stellt man sich am einfachsten eine kleine Schildkröte vor, die auf dem Bildschirm sitzt. Die Schildkröte
zeichnet die gesamte Grafik, versteht aber nur sehr einfache Befehle. In der einfachsten Version sind dies die Befehle »bewege dich x Pixel vorwärts«, »bewege
dich x Pixel vorwärts und zeichne dabei eine Linie entlang der Strecke« und
»drehe dich um x Grad nach links oder rechts«. Offensichtlich ist dieses Verfahren sehr aufwendig und nicht für die heutigen Anforderungen an die Computergrafik zu gebrauchen. Aber immerhin lassen sich zum Beispiel geometrische Figuren sehr einfach und auf natürliche Weise mithilfe der Turtle-Graphic definieren.

```
      private void drawSnowflake() {
        gc.translate(WIDTH / 2, 80);
        gc.rotate(60.0);

        drawKochCurve(LINE_LENGTH);
        gc.rotate(120.0);
        drawKochCurve(LINE_LENGTH);
        gc.rotate(120.0);
        drawKochCurve(LINE_LENGTH);
      }
```

Listing 15–11 *Zeichnen der Koch'schen Schneeflocke*

Zeichnen der Koch'schen Schneeflocke zeigt die Methode `drawSnowflake()`, die
eine Koch'sche Schneeflocke zeichnet. Wie wir gesehen haben, erlaubt die Canvas-API eine globale Transformation zu setzen, die alle nachfolgenden Zeichen-
befehle beeinflusst. Wir nutzen diese Funktionalität, um die Bewegung unserer
Turtle zu simulieren.

Zunächst bewegen wir die Turtle an den Punkt (WIDTH / 2, 80), also mittig
am oberen Rand. Anschließend drehen wir die Turtle um 60°.

Die Methode `drawKochCurve()` zeichnet eine Koch-Kurve an die aktuelle Position. Als Parameter erwartet diese Methode die Streckenlänge. Nach dem Aufruf
der Methode `drawKochCurve()` befindet sich die Turtle am Ende der Kurve. Wir
drehen uns also um 120°, zeichnen die nächste Koch-Kurve, wiederholen das
Ganze und haben auf diese Weise drei Koch-Kurven auf ein gleichseitiges Dreieck
abgebildet.

```
private void drawKochCurve(double length) {
  if (length < 1) {
    gc.strokeLine(0, 0, length, 0);
    gc.translate(length, 0);
  } else {
    final double newLength = length / 3;
    drawKochCurve(newLength);
    gc.rotate(-60.0);
    drawKochCurve(newLength);
    gc.rotate(120.0);
    drawKochCurve(newLength);
    gc.rotate(-60.0);
    drawKochCurve(newLength);
  }
}
```

Listing 15–12 *Zeichnen einer Koch-Kurve*

Zeichnen einer Koch-Kurve zeigt, wie eine Koch-Kurve gezeichnet wird. Zunächst prüfen wir, ob die Streckenlänge kleiner als 1 Pixel ist. In diesem Fall wollen wir die Rekursion beenden, weil eine feinere Darstellung nicht möglich ist.

Der Befehl strokeLine(0, 0, length, 0) würde normalerweise einen waagerechten Strich der Länge length zeichnen. Da wir unser Koordinatensystem aber verschoben und gedreht haben, wird der Strich an der richtigen Stelle und in die richtige Richtung gezeichnet. Nachdem wird die Linie gezeichnet haben, müssen wir noch unsere Turtle mit translate() an das Ende bewegen.

Falls dagegen ein weiterer Rekursionsschritt durchgeführt werden soll, berechnen wir als Erstes die neue Streckenlänge. Wir rufen drawKochCurve() mit der neuen Streckenlänge auf, um eine Koch-Kurve an der aktuelle Position zu zeichnen. Anschließend drehen wir die Turtle um 60° nach links und zeichnen die nächste Koch-Kurve und so weiter, bis wir alle vier Koch-Kurven gezeichnet haben.

15.5.1   Erweiterungsmöglichkeiten

▪ Ändern Sie das Programm, um die Koch-Kurve ausgefüllt zu zeichnen. (Kleiner Hinweis: Schauen Sie sich den Abschnitt über die Darstellung von komplexen Formen noch einmal an.)

▪ Machen Sie das Programm interaktiv. Erlauben Sie es dem Benutzer, die Iterationstiefe zu beeinflussen oder einen vergrößerten Ausschnitt anzuzeigen.

▪ Implementieren Sie andere Fraktale, z.B. Hilbert-Kurve, Pythagoras-Baum oder Sierpinski-Dreieck. Im Internet können Sie noch zahlreiche weitere Beispiele finden.

16 JavaFX und Internationalisierung

Ein wichtiger Aspekt für die Anwendungsentwicklung ist es, dass Anwendungen einfach in verschiedenen Sprachen funktionieren. Der Begriff »Internationalization« wird unter Entwicklern oft als i18n[1] abgekürzt. JavaFX nutzt zu diesem Zweck ResourceBundles. Swing-Entwickler werden sich da gleich heimisch fühlen. In diesem Kapitel wird gezeigt, wie das auch mit FXML funktioniert.

16.1 Wie verwendet man Locale und ResourceBundles?

Java bringt auch ohne JavaFX bereits die Grundzutaten für die Übersetzung der Anwendung in verschiedenen Sprachen mit. Die Klasse `java.util.Locale` repräsentiert eine politische, geografische oder kulturelle Region. Mit `Locale.getDefault()` erhält man die Locale, die für die umgebende JVM gilt. In der Klasse `Locale` sind auch eine ganze Reihe von Locales statisch vordefiniert, zum Beispiel `Locale.GERMAN` oder `Locale.CHINESE` Alle verfügbaren Locales erhält man über die Methode `getAvailableLocales()`, und eine bestimmte Locale bekommt man mit der Methode `forLanguageTag` auch über einen IETF BCP 47 Language Tag String oder indem man sie mithilfe des Konstruktors erstellt:

```
Locale locale = new Locale("da", "DK");
```

Über die Locale kann man sich dann lokalisierte Strings aus einem Resource-Bundle holen und mit `NumberFormat` Zahlen den regionalen Gepflogenheiten entsprechend formatieren lassen. Beim `NumberFormat` funktioniert das sehr einfach. Die statische Methode `getInstance` gibt uns eine Instanz für die Default-Locale oder für die Locale, die wir ihr übergeben:

```
NumberFormat nf = NumberFormat.getInstance();
NumberFormat nf2 = NumberFormat.getInstance(Locale.GERMAN);
```

---

1. Dieses Kürzel hat sich etabliert, weil das Wort so lange ist. Zuerst kommt ein »I«, dann 18 Buchstaben, dann ein »n«, daher i18n.

Damit können Sie sich nun ganz einfach Ihre Zahlen formatieren lassen. Der folgende Code gibt die Zahl einmal nach deutschen (100,99) und einmal nach US-amerikanischen Konventionen aus (100.99):

```
Locale locale = new Locale("de", "DE");
NumberFormat numberFormat = NumberFormat.getInstance(locale);
System.out.println(numberFormat.format(100.99));
numberFormat = NumberFormat.getInstance(new Locale("en", "US"));
System.out.println(numberFormat.format(100.99));
```

Mit ResourceBundles geschieht das ganz ähnlich. Sie funktionieren wie eine Map und liefern einen String für einen Schlüssel zurück. Standardmäßig wird ebenfalls die Default-Locale angenommen. Wenn man aber beim Aufruf eine Locale übergibt, kann auch eine spezifische Sprache abgefragt werden. ResourceBundles können ihre Informationen aus verschiedenen Quellen beziehen. Am einfachsten und verbreitetsten ist jedoch die Verwendung von Properties-Dateien. Wir legen dazu einfach für jede Sprache eine Datei an. Mit einem Suffix legen wir fest, zu welcher Locale sie gehören. Hier drei Dateien für die Sprachen Englisch, Deutsch und Französisch:

```
MyBundle.properties
MyBundle_de.properties
MyBundle_fr.properties
```

Die Datei ohne Suffix wird dabei als Fallback verwendet. Wenn keine passende Datei gefunden wird oder der entsprechende Schlüssel fehlt, kommt die Information aus diesem Bundle. Ich werde in dieser Datei die englischen Strings speichern, da diese in unserem Kulturkreis im Notfall am ehesten verstanden werden. Die Dateien enthalten jeweils Schlüssel und Werte. Legen wir zunächst im Fallback-Bundle drei Schlüssel-Wert-Paare fest:

```
hello_world_title=Multilanguage Example
hello_world_button_text=Hello World!
hello_world_message =Hello World!
```

In der Datei MyBundle_de.properties verwenden wir dieselben Schlüssel mit deutschen Texten:

```
hello_world_title=Mehrsprachiges Beispiel
hello_world_button_text=Hallo Welt!
hello_world_message =Hallo Welt!
```

Und in der Datei MyBundle_fr.properties simulieren wir, dass erst ein Teil der Strings übersetzt ist:

```
hello_world_button_text='Allo 'Allo!
hello_world_message='Allo 'Allo!
```

Nun bauen wir eine kleine Beispielanwendung und verwenden diese Texte, um einen Button und den Fenstertitel zu setzen sowie eine Nachricht auszugeben. In der Anwendung laden wir zunächst das ResourceBundle mithilfe der Methode get-Bundle. Dabei übergeben wir den Basisnamen »bundle«. Die Methode wird anhand der Default-Locale selbst entscheiden, welches der drei Bundles gewählt wird:

```java
public class ResourceBundleExample extends Application {

    @Override
    public void start(Stage primaryStage) {
      ResourceBundle bundle = ResourceBundle
          .getBundle("resourcebundleexample/bundle");
      Button btn = new Button();
      btn.setText(bundle.getString("hello_world_button_text"));
      btn.setOnAction(new EventHandler<ActionEvent>() {
        @Override
        public void handle(ActionEvent event) {
           System.out.println(bundle.getString("hello_world_message"));
        }
      });

      StackPane root = new StackPane();
      root.getChildren().add(btn);
      Scene scene = new Scene(root, 300, 250);
      primaryStage.setTitle(bundle.getString("hello_world_title"));
      primaryStage.setScene(scene);
      primaryStage.show();
    }

    public static void main(String[] args) {
      launch(args);
    }

}
```

Wenn Sie nun die Anwendung starten, werden Sie vermutlich die deutschen Texte zu sehen bekommen, da die JVM sich an den Spracheinstellungen des Systems orientiert, um die Default-Locale zu setzen. Als Nächstes werden wir testen, wie die Anwendung auf Englisch aussieht. Setzen Sie dazu gleich zu Beginn der start-Methode die Locale. Es ist wichtig, dass Sie dies noch vor dem Laden des Resour-ceBundle tun:

```java
Locale.setDefault(Locale.ENGLISH);
```

Wenn Sie die Anwendung erneut starten, werden die Texte wie erwartet in eng-lischer Sprache angezeigt.

Abb. 16–1   *Die mehrsprachige Anwendung unter deutscher Locale*

Abb. 16–2   *Die mehrsprachige Anwendung mit Locale.ENGLISH*

Nun stellen wir stattdessen die Locale auf Französisch um:

```
Locale.setDefault(Locale.FRENCH);
```

Diesmal wird der Text des Buttons aus dem `MyBundle_fr.properties` verwendet. Der fehlende Wert für den Schlüssel »hello_world_title« holt sich das Resource-Bundle aus dem Fallback-Bundle:

Abb. 16–3   *Die mehrsprachige Anwendung mit Locale.FRENCH*

16.1.1   Wie verwendet man ResourceBundles mit FXML?

Wir bauen das Beispiel nun unter Verwendung von FXML nach. Erstellen Sie dazu ein neues Projekt mit einem Package namens `resourcebundlefxmlexample`. Kopieren Sie unsere drei ResourceBundles in dieses Package. Nun erzeugen wir zunächst den Controller. Hier können wir den internationalisierten String genauso verwenden wie zuvor:

```
public class FXMLDocumentController {
  @FXML
  private void handleButtonAction(ActionEvent event) {
    ResourceBundle bundle = ResourceBundle
      .getBundle("resourcebundlefxmlexample/bundle");
    System.out.println(bundle.getString("hello_world_message"));
  }
}
```

Als Nächstes benötigen wir eine Application-Klasse, die eine FXML-Datei lädt. Auch hier verwenden wir das ResourceBundle wie zuvor:

```
public class ResourceBundleFXMLExample extends Application {

  @Override
  public void start(Stage stage) throws Exception {
    ResourceBundle bundle = ResourceBundle
      .getBundle("resourcebundlefxmlexample/bundle");
    Parent root = FXMLLoader.load(getClass()
      .getResource("FXMLDocument.fxml"), bundle);
    Scene scene = new Scene(root);
    stage.setTitle(bundle.getString("hello_world_title"));
    stage.setScene(scene);
    stage.show();
  }

  public static void main(String[] args) {
    launch(args);
  }
}
```

Beachten Sie dabei, dass wir dem FXMLLoader ebenfalls unser Bundle übergeben. Das ist die Voraussetzung dafür, dass später die Schlüssel korrekt zu Strings aufgelöst werden können. Nun erstellen wir die FXML-Datei FXMLDocument.fxml und öffnen diese im SceneBuilder. Erstellen Sie dasselbe Layout wie zuvor: eine Stack-Pane mit einem Button als Kindelement. Nun wählen Sie rechts im Inspector die Kategorie *Properties* und setzen Sie in das Feld *Text*:

```
%hello_world_button_text
```

Der Button wird nun zunächst genau diesen Text anzeigen, da der FXML-Datei selbst das Bundle nicht bekannt ist. Damit der SceneBuilder die Strings auflösen kann, müssen Sie unter dem Menüpunkt *Preview* das Submenü *Internationalization* wählen und dort den Eintrag *Set Resource*. Hier wählen Sie die bundle.properties-Datei. Nun zeigt auch der SceneBuilder den Button-Text aus dem Bundle an. Wenn Sie die Anwendung starten, verhält sie sich wie unsere FXML-freie Variante.

Index